FABIO BARBIERI

PARA ENTENDER HAYEK

São Paulo | 2024

PARA ENTENDER
HAYEK

Copyright © 2024 – Fabio Barbieri

Os direitos desta edição pertencem à LVM Editora, sediada na
Rua Leopoldo Couto de Magalhães Júnior, 1098, Cj. 46
04.542-001 • São Paulo, SP, Brasil
Telefax: 55 (11) 3704-3782
contato@lvmeditora.com.br

Editor Responsável | Pedro Henrique Alves
Editor assistente | Geizy Novais e Felipe Saraiça
Revisão ortográfica e gramatical | Luiz Eduardo Lion Figueira
Preparação dos originais | Mariana Diniz Lion
Capa | Mariângela Ghizellini
Diagramação | Décio Lopes

Impresso no Brasil, 2024

Dados Internacionais de Catalogação na Publicação (CIP)
Angélica Ilacqua CRB-8/7057

B191p   Barbieri, Fabio

Para entender Hayek / Fabio Barbieri. - São Paulo : LVM Editora, 2024.
360 p.

Bibliografia
ISBN 978-65-5052-225-4

1. Economia 2. Ciências sociais 3. Hayek, Friedrich A. von (Friedrich August), 1899-1992 I. Título

24-4261   CDD 330.01

Índices para catálogo sistemático:
1. Economia

Reservados todos os direitos desta obra.

Proibida a reprodução integral desta edição por qualquer meio ou forma, seja eletrônica ou mecânica, fotocópia, gravação ou qualquer outro meio sem a permissão expressa do editor. A reprodução parcial é permitida, desde que citada a fonte.

Esta editora se empenhou em contatar os responsáveis pelos direitos autorais de todas as imagens e de outros materiais utilizados neste livro. Se porventura for constatada a omissão involuntária na identificação de algum deles, dispomo-nos a efetuar, futuramente, as devidas correções.

*Aos professores
Ubiratan Iorio e
Ricardo Feijó, que
tornaram minha
jornada de estudo das
ideias austríacas uma
empreitada menos solitária.*

Sumário

Introdução
Ricardo Luís Chaves Feijó.........................11

Nota do autor......................................45

CAPÍTULO 1
Para entender Hayek...........................49
Que livro de Hayek eu levaria a uma ilha deserta? . .50
O contexto das ideias hayekianas:
nenhum homem é uma ilha........................64
A evolução da Teoria Econômica....................64

Viena fin-de-siècle...........................72

Escola Austríaca de Economia....................74

A vida de Hayek.............................80

As publicações de Hayek.......................88

Lista de livros escritos por Hayek:.................89

CAPÍTULO 2
Filosofia: falibilismo e complexidade.........91
O método das ciências..........................94
A crítica ao cientismo...........................105
Complexidade e auto-organização...............117

A pretensão do conhecimento 129

Uma teoria conexionista da mente 133

CAPÍTULO 3
Competição: o processo de mercado 139

A Teoria do Equilíbrio Competitivo 143

Aprendizado e rivalidade empresarial 149

O problema do conhecimento 149

Mecanismo de preços e aprendizado 157

Crítica à competição perfeita 162

Evolução e descoberta.........................166

A crítica ao planejamento central socialista........170

O socialismo de mercado 171

A crítica de Hayek............................179

CAPÍTULO 4
Flutuações econômicas: moeda e capital ...189

Elementos da macroeconomia austríaca...........197

A Teoria Austríaca dos Ciclos Econômicos..........206

Equilíbrio, moeda e ciclo 207

Capital e ciclo................................216

A competição monetária........................229

CAPÍTULO 5
Instituições: as ordens espontâneas........239

A indivisibilidade da liberdade...................246

A evolução das instituições 263

A constituição da liberdade.....................264

Lei, legislação e liberdade......................291

A arrogância fatal 313

CAPÍTULO 6

Epílogo: evolução das ideias 327

Ideologias políticas 332

A história das ideias 340

O valor das ideias hayekianas 348

Referências 355

Introdução

Ricardo Luís Chaves Feijó[1]

Barbieri é um economista acadêmico com formação multidisciplinar. Em economia, além de historiador das ideias, atua no campo teórico, sendo um competente especialista em microeconomia. Na vida intelectual mais ampla, além de economista também se destaca em outros campos da ciência, como astrônomo amador e observador da vida selvagem, em especial dos pássaros. Assim sendo, ele mesmo atende ao requisito da passagem do livro em que se escreve: "Ao contrário do que pensam muitos, não é possível entender a fundo a escola austríaca e em particular qualquer de seus autores se ignorarmos a teoria econômica como um todo".

Contudo, o autor do livro reconhece suas limitações em tratar das ideias de um autor bastante multidisciplinar como o austríaco Hayek. E isso condiciona a própria abordagem da obra. Escreve Barbieri: "Dedicamos pouco espaço a questões teóricas sobre assuntos que o autor deste livro conhece muito pouco e, portanto, não teria condições de avaliar". Hayek, o economista cujas ideias são avaliadas neste livro, de fato, também se vale de uma formação ampla e erudita que percorre vários campos do

---

1. Ricardo L. C. Feijó é docente da Universidade de São Paulo. Professor de economia, é graduado em física e doutor em economia. Sua tese de doutorado versa sobre a escola austríaca. É autor de diversos livros didáticos e paradidáticos em economia, história, filosofia e matemá-tica. Tem publicado, ainda, um livro de ficção.

conhecimento científico. Assim, seu legado compreende desde o estudo da psicologia teórica ao exame do funcionamento dos mercados. Passando por uma sequência impressionante de investigações sobre "causas das ideologias coletivistas, fundamentos *falibilistas* do liberalismo, conduta governada por regras em contraste com comandos discricionários, emergência da auto-organização no estudo da evolução das instituições, entre outros aspectos que compõe suas teses sobre política e sistemas econômicos comparados". Em economia, Hayek se envolvera em temas como teorias micro e macroeconômica, teoria monetária, teoria dos ciclos econômicos e algumas áreas mais.

O livro ocupa-se das ideias econômicas de Hayek. Note o que escreve Barbieri:

> Em primeiro lugar, devemos lembrar que nos ocupamos das contribuições teóricas do autor, deixando de lado a maioria das suas análises de conjuntura econômica, legislação, cenários políticos e esboços históricos, que abordam inúmeros assuntos, desde políticas cambiais no pós-guerra até a formação das favelas em cidades como São Paulo, passando pela situação dos pobres na revolução industrial e a correspondência entre John Stuart Mill e sua esposa.

Então não se trata de uma biografia, nem de uma biografia intelectual, mas da apresentação ordenada, didática, das principais ideias e contribuições de Hayek ao longo de sua extensa carreira acadêmica, de um homem que viveu mais de 90 anos, trabalhando produtivamente até seus últimos dias.

Quem é Friedrich August von Hayek? Neste prefácio, apresento-o ao leitor iniciante. Trata-se do prêmio Nobel de economia de 1974 (que o dividiu, nesse ano, com seu antípoda intelectual, Gunnar Myrdal). O reconhecimento foi resultado da teoria da moeda e das flutuações econômicas. Mas essa não é a sua principal contribuição (assim como Einstein, quando laureado pelo Nobel de Física, teve destacada uma investigação secundária, no caso, a explicação do efeito fotoelétrico, em detrimento de sua contribuição principal na Teoria da Relatividade). Hayek mereceria destaque mesmo se nunca tivesse ganhado o merecido prêmio, como certos atores e atrizes inesquecíveis que nunca receberam o Oscar. O próprio Hayek tratou de minimizar o Nobel enfatizando a importância de suas ideias em si mesmas. De fato, desde os anos 1920, ele já era um economista mundialmente conhecido, principalmente em sua atuação na Inglaterra, tendo sido o principal e mais efetivo opositor das teses de Maynard Keynes.

Atrevo-me a considerar Hayek o Adam Smith do século XX, assim como Stuart Mill foi, em sua época, considerado o Adam Smith do século XIX. No entanto, ambos Hayek e Mill distinguem-se do pai fundador da economia como ciência em pontos importantes. Mill viveu na época em que a tradição iluminista do século anterior estava fragmentada e em crise. Não se acreditava mais no naturalismo típico de Smith, a economia não era mais a ciência que estudava o processo social como se fosse a natureza física, sem outra preocupação que não a de entender a natureza, igual a um astrônomo desinteressado. O século XIX de Mill era o século dos projetos sociais e da ciência servindo a intervenção ativa na sociedade com o fito de melhorar a condição moral e econômica da humanidade, tornar as pessoas mais educadas e civilizadas, e com isso aperfeiçoar a condição humana. Esse ideal de perfectibilidade humana não estava em Smith, mas Mill ainda assim merece a alcunha por conta de sua obra, os *Princípios de Economia Política*, que representou o livro texto de referência no ensino de economia da época, além de sua contribuição nos mesmos campos em que Smith se destacou como os de lógica e de filosofia moral.

Hayek, de fato, compartilha muito do legado smithiano, de como o escocês concebe a economia. Como os iluministas escoceses, o austríaco enfatiza a ordem espontânea da sociedade, o papel da mão invisível, das consequências não intencionais da ação humana, o mecanismo de controle homeostático e de *feedback* negativo presente nos mercados. Hayek propõe, inclusive, substituir o nome da ciência de economia para *cataláxia*:

> A economia seria 'uma organização ou arranjo no qual alguém deliberadamente aloca recursos a uma ordem única de fins', enquanto a catalaxia se refere a uma ordem espontânea na qual ocorre a interação entre indivíduos com suas escalas de prioridades diversas.

Isso parece estar no mesmo espírito de Smith. O mercado, identificado por Adam Smith com sua metáfora da mão invisível, seria para Hayek "um sistema auto organizável que leva à um padrão de coordenação das atividades individuais". Como em Smith, a análise do austríaco "é marcada sobretudo pelo estudo das consequências não intencionais, muitas vezes indesejáveis, da ação humana".

Não obstante, há diferenças que separam Hayek de Smith, afinal são dois séculos de distância no tempo. Smith tinha na física newtoniana o seu modelo de ciência. O modelo de ciência de Hayek é a teoria da relatividade. Smith tinha resquícios do que Hayek chama de *historicismo*, principalmente com a teoria smithiana das etapas históricas (etapas de extrativismo, pecuária, agricultura e etapa das trocas) que influenciou os modos históricos de produção na concepção de Marx. Já na visão austríaca,

> as economias de qualquer época e local são vistas como exemplos de um sistema misto, intervencionista ou neomercantilista, cujos sucessos e fracassos podem ser discutidos em termos do grau prevalecente de

descentralização do poder e impessoalidade das normas de conduta.

Assim sendo, a perspectiva hayekiana "sugere a substituição do conceito de 'modos de produção' por 'modos de alocação' no que se refere ao estudo das implicações de diferentes arranjos institucionais em termos do problema econômico fundamental, a escolha diante da escassez".

Então, embora Hayek comungue muito da interpretação dos eventos baseada no liberalismo clássico, afasta-se do legado de Smith e dos clássicos na crítica ao historicismo. Nesse sentido, além de não aceitar o esquema interpretativo de "etapas históricas", ele critica o historicismo alemão do século XIX associado à defesa radical do método empírico e dos estudos com base apenas em monografias históricas, sem a devida consideração pela teoria econômica. Para Hayek, como para seu mestre Carl Menger, o pai da escola austríaca, a teoria econômica pode ter validade universal independentemente da conjuntura histórica. Hayek também se afasta de Smith ao se voltar contra "a perspectiva *materialista*, presente na definição clássica de economia, como a ciência que estuda apenas a produção e a distribuição de riqueza material".

Barbieri destaca a crítica de Smith ao "homem de sistema", "que trata a sociedade como se fosse um enxadrista diante de um tabuleiro". Nessa observação, o autor quer enfatizar a tese hayekiana de que somos forçados a "reconhecer que no xadrez da sociedade humana os indivíduos têm movimentos próprios, diferentes do modelo imaginado, ou senão coagi-los a se comportar conforme o mesmo".

Com movimentos próprios, os indivíduos não podem ser previstos pela teoria. Não se pode precisar a ação humana e o conhecimento individual que a sustenta. Hayek procura estudar "a emergência de uma ordem na qual seus elementos são coordenados a partir de mecanismos de aprendizado por tentativas e erros em condições cambiantes". Assim sendo, já se projeta a importância que atribui ao conhecimento humano e ao processo de aprendizagem dos agentes nas economias de mercado.

Então, há essas diferenças entre Hayek e Smith, mas eles compartilham elementos comuns que sustentam o epíteto de Adam Smith do século XX. Mas Hayek, a bem da verdade, nunca foi referência incontestável no ensino de economia, permaneceu boa parte de sua vida visto como um autor exótico pela comunidade científica. No entanto, muito respeitado, gozando inclusive a amizade, o respeito e a admiração intelectual do seu principal adversário no campo das ideias, que foi Keynes. Nos últimos anos de vida, a partir do prêmio Nobel e do fracasso das intervenções de cunho keynesiano na economia, o prestígio de Hayek só fez crescer.

Dada a importância da temática do conhecimento em Hayek, Barbieri, sabiamente, centraliza a exposição das ideias hayekianas na questão. Em suas palavras, com uma

> teoria sobre o crescimento do conhecimento, foi possível organizar nossa exposição de maneira lógica, partindo dos fundamentos para as aplicações, em uma ordem na qual cada novo assunto é composto a partir dos elementos discutidos nos capítulos prévios.

A tese central de Fabio, na interpretação do legado de Hayek, é que "embora a catalaxia ou ordem dos mercados não tenha propósito, seu valor repousa na exploração do potencial de descoberta e uso do conhecimento". Tal potencial é examinado em diversos campos, da metodologia da ciência à coordenação da complexa produção econômica ao longo do tempo com o emprego de bens de capital. Sobre a teoria de capital hayekiana, Barbieri a localiza assim: "A coordenação intertemporal de planos: bens de capital heterogêneos são combinados em diferentes padrões de investimento, que devem maturar em momentos compatíveis com as decisões das pessoas sobre poupança e consumo". Surge então o problema examinado por Hayek, da falta de coordenação na estrutura da produção: "Esta se manifesta como distorções na estrutura do capital [...]" que não podem ser identificadas na análise puramente macroeconômica, "não capturadas pelo exame do volume agregado de investimento e outras grandezas não fundamentadas na escolha dos agentes".

No campo da história das ideias econômicas, importante tese do livro consiste em demarcar e distinguir claramente o enfoque dos economistas antigos dos séculos XVIII e XIX dos economistas atuais. Hoje em dia, a economia científica preocupa-se principalmente com a alocação de recursos escassos a fins alternativos, na famosa definição de Lionel Robbins, enquanto a chamada economia clássica não passava de uma *plutologia*. Segundo Barbieri, "na plutologia, a riqueza é inicialmente produzida em montantes determinados por restrições técnicas e demográficas e na sequência 'distribuída' entre diferentes classes conforme a posse da 'coisa' capaz de gerar excedentes independentemente de decisões humanas: sucessivamente o dinheiro, a terra e o capital". Nesse diapasão, só a produção se afigura um problema técnico, a alocação dela entre os agentes não o é.

Mesmo no enfoque da produção, os clássicos não iam muito longe, pois não desenvolveram as ferramentas técnicas capazes de estudar o processo alocativo nos fatores de produção. De fato, o problema econômico fundamental dos economistas atuais é o processo alocativo em si mesmo, não apenas a alocação estática, por exemplo, como podemos encher o carrinho de supermercado com a melhor escolha de produtos da prateleira, mas o importante problema da alocação do consumo e dos fatores produtivos ao longo do tempo, a busca da trajetória ótima, da alocação intertemporal eficiente. O economista deve se preocupar com os meios e não com os fins. "Como ensina a teoria econômica moderna, 'econômico' é atributo de qualquer fim desde que a escassez relativa, isto é, a insuficiência de recursos para atender a todas as necessidades imaginadas, imponha a necessidade de se escolher entre alternativas".

Outro problema com os clássicos, que os economistas atuais têm procurado contornar, é o da aplicação apressada, precipitada, do modelo abstrato na compreensão da realidade. Nas palavras de Fabio, "as simplificações teóricas utilizadas para explicar fenômenos complexos adquirem nas gerações seguintes vida própria, de modo que a simplicidade do modelo é transferida de volta à realidade". Nesse aspecto, Hayek e Popper, grandes amigos, caminham juntos, pois este, "um filósofo realista, foi um crítico desse ponto de vista, precisamente por confundir teoria pura com pesquisa aplicada". Tal erro é, em essência, a transferência da simplicidade do modelo para a realidade complexa a qual se refere. Com efeito, a realidade estudada pela economia trata-se de um fenômeno complexo.

Então, a economia contemporânea deveria se preocupar com ambas as questões: o problema alocativo e o estudo de fenômenos complexos. Não quer dizer que todos os grandes economistas do século XX tenham sido bem-sucedidos em caracterizar a economia dessa maneira. Houve marchas e contramarchas, avanços e retrocessos. Os problemas, em parte, aparecem quando os economistas simplificam demais a realidade: "Esse avanço foi, no entanto, sujeito a recuos, novamente mediante a transferência de simplicidade dos modelos para o mundo real".

Outro problema é que os economistas mais modernos nem sempre conseguem se livrar da inadequada perspectiva da plutologia, um tipo de abordagem materialista da economia. Mesmo Léon Walras, o maior dos economistas teóricos, não se desvencilhou completamente dessa postura, pois "no modelo de equilíbrio geral concebido por Walras, a renda é determinada em última análise pela posse inicial de recursos, lembrando as antigas fontes materiais de geração automática de riqueza".

A descrição da economia como um fenômeno complexo é um ponto essencial da crítica de Hayek aos economistas teóricos de sua época. Preso a seus modelos formais altamente abstratos, eles não souberam compreender perfeitamente a natureza de seu objeto. De fato, a economia trata, ou deveria tratar, de um objeto bastante complexo; tão complexo quanto os sistemas estudados pelos cientistas naturais (físicos, químicos, biólogos e outros). O tema da complexidade é examinado em algumas partes do livro. Contudo, vale a pena discorrer um pouco mais a respeito neste prefácio. Hayek não apenas acredita que a realidade examinada pelo economista é igualmente complexa, mas que a sociedade e o objeto da economia compreendem um tipo diferente de complexidade que ele denomina de "complexidade desorganizada", cujas classes de eventos não podem ser plenamente identificadas e cujo funcionamento não pode ser completamente compreendido mediante simples estatística ou o estudo limitado de uma de suas partes. O efeito de composição, indo da parte para o todo, dos elementos constituintes para a totalidade, é muito difícil de ser compreendido e acompanhado pela teoria.

O teórico em economia deve se precaver por se tratar de fenômeno complexo. "A análise da metodologia dos fenômenos complexos [...] aponta limites ao modo como podemos entender o mundo pela ciência". Segue então a ênfase de Hayek nas "considerações sobre a importância da nossa ignorância, algo que se situa no núcleo da perspectiva liberal do autor". A análise excessivamente formal da economia quase sempre "desconsidera estruturas, para manter os modelos analiticamente tratáveis".

Vejamos como se constitui o objeto complexo examinado pela economia. Na ótica de Hayek, devemos centralizar o indivíduo no estudo da economia e da sociedade. Perspectiva metodológica conhecida como *individualismo*. O indivíduo, com sua personalidade, sua particularidade complexa e quase misteriosa, é que deve ser o verdadeiro ponto de partida do estudo. Se os indivíduos são complexos, ainda mais complexo é o sistema social formado por ação e interação das partes componentes.

Na economia de Hayek, estuda-se o processo de auto--organização da sociedade, seguindo uma tradição "presente nas ciências sociais desde seu princípio". Como competente economista teórico, Barbieri sempre encontra um bom exemplo:

> Consideremos um exemplo, para ilustrar esse tipo de modelo de forma mais concreta. Thomas Schelling utiliza um autômato celular para estudar a emergência de segregação em cidades, como a formação de guetos hispânicos em cidades norte-americanas. Imagine pessoas que falam inglês ou espanhol representadas por peças de duas cores distribuídas aleatoriamente em um tabuleiro de xadrez com muitas linhas e colunas. Esses agentes seguem regras: em cada instante, cada um escolhe ficar onde está ou mudar para alguma célula vizinha desocupada, conforme o número de agentes das duas cores existentes nas oito células vizinhas. O programador pode ajustar o grau de 'incômodo' dos agentes alterando as regras sobre mudança: em um extremo, se bastar um vizinho diferente para provocar

mudança, temos um processo algo caótico, com agentes mudando eternamente, sem um equilíbrio. No outro extremo, nada ocorre, ninguém muda de casa. Regras intermediárias, porém, geram resultados mais interessantes. Mesmo com preferências fracas por vizinhança do mesmo tipo, podemos observar a formação de guetos ou áreas ocupadas por apenas uma cor.

Esse exemplo em economia espacial ilustra bem o processo de formação da totalidade com base na interação das partes. Para Hayek, todo o processo e a formação econômica devem ser entendidos desta maneira individualista.

Entram então os problemas do conhecimento e do papel das normas no processo de adaptação das ações individuais no mercado. Afinal "ordens espontâneas na sociedade emergem tanto da ação racional voltada a objetivos particulares quanto do seguimento de regras". O processo de coordenação das ações dos agentes no mercado depende do sistema de preços, uma rede de comunicação que propaga informações fundamentais que guiam a ação individual, e depende também e de maneira importante da existência de normas sociais. Sem dúvida, no estudo da questão deve-se começar com o exame do ensaio hayekiano *Economia e Conhecimento*, "publicado em 1937, é reconhecidamente o artigo mais importante escrito por Hayek. Nele, seu autor argumenta que o estudo do problema alocativo requer uma teoria sobre o aprendizado dos agentes".

Vejamos algumas teses desse ensaio destacadas por Fabio. O significado do termo dado:

> Na transição do indivíduo para a sociedade, afirma o autor, o termo 'dado' apresenta uma mudança de significado que viciaria a análise, pois não seria mais legítimo pensar em dados em termos puramente subjetivos.

Os dados são apenas parcialmente subjetivos pois eles são assimilados pela experimentação no mercado e na vida do trabalho. Como sempre, Fabio oferece divertidas anedotas que exemplificam as ideias de Hayek. Vejamos o exemplo da pizza:

> Uma coisa é dizer em termos gerais que a massa de pizza requer farinha, fermento, óleo e água, em certas proporções. Mas isso não deve levar o analista a ignorar a experimentação com infinitas variantes de receitas em locais e momentos diferentes. Dizem até mesmo que existem regiões onde se adiciona *ketchup* na pizza!

Ou seja, o aprendizado ocorre na experimentação, na vida do mercado. Dados objetivos (a receita *a priori* da pizza) e subjetivos condicionam como as preferências são moldadas pelas pessoas (a ponto de se gostar de *ketchup* na pizza). O que Hayek propõe, de fato, escreve Fabio, é "uma teoria sobre o aprendizado dos agentes [...] em lugar algum do artigo o autor defende que a teoria econômica deva conter estudos empíricos sobre como os agentes aprendem".

Ao longo deste livro, seu autor apresenta as ideias de Hayek com muita precisão e elegância, o estilo de Barbieri chega a ser literário, com valor mesmo de obra de literatura, lembrando o dos grandes mestres da economia. Vejam como o fragmento sobre o processo de produção da pizza se compara à passagem sobre os efeitos da divisão do trabalho, em Smith, na obra *A Riqueza das Nações*. Em Fabio:

> Trocando o exemplo fictício de estanho para uma pizza, para que ela chegue à sua porta, não basta evocar o entregador, o pizzaiolo, o forno, os ingredientes, a receita da minha avó que se modificou por gerações e se adaptou aos ingredientes locais. A linguiça foi produzida em Santa Catarina, e utiliza serviços

veterinários de um profissional formado em Buenos Aires, câmeras frigoríficas foram importadas da China e envolvem tecnologia americana, além de uma peça criada por um engenheiro armênio que estudou em Moscou. O sujeito que desenhou a embalagem das lâmpadas utilizadas no porto de Santos, onde chegou esse equipamento, contribuiu para um jantar, sem ter ideia de que colaborou para que ele ocorresse. E isso seria apenas a fotografia. Imagine que o enriquecimento chinês elevou a demanda por alimentos para animais, que aumente os custos de utilizá-los em Santa Catarina. Que adaptações seriam exigidas? Existiriam insumos em outro local, seria possível aumentar sua produção ou teríamos que trocar a pizza de linguiça calabresa por uma de quatro queijos? Imagine agora se os milhões de pessoas envolvidas na produção da nossa pizza tivessem que colaborar de forma consciente. O grau de complexidade do sistema econômico seria drasticamente reduzido. Ou, em termos concretos, seria possível alimentar apenas uma fração minúscula da população mundial presente.

Em Smith:

Se examinarmos todas essas coisas e considerarmos a grande variedade de trabalhos empregados em cada uma dessas utilidades, perceberemos que sem a ajuda e cooperação de muitos milhares não seria possível prover às necessidades, nem mesmo de uma pessoa de classe mais baixa de um país civilizado, por mais que imaginemos, erroneamente, ser muito pouco e muito simples aquilo de que tais pessoas necessitam. Em comparação com o luxo extravagante dos grandes, as necessidades e pertences de um operário certamente parecem ser extremamente simples e fáceis e, no entanto, talvez seja verdade que a diferença de necessidades de um príncipe europeu e de um camponês trabalhador e frugal nem sempre é muito maior do que a diferença que existe entre as necessidades deste último e as de muitos reis da África, que são senhores absolutos das vidas e das liberdades de 10 mil selvagens nus.

Então Fabio, o autor, também se destaca pelo estilo, além do conteúdo, pela originalidade das anedotas e metáforas, pelo esforço didático e pelo estilo literário.

Vejamos algo mais do conteúdo. Tem a tese da analogia entre a busca de conhecimento no processo de mercado e o crescimento do conhecimento em geral, inclusive que se dá no âmbito da academia, do trabalho dos cientistas: "Para Hayek, a competição no mercado e o processo do crescimento do conhecimento na ciência são métodos semelhantes de descoberta". De fato, o modo como o crescimento do conhecimento facilita o processo de coordenação nos mercados extravasa a diversos campos. Escreve o autor:

> O programa de pesquisa hayekiano, definido pelo problema da coordenação de planos de agentes com conhecimento limitado, não se restringe a assuntos comumente associados à teoria econômica, como nas teorias sobre competição, planejamento central, capital, moeda e ciclos vistas nos capítulos anteriores, mas se estende à coordenação mediada pelas instituições em geral e pela atividade política em particular [...], também sua análise de instituições e sistemas econômicos depende crucialmente do estudo das condições propícias ao aprendizado em sociedade.

Fabio segue uma linha interpretativa de Hayek que bastante aproxima este do filósofo da ciência Karl Popper. De fato,

Hayek e Popper são autores muito próximos e essa proximidade é destacada na literatura de comentadores. Nessa linha, Barbieri traz a noção de *falibilismo*, tão cara à metodologia falseacionista de Popper, para o campo da economia e de todas as ciências que tratam da coordenação em sistemas descentralizados. Escreve então:

> Hayek desenvolve uma interpretação liberal do mundo que se baseia no falibilismo, favorecendo instituições descentralizadas e existência de regras impessoais, que proporcionam experimentação, o uso de diferentes soluções locais, o convívio de posturas diferentes e a presença de mecanismos de correção de erros.

É isso! Assim como na ciência de Popper as teorias podem falhar, e como tal são corrigidas e aperfeiçoadas com o tempo ao longo da prática científica, os agentes ou as partes individuais de um sistema estão sujeitos a falhas que são corrigidas por um processo de aprendizagem das partes.

Não apenas os preços de mercado coordenam as ações individuais. O comportamento dos agentes no mercado não depende somente dos sinais dos preços. Escreve o autor que normas ou regras sociais desempenham um papel fundamental no processo de coordenação via mercado de uma economia descentralizada:

> Na teoria econômica, agentes racionais maximizadores coordenam suas ações através do sistema de preços. Mas, além dos preços, as normas sociais também contribuem para a coordenação das ações dos indivíduos e Hayek examinará a coordenação baseada em regras.

Então, temos a importância da análise das normas em sociedade, do papel das instituições sociais. Um primeiro aspecto vale a pena assinalar. Escreve Barbieri que "não é verdade que o funcionamento dos mercados requer o estabelecimento prévio de um conjunto completo de normas que regulem seu funcionamento. Esse é um modo pré-evolucionário de pensamento. Na verdade, as trocas e as regras coevoluem". As regras sociais não são simplesmente criadas ao arbítrio do legislador de plantão, elas se estabelecem ao longo do tempo por um processo evolucionário.

Esse é um ponto que afasta Hayek de Smith. Como dissemos, o modelo de ciência de Hayek é o da física moderna, da relatividade, em que não basta identificar os princípios universais, como a atração gravitacional, mas explicar detalhadamente o mecanismo, no caso da física como os corpos celestes são capazes de se atraírem mutuamente em um espaço composto basicamente por vácuo. Não basta postular a ação à distância, dizer que a matéria atrai a matéria, mas explicar o mecanismo. No caso de Einstein, a explicação está nas equações da relatividade geral em que o espaço é concebido como um tecido flexível que sofre deformações pela presença da massa do sol e dos planetas. Depois, as teorias quântico-relativísticas do campo vão explicar essa propriedade pela interação de partículas e subpartículas elementares, como o gráviton. Então, na física moderna, substituem-se os princípios newtonianos pela explicação do mecanismo básico subjacente ao fenômeno. Da mesma forma, ao contrário do newtonianismo de Adam Smith, o "relativístico" Hayek preocupa-se com os mecanismos sociais de coordenação, com a origem e a consolidação das normas impessoais que coordenam os agentes econômicos.

As normas, na concepção de Hayek, surgem e se estabelecem por um processo evolucionário. O iluminismo escocês já tinha alguma intuição de que as normas sociais estejam sujeitas a um processo evolucionário ao longo da história. Contudo, no século XVIII os teóricos da sociedade não dispunham do arcabouço teórico da teoria da evolução que apareceria no século seguinte, impulsionada pelos achados na biologia, pela teoria de Darwin da origem das espécies. No século XX, Hayek dispõe não apenas dos achados de Darwin, mas de todo o amplo desenvolvimento da teoria da evolução impulsionado pelos avanços na genética e na química do ácido nucleico.

As normas sociais são importantes para a coordenação dos agentes. Em um ambiente de informação imperfeita e conhecimento individual limitado os agentes erram, e as normas ajudam-nos a orientar com o tempo suas ações no sentido da maior eficiência no alcance dos fins perseguidos por cada qual. Escreve Barbieri:

> A justificativa da importância de normas impessoais, em contraste com decisões discricionárias, é por sua vez fundamentada por uma concepção filosófica falibilista, auxiliada ainda pelos estudos do autor a respeito da ordem sensorial no que diz respeito ao caráter abstrato das normas que se manifestam em ordens complexas.

Nessa passagem, nota-se novamente a analogia com a metodologia científica de Popper. A economia que procura entender a busca de riqueza (na concepção clássica) enfrenta um problema semelhante ao da ciência que busca o conhecimento: "[...] a filosofia da ciência trata de um tipo particular de riqueza, o conhecimento". Nessa analogia, aproxima-se a meta de riqueza à busca do conhecimento. Então esse é um ponto essencial na exposição de Fabio das ideias de Hayek. O teórico em economia deve priorizar o estudo das instituições que levam ao aprendizado por correção de erros.

Ressaltando a importância do conhecimento disperso em sociedade, escreve o autor:

> Sistemas auto-organizáveis aumentam seu grau de complexidade a partir do uso de regras de caráter abstrato, que favorecem o uso de conhecimento disperso. Para o autor [Hayek], o sucesso das sociedades guiadas por essas regras faria com que elas sejam imitadas, seu uso expandido e novas variantes experimentadas.

Então as normas sociais facilitam o emprego de conhecimento disperso. Notem o processo evolucionário que possibilita o emprego das melhores regras. Regras bem-sucedidas são imitadas e se propagam na sociedade.

Fabio Barbieri é um economista culto. Sua tese de livre-docência foi sobre os economistas franceses. Em passagens do livro cita os franceses Bastiat, Turgot e outros, que foram objeto de sua pesquisa anterior.

Hayek não é um liberal radical ou extremista que acha que o poder público deve se limitar ao do juiz e do delegado. Como bem colocou Fabio, Hayek "de fato caracteriza o sistema econômico presente como 'economias mistas altamente intervencionistas' e continua utilizando o termo capitalismo entre aspas".

Em sua proximidade a Popper, Hayek procura adaptar o falseacionismo aos fenômenos complexos estudados pelas ciências sociais e pela economia em particular. Assim, seguem diversas teses metodológicas interessantes, como a noção de *previsão em princípio*, caso em que "não seriam possíveis previsões exatas, mas apenas previsões sobre algum caráter genérico dos padrões compatíveis com ou proibidos pela teoria". Ou seja, a famosa tese hayekiana da aplicação do falseacionismo na economia.

Na busca pela natureza do conhecimento dos agentes que alimentam os processos de mercado, Hayek em seu rigor científico, na seriedade como investigador, impõe-se a árdua tarefa de trabalhar no campo da psicologia teórica. Nesse sentido, os estudos hayekianos em Chicago nos anos 1950 culminaram na publicação do livro *A Ordem Sensorial*. Barbieri, mesmo sem ser um especialista, sintetiza muito bem as conclusões principais desse estudo. Escreve ele:

> Em seu livro, Hayek postula três tipos de ordem: a primeira é física e se refere ao mundo externo à mente. Em seguida, temos uma ordem neural, subconjunto da primeira. A ordem neural é composta pelas fibras nervosas presentes no organismo. Por fim, temos a ordem composta pelas percepções sensoriais. Um dos temas tratados pela obra contraria uma crença então comum segundo a qual o sistema nervoso central conduziria impulsos contendo propriedades do mundo físico. Se observamos uma pizza, por exemplo, não são as propriedades desse prato que são transmitidas. Pelo contrário, o cheiro, o toque, o paladar e os estímulos visuais que impressionam nossos órgãos sensíveis geram impulsos, que se associam a aspectos do mundo externo através dos caminhos que percorrem no sistema nervoso. Não é propriamente o cheiro do manjericão que chega à nossa consciência.

Está bem explicado!

Aqui eu reforço essa explicação. A ordem neurológica, o sistema nervoso, recebe estímulos do mundo exterior que se propagam na rede neural como impulsos elétricos e químicos. Hayek se vale de um achado dos psicólogos experimentais que demostraram, em laboratório, não haver nada de intrinsicamente específico nesses impulsos. Se eles são fisicamente iguais como então o cérebro decodifica-os e cria a partir deles uma impressão subjetiva na mente? Como os sinais eletroquímicos são decodificados nas qualidades identificadas pela mente? De outra forma, como a ordem sensorial se relaciona com a ordem neural e como esta se relaciona com a ordem externa que produz os estímulos que se propagam em impulsos?

A *Ordem Sensorial* afigura-se um dos livros mais interessantes de Hayek. O leitor que está apenas se iniciando nessa literatura poderia começar a estudar Hayek por ele. Eu não sei como um especialista atual, por exemplo o médico e cientista brasileiro Miguel Nicolelis, considerado um dos maiores neurocientistas do mundo, reagiria ao ler a obra em psicologia teórica de Hayek. Eu não penso que "tendo em vista o que se sabe hoje sobre a fisiologia do cérebro em comparação com as décadas de 1920 e 1950, tornaria o texto de Hayek desinteressante para quem não é historiador do tema estudado". O austríaco estudou a fundo psicologia teórica e muitas de suas conclusões apoiam-se no trabalho de Johannes Müller, considerado por muitos o maior fisiologista da segunda metade do século XIX. Sem aprofundarmos nessa discussão da validade atual dos estudos de Hayek apresentados em *A ordem sensorial*, o ponto mais interessante no livro de Fabio está na identificação de como as conclusões desse estudo reverberam em outros campos de estudo científico da obra de Hayek. Escreve Barbieri: "Embora exija de qualquer leitor alto poder de abstração, a exposição geral ou abstrata apresenta a vantagem de podermos reconhecer os mesmos elementos presentes em seu pensamento metodológico e que se manifestam em suas teorias sobre outros assuntos".

Nesse sentido, Fabio explora, por exemplo, o paralelismo teórico entre o estudo da propagação de impulsos através de uma estrutura de fibras nervosas e a adição de insumos produtivos a uma estrutura do capital. Escreve ele:

> A mesma coisa lembra a transmissão, via sistema de preços, de sinais que permitem a coordenação nos mercados [...] Na teoria da evolução institucional [...]

> encontraremos no conceito de ordem espontânea a mesma classe de fenômenos. Com efeito, estruturas complexas e conhecimento falível, os dois elementos centrais [...] caracterizarão os elementos centrais do programa de pesquisa do autor.

As teses metodológicas e a exploração do funcionamento da mente na compreensão do processo de aquisição de conhecimento reverberam em muitos campos da economia científica priorizados na contribuição hayekiana. Pode-se identificar muitas implicações na construção e na avaliação de teorias econômicas. Nas teorias do valor e dos custos, escreve Fabio, interpretando a perspectiva de Hayek: "Pessoas diferentes podem atribuir valor diferente a uma mesma coisa. Se eu tenho o que você prefere e vice-versa, a troca gera valor". Ou seja, o valor pode ser criado na troca, não apenas na produção. Sobre os custos, escreve o autor sobre a ênfase subjetivista: "Essa nova perspectiva redefine o que se entende por custos, que não se reduz a questões de técnica produtiva. As escolhas econômicas envolvem a comparação entre valor do que se faz e o valor da alternativa sacrificada, seu custo". Parece que esta é a opinião não apenas de Hayek, mas do próprio autor. De fato, Barbieri afigura-se um teórico em economia que se aproxima das teses hayekianas.

Uma das principais motivações do autor em estudar e escrever sobre Hayek é que ele acredita tratar-se o austríaco de um bom cientista, com teses e conclusões que devem ser levadas a sério por economistas orientados pela busca da verdade, independentemente de suas crenças políticas e ideológicas. Também eu penso como o Fabio, e acho que Hayek deve ser cuidadosamente estudado em que pesem nossas propensões ideológicas.

O trabalho teórico de Hayek alcança ainda outros campos de investigação em economia. Na macroeconomia, estuda o comportamento do agente diante da política pública: "estudar como os agentes antecipam políticas governamentais, adaptando suas estratégias e anulando o efeito esperado da política de estímulo à economia. Novamente, estamos diante de um avanço subjetivista". Notem o escrito de um competente economista teórico que se propõe a estudar Hayek:

> Uma feira livre é caótica e barulhenta, mas se separarmos a oferta da demanda por pastel e esta última for quebrada em preferências, renda, bens substitutos e complementares e as preferências por sua vez esmiuçadas em termos de pressupostos sobre racionalidade, utilidade, escassez e assim por diante, teríamos leis certas, como a lei da demanda (mantendo a renda real constante, aumentos de preços implicam em demanda reduzida) ou uma explicação de como a inflação implica em redução do tamanho do pastel.

Ainda falando de macroeconomia, Fabio comenta os seus limites metodológicos, novamente compartilhando e se igualando à opinião de Hayek:

> Por exemplo, a determinação da taxa de juros, se considerarmos um único país, depende de um sem-número de fatores relacionados às finanças públicas locais, estrutura etária da população, invenções técnicas, estoque de capital, estrutura do setor bancário, expectativas sobre produtividade de projetos ou até mesmo a ocorrência de crises de endividamento em terras distantes. Do mesmo modo que não temos acesso aos planos mentais de aposentadoria de certo indivíduo, não podemos trocar o regime político de duas nações em situação fiscal semelhante para comparar os efeitos.

Excelente passagem!

Em microeconomia, note o que Fabio escreve sobre a teoria do equilíbrio competitivo, no intuito de resgatar a perspectiva hayekiana:

> Isso descreve, de forma resumida, o equilíbrio em competição perfeita. Firmas conhecem os produtos, as técnicas produtivas, quais recursos estão disponíveis e quais são os preços envolvidos. Maximizam então uma função lucro (a diferença entre receita e custo) conhecida, escolhendo quanto utilizar de insumos e quanto produzir do bem.

O equilíbrio de mercado não é apenas o preço que iguala oferta e demanda, como nas aulas de introdução à economia. Hayek, de fato, trabalha com uma noção mais sofisticada de equilíbrio que leva em conta a compatibilidade de planos individuais e o padrão temporal desse equilíbrio, levando-se em conta a sazonalidade, o progresso técnico etc.:

> Em todos esses casos, a noção de equilíbrio, quando ocorre compatibilidade de planos, requer a existência de preços diferentes para um mesmo bem em momentos diferentes, assim como esperamos que mercadorias em locais diferentes tenham preços diferindo conforme o frete. O progresso técnico requer preços em declínio, pois se fossem constantes, os produtores adiariam a produção e não atenderiam necessidades presentes urgentes.

Boa análise do padrão temporal de preços de equilíbrio levando-se em conta esses fatores. Fabio põe o dedo no nervo da questão do equilíbrio e reverbera Hayek de modo preciso quando escreve:

> Teríamos um equilíbrio não quando as condições de produção ou necessidades se revelam constantes, mas

apenas quando os agentes conhecem o seu padrão futuro de mudanças. A antevisão perfeita da situação futura corresponde assim à coordenação de planos em equilíbrio.

Este é o ponto, o conceito hayekiano de equilíbrio requer previsão perfeita.

Outra contribuição relevante de Hayek é em economia monetária e dos ciclos econômicos. Em vida, as principais celeumas envolvendo o austríaco na década de 1930, morando na Inglaterra, dizem respeito a esse debate. Escreve Hayek sobre as crises econômicas periódicas: "A instabilidade no passado da economia de mercado é consequência de o dinheiro, o mais importante regulador do mecanismo de mercado, ter sido ele mesmo excluído da regulação pelo processo de mercado". Então Hayek culpa o dinheiro, o monopólio do Estado no controle monetário, pelas crises econômicas. A crise pelas emissões monetárias é explicada por sua teoria do equilíbrio econômico. "O equilíbrio é importante para descrever a natureza dos ajustes que devem ser feitos caso nenhuma nova mudança ocorra". Os ciclos econômicos seriam explicáveis por distúrbios de origem monetária.

> Aumentos na quantidade de dinheiro afetam preços relativos, que por sua vez influenciam a produção, estimulando certos setores de forma insustentável, o que provoca as recessões que ocorrem na sequência [...] A explicação dos ciclos será dada em termos das distorções nessa estrutura provocadas por fatores monetários, em particular a expansão do crédito."

Fabio aponta que "Hayek revela seu conhecimento sobre a teoria monetária inglesa do século XIX que poucos economistas ingleses rivalizariam". Na concepção de Hayek, escreve o autor que o estuda: "Moeda seria algo como uma 'junta solta' nas relações econômicas. Especificamente, em um sistema monetário elástico se desfaz a relação entre poupança e criação de capital real". Essa é a essência da explicação hayekiana da crise provocada pelo descontrole monetário.

A macroeconomia de Hayek sustenta-se em sólidos fundamentos microeconômicos, ele

> "desenvolve uma macroeconomia fundamentada em explanações microeconômicas e desagregadas, na qual a maneira como novo dinheiro entra na economia afeta preços relativos e estes por sua vez afetam a estrutura temporal da produção [...] Conforme os projetos se aproximam da maturação, a escassez de bens de capital complementares se revela, na forma de custos maiores. Os projetos se revelam inviáveis, devido à heterogeneidade da estrutura do capital. Inicia-se um processo inflacionário. A não lucratividade revelada dos projetos afeta o valor real dos ativos dos bancos e das firmas. As mudanças nos preços induzem, na recessão, o retorno a uma estrutura mais curta, com projetos muito ambiciosos abandonados e parte do capital realocado".

Em suma, Fabio (ou Hayek) enfatiza o efeito das emissões monetárias nos preços relativos e na estrutura do capital produtivo. No desequilíbrio ocorre escassez de bens de capital complementares, aumento de custos, inviabilidade de projetos de investimento e inflação. Há de se corrigir esse desequilíbrio na economia, "a verdadeira escolha ocorre entre permitir o ajuste rápido da estrutura do capital e adiar esse ajuste, tornando o problema mais agudo".

Na exposição das ideias monetárias de Hayek, dos anos 1930, faltou, a meu ver, mais comentários do famoso debate com Keynes. Mas a síntese oferecida por Barbieri é boa. Ele sempre utiliza sua formação multidisciplinar para enriquecer a exposição, note por exemplo a competente analogia com um fenômeno físico nesta passagem:

> Conforme as ondas chegam na borda, elas refletem de volta e podemos ainda visualizar a sobreposição das ondas nas duas direções. Mas, se atirarmos sucessivas pedras a intervalos regulares, rapidamente a superfície da água não apresentará um padrão simples reconhecível, embora ainda o fenômeno seja provocado por um fator bem identificável.

Então Fabio parte para a exposição didática da teoria hayekiana dos ciclos, descrevendo a estagnação prolongada: "Nas teorias de ciclo econômico, do mesmo modo, a causa básica pode se repetir com tanta frequência que não teríamos mais um ciclo facilmente discernível, mas talvez apenas uma economia estagnada por longos períodos, devido às distorções acumuladas durante o processo".

Também pontuam a obra de Fabio as analogias de um sistema na biologia:

> Imagine as firmas e seus projetos como um conjunto de organismos unicelulares [...] Quais seriam os efeitos de uma suspensão temporária dos mecanismos seletivos? Como estamos falando de metáforas, pense na morte, com sua túnica e foice, saindo de férias. Inicialmente experimentaríamos um aumento maior em nossa mancha no microscópio, seguido de um declínio quando os recursos acabam e os organismos incompatíveis com a vida perecem, quando acabam as férias.

Desde o primeiro capítulo, Barbieri oferece uma excelente comparação do contexto de Hayek com a tentativa de exploração de uma ilha isolada. Começa pela escolha ótima de caminhos entre dois pontos na ilha, que nem sempre é uma linha reta, até o uso da metáfora da ilha para discorrer em teoria monetária:

> Invoquemos novamente a ilha. Nela, existe apenas um coqueiro, que produz quatro cocos por semana. Existem duas moedas de um real, que são utilizadas para adquirir os cocos. O preço P de cada um é igual a cinquenta centavos. O que ocorreria se o estoque de moeda M dobrar e passarem a existir quatro moedas? Esperaríamos que cada coco passasse a custar um real. O nível de preços dobra. E se, em vez de aumentar a quantidade de moedas, cada uma das duas original-mente existentes forem utilizadas duas vezes por semana cada? Esse aumento na "velocidade de circulação da moeda" V equivaleria ao uso do dobro de moedas usadas uma vez cada. Nesse caso, o preço de cada coco também seria um real. Finalmente, e se o coqueiro gerasse o dobro de cocos, ou seja, se tivéssemos o dobro de transações T, com as mesmas duas moedas originais? Teríamos nesse caso deflação, ou seja, o preço do coco cairia de cinquenta para vinte e cinco centavos. Essas relações são capturadas pela equação de trocas MV = PT proposta pelo economista americano Irving Fisher.

Excelente explicação da equação básica da teoria quantitativa da moeda. De forte apelo literário e didático.

Vejamos outros aspectos da teoria monetária hayekiana apresentados no livro. Temos em Hayek a teoria subjetiva dos juros: "Juro é a compensação que se oferece para que você abdique de utilizar seus recursos hoje, em troca de uma compensação futura". E a relação dos juros com a estrutura do capital:

> Vamos partir do equilíbrio em uma 'economia natural', ou seja, em uma situação tratável pela teoria pura de

equilíbrio, que descreve como as ações individuais se ajustam na ausência de distúrbios monetários. Em seguida, devemos abordar distúrbios de origem monetária. Por fim, descrever como variações em preços relativos provocam distorções na estrutura do capital nas expansões e contrações econômicas.

Note como Fabio sintetiza a análise de Hayek sobre o efeito real das emissões monetárias:

> Em termos metodológicos, Hayek propõe uma explanação envolvendo modificações de estruturas (de preços e do capital), que não são facilmente representáveis formalmente ou que permitam o estabelecimento de relações entre variáveis agregadas, passíveis de teste econométrico. Importam os caminhos tomados pelo novo dinheiro na estrutura do capital, cuja morfologia se altera através de mudanças em preços relativos de todos os bens e serviços.

Uma estrutura de capital em equilíbrio pode ocorrer, mas ela tende a ser perturbada por uma política monetária descontrolada, que gera crises de produção. Escreve o autor: "Uma estrutura compatível da produção é descrita em termos gerais, como a coincidência entre os planos empresariais sobre as datas de frutificação de seus planos de investimento e o padrão temporal planejado de gastos dos consumidores". Escreve ainda, citando Hayek: "Nas palavras de Hayek, 'Este fenômeno de escassez de capital que torna impossível a utilização do equipamento de capital existente parece-me o ponto central da verdadeira explicação das crises'". Então está explicado!

Mesmo sem entrar no debate de política monetária entre Keynes e Hayek, Fabio Barbieri chama atenção aos problemas de interpretação, entre eles "a afirmação de que a explanação de Hayek suporia pleno emprego e preços flexíveis, em especial salários e juros". Então a crítica de Keynes feita aos "clássicos", em sua obra *Teoria Geral dos Juros, do Emprego e da Moeda*, não se aplica a Hayek. Para o austríaco, "a incompatibilidade de planos se manifestaria mesmo na presença de preços rígidos. A estes Hayek contrapõe o fenômeno de rigidez na produção descrito em sua teoria". Então Fabio identifica o chamado efeito ricardiano, uma sutileza na análise monetária de Hayek:

> Como agora os juros não podem aumentar, o ajuste passa a ser feito em termos de variações na lucratividade das firmas, segundo o mecanismo que Hayek denomina "Efeito Ricardo" ...] Mas se imaginarmos projetos complementares, podemos ter o efeito inverso: um projeto complementar pode elevar a lucratividade do outro.

A exposição do efeito monetário na teoria hayekiana é feita de maneira clara e competente no livro, apenas pincelada neste prefácio. Mas a leitura do correspondente capítulo no livro deve orientar bem mesmo o leitor novato em Hayek.

A análise dos efeitos nocivos das emissões monetárias leva Hayek a buscar alternativas ao modelo centralizado de emissão de moeda em que o governo central sintoniza as emissões de moeda. Hayek está ciente das dificuldades práticas de sua solução, mas considera útil discutir teoricamente o modelo alternativo. Escreve Hayek, citado pelo autor:

> Colocá-la em prática pode, realmente, ainda ser totalmente inviável – pelo menos enquanto o público não estiver mentalmente preparado e enquanto aceitar, sem crítica, o dogma da necessidade da prerrogativa governamental, – mas esse fato não deve ser tomado como empecilho para a exploração intelectual dos fascinantes aspectos teóricos que o programa suscita.

Então Fabio extrai as principais lições da crítica hayekiana à política monetária: "A nossa única esperança de um dinheiro estável é, de fato, encontrar agora uma forma de proteger o dinheiro da política". Nessa mesma temática monetária, o próximo passo no livro consiste em relacionar a análise monetária com o modelo evolucionário de Hayek aplicado a diversos campos. Pergunta o autor: "Como as propostas de reforma monetária e constitucional propostas pelo autor se encaixam em sua perspectiva evolucionária?"

Finalmente, neste prefácio, gostaria de antecipar os principais temas em política econômica apresentados nos capítulos finais do livro. No campo da política, naturalmente Hayek vai defender um sistema descentralizado que estimule a liberdade individual dos agentes, que eles possam se valer de seu conhecimento local e se submeter ao processo de tentativa e erro identificado em todas as áreas da teoria de sistema social de Hayek. Escreve o autor sobre o tipo de limitação que o Estado poderia exercer, as regras negativas: "Encontramos aqui a mesma defesa liberal, encontrada em Popper, de regras negativas, relativas à limitação de possíveis abusos do poder por parte dos líderes, em oposição a regras positivas de liberdade de ação de um possível líder ideal".

O controle central da economia não funciona, assevera Hayek. Escreve Fabio: "No plano legal, a substituição de múltiplos planos descentralizados por um central requereria o uso de poder arbitrário em substituição às regras abstratas e impessoais que coordenam ações desconhecidas e dependentes de condições particulares". A centralização leva ao poder arbitrário e à destruição de um sistema descentralizado de regras abstratas.

Esse é um ponto interessante. Parece que Hayek se aproxima mais de um receituário fisiocrata e francês do papel e do efeito da política econômica e das intervenções do governo na economia do que da visão mais otimista de Adam Smith. Os fisiocratas achavam que era importante o governo acertar a mão em suas políticas. Uma má política econômica, uma intervenção desastrada na economia, iria então ruir a própria economia real. Smith acreditava que o sistema economia tinha propriedades de resiliência, de equilíbrio homeostático, que poderiam se contrapor a ações desastradas do governo, de modo a manter o vigor do sistema econômico a despeito das más intervenções na economia.

Questiona-se então até que ponto as preocupações de Hayek contra a intervenção pontual do governo na economia não seriam exageradas. É claro que tem o argumento básico de que Hayek está preocupado com o funcionamento de uma economia de mercado, com o processo de aquisição de conheci-mento individual com base em regras abstratas e aprendizagem por tentativa e erro em um sistema de preços que funciona como uma rede de comunicação de sinais que traduzem as condições efetivas da economia. Hayek, contudo, sabe perfeitamente que sempre tivemos na história uma economia de mercado com diferentes graus de intervenção. O historicismo dos clássicos, de Smith a Marx, é nocivo ao caracterizar a história da humanidade por presumidas etapas históricas, os tais modos de produção em Marx ou o esquema das quatro etapas de Smith. Não é possível caracterizar bem a história dessa maneira. Mercados, comércio, finanças e bancos sempre existiram. Desde o império Aquemênida que começou em Ciro na Pérsia, até a conquista da região asiática por Alexandre o Grande, derrotando Dario II, sucessor de uma longa dinastia desde Ciro, sempre existiram produtores privados e um governo interventor na economia. O mesmo vale para o império egípcio, o império dos comerciantes fenícios navegando pelo Mediterrâneo e fundando a poderosa Cartago, o império púnico dos cartagineses, o império romano, o germânico sacro império romano, os estados nacionais que surgiram na baixa idade média, em todos esses casos temos produtores privados, comerciantes, banqueiros, financistas, capitalistas etc. A caracterização de que o "capitalismo" só começou nas grandes navegações (capitalismo comercial) ou na revolução industrial da Inglaterra do século XVIII é, a meu juízo, um erro de análise histórica. Serve para acalentar ideólogos e estudantes ociosos, mas não satisfaz um voraz estudioso que procure realmente conhecer a história.

Então cabe a Hayek, que tem uma correta visão do processo histórico precisar em quais condições seria admissível uma intervenção do Estado na economia. O argumento de que a menor intervenção poderia levar à ruptura do sistema não é convincente. E não foi isso o que escreveu Hayek em seu principal livro político que foi *O Caminho da Servidão*. Fabio discute muito bem esse livro. No entanto, caberia um aprofundamento ainda maior nesse importante tema. Note o que o autor escreve sobre a visão do processo histórico em Hayek:

> Hayek, nesse sentido, nota que em vez de "proletários", a evolução do sistema econômico resultou no surgimento de uma massa de empregados acostumados às relações hierárquicas que caracterizam a estrutura das grandes firmas modernas. Isso os aliena a respeito do funcionamento do sistema de preços: não percebem que seu próprio bem-estar depende do exercício da liberdade por parte de outras pessoas.

Note que ao falar em alienação Hayek não oferece uma crítica de base antropológica como no conceito de alienação do jovem Marx. Alienação não é um mal, e não rebaixa o sujeito a mero indivíduo suporte de relações sociais como em Marx. A alienação é necessária, pois "para Bastiat e mais tarde Hayek, o aumento da complexidade do sistema econômico faz então com que os agentes sejam sujeitos a uma forma particular de alienação, relativa à falta de compreensão sobre o modo de funcionamento de uma economia". Tudo isso é muito justo e adequado, Hayek e Bastiat estão certos.

Hayek não era um libertário, mas um liberal clássico. De fato, no exame das "características básicas das leis promotoras da liberdade [...] o critério proposto não diz respeito diretamente à quantidade de intervenção governamental, mas à natureza dessa intervenção". É possível que certa intervenção acarrete perda de eficiência do sistema econômico descentralizado, mas mesmo assim a busca por justiça pode compensar a perda de eficiência. A preocupação de Hayek é que a intervenção seja quase fatal ao sistema, e que não atinja os objetivos, gerando as tais consequências não intencionais da ação política. Mas qual o critério hayekiano que autorizaria certa intervenção governamental na economia? Fabio comenta a respeito, falando dos críticos de *O Caminho da Servidão*:

> Como apontam os críticos da obra, não basta o caráter abstrato das regras para caracterizar normas compatíveis com a liberdade. Certas regras impessoais tornam inevitável o uso subsequente de comandos concretos, se levarmos em conta fatores psicológicos, econômicos e políticos. E esses últimos, de fato, ocupam boa parte do espaço na discussão de cada modalidade de intervenção estatal examinada.

Isso é interessante, sinaliza um caminho, mas ainda está num nível muito abstrato e sem muita aplicação como guia de escolhas práticas.

O importante para Hayek é que a intervenção governamental não arruíne o sistema que processa o uso do conhecimento individual:

> O contexto da comparação institucional entre sistemas nos quais ocorre dominância de regras abstratas ou de comandos concretos, não podemos perder de vista, é dado pelo problema do uso do conhecimento disperso em um ambiente em constante transformação, que requer aprendizado e adaptação dos agentes.

O autor está de parabéns pelo esforço na elaboração deste livro. Trata-se de um excelente guia para uma leitura ampla e panorâmica das principais ideias de Hayek em variados campos. Além disso, gostaria de destacar dois outros aspectos. O livro também traduz as próprias ideias do autor em variados temas hayekianos, e com certeza lhe possibilitou uma sólida reflexão enquanto escrevia. Quero destacar também o excelente desempenho literário, de um livro muito bem escrito que coloca o autor no pódio dos grandes escritores em economia. Isso não é pouco!

Nota do autor

Com frequência perguntam-me sobre que texto ler para familiarizar-se com as ideias de Hayek. Ao contrário de seu antecessor na Escola Austríaca, Ludwig von Mises, autor de um tratado geral de teoria econômica, *Ação Humana*, que aborda sistematicamente diversos aspectos dessa disciplina, Hayek se comunica principalmente através de artigos acadêmicos e livros sobre temas particulares. Não existe um único texto do autor que articule suas ideias e funcione como introdução ao seu pensamento. Ao mesmo tempo, seu programa de pesquisa, embora gire em torno de um tema unificador, inclui elementos de diversos ramos da teoria econômica, além de doutrinas oriundas da filosofia, psicologia, direito, história, biologia evolucionária, política e história das ideias e ninguém domina o mesmo subconjunto de assuntos para oferecer um retrato que faça jus às suas contribuições.

Qualquer livro que pretenda apresentar as ideias desse autor deve então evitar perder-se em assuntos específicos em prejuízo de um retrato geral e também resistir à tentação de listar brevemente cada tema discutido do referencial multidisciplinar hayekiano. Afinal, o leitor não demanda apenas um menu, uma lista com apenas informações superficiais sobre os tópicos estudados pelo autor, mas também aprender ou revisar algo sobre o conteúdo dessas ideias. Podemos encontrar diversos livros que prometem uma introdução ao pensamento de Hayek, mas muitos deles não vão muito além da exposição de algumas facetas de seu liberalismo.

Tendo tudo isso em mente, o presente livro tem como objetivo apresentar, em um volume relativamente pequeno, a visão de mundo de Hayek, um programa de pesquisa interdisciplinar, centrado na teoria econômica, voltado ao entendimento de como seria possível tornar compatíveis entre si as ações de bilhões de pessoas com conhecimento falível.

O primeiro capítulo deste livro fornece uma interpretação sobre qual seria o tema unificador da obra de Hayek, presente em diversos de seus escritos. Nos capítulos subsequentes, revisitaremos, de modo mais detalhado, os diferentes campos de investigação aos quais Hayek direcionou seus esforços e nos quais podemos observar a mesma perspectiva teórica. Isso é feito não na ordem cronológica de publicação dos textos, mas segundo uma estrutura lógica: iniciaremos com fundamentos filosóficos, utilizados no capítulo seguinte para entender o funcionamento dos mercados, algo por sua vez necessário para a discussão das crises econômicas, para em seguida tratar das instituições geradoras de prosperidade ou pobreza e por fim tratar de algumas contribuições para a história das ideias.

A nossa exposição será centrada nas teorias desenvolvidas pelo autor, que o leitor posteriormente poderá considerar úteis no exame de diferentes questões, presentes e futuras. As análises de conjuntura econômica e política emitidas durante a longa vida de Hayek, portanto, serão mencionadas apenas quando isso for necessário para contextualizar algum aspecto de suas teorias.

Tendo em vista o leitor não especialista nos diversos assuntos, os capítulos são iniciados na medida do possível com uma breve contextualização de ideias básicas necessárias para apreciar as contribuições de Hayek sobre cada tema. Estas últimas também são apresentadas de modo resumido no início de cada capítulo, para depois explorarmos mais de perto algumas obras escolhidas. O livro não requer do leitor conhecimento sobre os assuntos estudados.

Como sempre, a exposição das ideias de Hayek é colorida pelas minhas próprias opiniões sobre diferentes temas. A única coisa a ser feita quanto a isso é apontar, sempre que possível, a existência de diferentes formas de entender as teses do autor.

Por que estudar Hayek? Suas ideias, impopulares tanto quando foram originalmente escritas quanto no presente, são largamente ignoradas e com bastante frequência distorcidas. Além de não vacilar quando tinha que optar entre o que considerava correto e o que era popular, quando se deparava com a escolha entre um problema tratável e outro relevante, sempre optava pelo segundo. O acerto dessas escolhas é revelado pelo teste do tempo. É comum ler sobre os debates que Hayek teria perdido. Não menos comum é avaliação posterior de que o autor tinha razão afinal das contas. Muitos autores criativos, de fato, são fascinados por suas ideias e recorrem a seus escritos, mesmo quando trabalham em referenciais teóricos diferentes. Assim, o estudo de Hayek não vale a pena para aqueles que buscam respostas prontas, que apenas confirmam suas convicções. Esse estudo, pelo contrário, traz à tona questões difíceis, porém relevantes.

Agradeço ao professor Ricardo Feijó pelas sugestões e detalhada revisão do texto. Os erros restantes, naturalmente, são de minha responsabilidade. Dada a relevância das pouco estudadas contribuições de Hayek, devo agradecer também à LVM pela oportunidade de divulgar suas ideias. Depois da leitura desta pequena introdução, temos a esperança de que cada vez mais leitores aprofundem seus estudos das teorias desenvolvidas pelo economista austríaco, considerando os pontos de vista apresentados por ele em suas próprias reflexões políticas, filosóficas e econômicas. Quem sabe alguns deles façam parte da crescente comunidade de pesquisadores que incluem temas hayekianos em suas pesquisas. Porque poucas coisas seriam tão benéficas para o futuro das ciências sociais quanto uma presença maior dessas ideias no debate intelectual.

CAPÍTULO 1
Para entender Hayek

A ntes de dedicar tempo e demais recursos ao estudo de qualquer coisa, é necessário que seja oferecido ao leitor um estímulo inicial que motive o investimento. Por isso, este livro se inicia com uma apresentação geral da "visão de mundo" de Hayek. Qual seria a "essência", por assim dizer, das ideias do autor? Muitas vezes a busca por um resumo desse tipo é expressa pela pergunta "Que livro você levaria para uma ilha deserta?". Inspirado por essa pergunta, utilizo na próxima seção uma ilha como forma de introduzir os assuntos investigados por Hayek, a perspectiva metodológica por ele empregada e alguns aspectos de suas teorias. Nesse estágio, não nos preocuparemos em citar obras e autores que influenciaram seu pensamento.

Caso também o leitor considere o assunto fascinante, a seção seguinte deste capítulo provê o contexto dessas ideias, como preparação para o estudo mais aprofundado das teorias particulares expostas nos capítulos seguintes. Depois de apresentar esse contexto geral, ainda neste capítulo esboçaremos uma interpretação bem sumária da evolução da teoria econômica. Em seguida, diremos algo sobre o florescer científico e cultural ocorrido na capital do Império Austro-húngaro entre o final do século dezenove e início do vinte. Isso provê o cenário para a descrição de aspectos centrais da Escola Austríaca de Economia, a abordagem a qual Hayek se insere. O capítulo se encerra com um breve relato biográfico e resumo bibliográfico.

Que livro de Hayek eu levaria a uma ilha deserta?

Uma das questões centrais investigadas pela economia diz respeito às causas da prosperidade das sociedades. Instituições, crenças e valores, conhecimento científico e tecnológico, disponibilidade de recursos e fatores geográficos são combinadas em diferentes proporções e rivalizam sobre qual seria a causa primária do enriquecimento nas diferentes explanações sobre o assunto, que postulam desde um progresso contínuo da humanidade até ciclos de crescimento e declínio de civilizações.

Hayek, em particular, é um autor institucionalista de tradição evolucionária. Ele esboça uma teoria sobre a evolução das instituições e sobre como certas características de diferentes conjuntos de normas definem um ambiente propício ou hostil ao florescimento humano.

Ao atribuir o progresso à atuação de forças evolutivas, em vez de adoção consciente de políticas indutoras de crescimento, o leitor poderia concluir erroneamente que, para ele, a razão seria atriz secundária na aventura humana. Nada mais equivocado! O sistema explanatório hayekiano, pelo contrário, *consiste* em uma teoria sobre o crescimento do conhecimento, mas que rejeita uma concepção ingênua de racionalidade, denominada racionalismo construtivista, em favor de uma perspectiva falibilista, que leva a sério as limitações do conhecimento. Se pairam dúvidas sobre o acerto das explanações e observações elaboradas pelos seres humanos, isto é, se existir a possibilidade de que estas sejam equivocadas, o aprendizado requer diversidade e embate entre teses concorrentes. Assim, a tolerância à presença de explanações rivais estimula a exploração do significado de certas hipóteses, de seu escopo de aplicabilidade e limites, bem como da existência de alternativas, gerando pela crítica um processo de eliminação de erros e modificações das teses. Em outros termos, o conhecimento prospera diante da competição no mercado das ideias, ao passo que o monopólio ou uniformidade de procedimentos, bem como a crença em autoridades, gera "consensos científicos" que aniquilam o ceticismo necessário para o crescimento do conhecimento.

O falibilismo está no centro do sistema explanatório hayekiano. No segundo capítulo de sua *A Constituição da Liberdade*, Hayek afirma que sua aderência ao liberalismo é fundamentada nesse conceito:

> O argumento a favor da liberdade repousa principalmente no reconhecimento da inevitável ignorância de todos nós a respeito da maioria dos fatores dos quais a realização de nossos fins e bem-estar dependem.

Na mesma obra, encontramos ainda a afirmação de que "em parte alguma a liberdade é mais importante do que onde nossa ignorância é maior – nas fronteiras do conhecimento, em outras palavras, onde ninguém pode prever o que existe um passo à frente". Como veremos ao longo de nossa jornada pela obra de Hayek, o contraste entre conhecimento falível e pretensão de conhecimento será uma constante.

O falibilismo é comumente contestado mediante a apresentação de proposições simples, possivelmente indubitáveis, como "você duvida que $1 + 1 = 2$ ou que é moralmente errado o espancamento de bebês fofinhos"? A importância do falibilismo, porém, se manifesta nos casos que envolvem efetiva diversidade de opiniões e controvérsia, principalmente quando a opinião majoritária envolve a ilusão segundo a qual quem pensa diferente é ignorante ou mal-intencionado. Quanto maior a complexidade do fenômeno discutido, maior será a quantidade de explanações rivais e maior será a importância daquele modo descentralizado de aprendizado caracterizado pela diversidade e crítica. A ênfase na complexidade dos fenômenos estudados por Hayek, aliás, será outra constante em sua obra.

Qual seria um exemplo de fenômenos complexos estudados? Lembre-se que partimos do problema de explicar as causas do progresso humano. Inicialmente, temos sociedades tribais com indivíduos que se conhecem pelo nome e a especialização é bastante reduzida, de forma que todos conhecem razoavelmente as poucas fontes de recursos e o que fazer com estes. Hoje, em contraste, bilhões de pessoas fornecem serviços especializados uns aos outros sem que nenhum deles saiba quem são as pessoas envolvidas, quais são seus propósitos e planos, quais são os bens que serão produzidos, as fontes de recursos disponíveis, as possibilidades de usos alternativos desses recursos, como estes diferem de local para local e como tudo isso se altera continuamente ao longo do tempo, tendo em vista ainda que certos bens e serviços devem ser disponibilizados em momentos diferentes.

Hayek chama atenção não apenas para o caráter disperso do conhecimento sobre esses elementos, como é amplamente reconhecido, mas também para a possibilidade de que esse conhecimento, falível, não corresponda à realidade, algo que requer uma teoria sobre o aprendizado dos agentes. Aprendizado é necessário para que os esforços individuais se tornem compatíveis entre si. Para Hayek, o problema econômico pode ser então caracterizado como o problema da coordenação das ações dos agentes. Como viabilizar um sistema econômico que faz uso da maior produtividade proporcionada pela especialização, já que cada um pode dirigir seus esforços para a obtenção de algo com qualidade e custo diversos, em quantidades erradas ou não desejado naquele momento ou lugar?

A continuação do progresso requer um aumento de complexidade do sistema de interação social ou trocas, mas esse aumento é restrito pelo caráter limitado, disperso e falível do conhecimento dos participantes do sistema. Como saber o que cada um deve fazer em cada circunstância? Como contornar essa restrição de natureza cognitiva? Isso é feito, para Hayek, mediante o uso do sistema de preços, que funciona como um mecanismo de comunicação a respeito da importância relativa das diferentes iniciativas. O uso de preços de mercado gera aprendizado, corrigindo essas iniciativas através do cálculo de lucros e perdas, sem que as pessoas precisem saber as causas das variações nos preços que indicam que certos bens devem ser economizados ou sua produção aumentada.

Os detalhes do funcionamento desse sistema de telecomunicação serão explorados no terceiro capítulo. Aqui, é importante apenas reunir os elementos-chave da explanação. Conhecimento falível associado à complexidade de uma tarefa convida ao uso de mecanismos descentralizados de aprendizado, que requer tanto a liberdade para tentar diferentes soluções quanto maneiras de corrigir os erros que surgirem. Esses mecanismos geram adaptação, que possibilita a obtenção, em algum grau, da coordenação das atividades cada vez mais especializadas e produtivas, o que por sua vez aumenta o grau de complexidade do sistema em desenvolvimento. Esse esquema explanatório do crescimento do conhecimento na sociedade pode ser ilustrado pela seguinte figura.

A caracterização do programa de pesquisa do autor austríaco como o estudo da coordenação, proposta por O'Driscoll (1977), tem em seu favor a aprovação do próprio Hayek, no prefácio da referida obra. Tal caracterização é de fato bastante adequada, pois a mesma questão é recorrente nos diferentes assuntos investigados. Acabamos de esboçar a coordenação via sistema de preços no que diz respeito ao funcionamento dos mercados em geral. Nos capítulos subsequentes trataremos da coordenação em diferentes cenários, aqui apenas mencionados.

A crítica de Hayek ao planejamento central socialista, por exemplo, consiste na descrição da descoordenação de planos derivada da supressão da propriedade privada e mercados. Na teoria do capital, entraremos no estudo da complexa coordenação intertemporal de planos, ao passo que os ciclos econômicos são explicados como descoordenação de planos que se manifestam como distorções na estrutura do capital causadas por distúrbios monetários, em especial quando bancos centrais procuram reduzir taxas de juros e ocorre expansão do crédito. Fenômenos mentais, por sua vez, são explicados em termos da coordenação de elementos de uma estrutura de ligações entre fibras nervosas excitadas por impulsos sensoriais, formando padrões associados à interpretação do mundo externo e preservadas através da adaptação seletiva. Por fim, certas instituições possibilitam expansão da coordenação das ações, que emerge da interação entre agentes com conhecimento local e que seguem regras abstratas.

O tipo de análise institucional desenvolvida por Hayek não cai no erro, tão comum em abordagens alternativas, de identificar automaticamente a realidade com o sistema defendido por adversários: afinal, o mundo real trivialmente é inferior a qualquer ideal. Em particular, a análise hayekiana oferece uma alternativa à prática de caracterizar as economias presentes e seus problemas como se fossem economias livres e as instituições vigentes como as únicas imagináveis. Na verdade, diferentes normas postuladas ou presentes em diferentes sociedades podem diferir em termos de seu caráter abstrato, impessoalidade, grau de descentralização que proporciona ou segundo a maneira como define direitos de propriedade.

Nesse referencial alternativo, as características de diferentes arranjos institucionais podem ser comparados em termos da sua capacidade de coordenar planos em um mundo complexo e povoado por seres humanos falíveis, ou, em outros termos, em termos da qualidade do aprendizado induzidos por essas normas.

A interação sob tais normas pode consistir em um padrão de coordenação hierárquico, planejado conscientemente, mas cuja expansão é limitada pela complexidade do problema e pelo conhecimento limitado dos seres humanos ou formar ainda uma ordem espontânea, que emerge da interação social através de mecanismos de correção de erros que possibilitam a expansão da complexidade dessa ordem. O referencial do autor trata das situações nas quais se manifestam os ordenamentos do primeiro tipo, denominado *taxis* ou do segundo, *cosmos*.

Essa distinção nos ajuda a entender, em termos metodológicos, a contribuição de Hayek à ciência econômica. Economistas buscaram entender os complexos fenômenos econômicos através do uso de simplificações teóricas. Em seguida, outros passam a acreditar que tais teorias de fato dão conta dos aspectos cruciais dessa realidade. Tendem então a transferir a simplicidade do modelo para a realidade complexa que pretendem modelar. Isso gera a ilusão de que seria possível o controle consciente dessa realidade. Hayek, em toda sua trajetória intelectual, critica esse mal uso da teoria, essa transformação de *cosmos* em *taxis*, chamando atenção para aspectos relevantes do mundo não contemplados nos modelos.

Ilustremos o que dissemos até o momento por meio do uso metafórico de uma ilha hipotética.

O conceito abstrato ou geral de ilha que aprendemos na escola – porção de terras emersas, de dimensões não continentais, cercada de água por todos os lados – pode ser identificado em uma representação bem simples, um mapa contendo um "o", quatro "u" e dois acentos circunflexos, sendo o primeiro uma forma simples e genérica de representar a ideia de uma área cercada, o segundo uma maneira de indicar ondulação da água em torno da primeira e o terceiro o relevo da terra no interior da ilha. Podemos reconhecer o padrão na figura, a despeito da ausência de detalhes.

Essa representação geral ou abstrata deve dar lugar a um modelo mais concreto quando nos interessamos por alguma ilha particular. O contorno da nova figura deve agora espelhar, em escala reduzida, os contornos do litoral.

 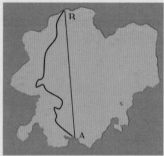

Considere ainda o interesse pelo deslocamento na ilha, digamos, entre o porto A e a praia B. Vamos comparar *taxis* com *cosmos*, ou ordens planejadas e espontâneas. De posse do mapa, se imaginarmos um governador da ilha planejando um caminho, a razão nos ditaria que o segmento de reta entre os dois pontos seria melhor do que a alternativa pontilhada, por ser a primeira o menor caminho entre dois pontos, em clara vantagem sobre a trilha tortuosa a oeste. Essa avaliação, porém, depende dos incentivos a não errar providos pelas normas vigentes ou ainda de quanto o administrador acredita que o mapa representa a realidade. No bairro que moro, por exemplo, a definição das vias preferenciais nos cruzamentos parece ilustrar o primeiro caso, dado o número de ruas com valetas profundas que são preferenciais em relação a ruas com asfalto plano. Duvido que o responsável tenha visitado o local antes de decidir qual seria a via preferencial.

Quanto ao segundo caso, imagine que adicionemos ao mapa informações mais detalhadas. Tendo em vista o relevo indicado na próxima figura, as trilhas "irracionais" indicadas à direita do desenho talvez passem a fazer sentido: a trilha reta exigiria escalar muitos morros, ao passo que a opção oeste segue o curso de um rio em terreno pantanoso, aproveita passagem plana em cordilheira e passa pela nascente de dois rios, para a obtenção de água, antes de chegar ao destino. Possivelmente também supera as rotas na metade leste por uma série de razões que dependem de conhecimento sobre condições locais.

A rota desprezada como irracional sob o ponto de vista de quem tem acesso a um mapa muito simples pode ser mais eficiente em termos de quantidade de esforço empreendido, risco de queda ou parcela do caminho sob sombra.

 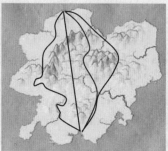

Embora faça sentido tendo em vista a heterogeneidade do terreno, a trilha pontilhada apresenta ainda elementos irracionais, como o desvio desnecessário ao sul da cordilheira, que parece o bico de um pássaro. Para entender isso, nós devemos contemplar o processo de formação de trilhas, caso abandonemos a hipótese de que possuímos um mapa fidedigno da ilha.

Em suas jornadas, cada pioneiro desbasta o mato com seu facão, reduzindo o custo de um segundo indivíduo passar pelo mesmo local, em comparação com a decisão de seguir por outra direção, que exigiria trabalho maior de desbaste. Cada indivíduo contempla os benefícios e custos de seguir na rota prévia ou tentar uma nova, reforçando o caminho anterior ou gerando novas possibilidades. Hayek, em seu *A Contra-Revolução da Ciência*, utiliza esse exemplo como ilustração da formação de ordens espontâneas:

> A maneira pela qual trilhas são formadas é um exemplo. A princípio, todo mundo buscará para si o que lhe parece o melhor caminho. Mas o fato de tal trajeto ter sido utilizado uma vez é susceptível de tornar mais fácil a sua passagem e, portanto, mais susceptível de ser utilizado novamente; e assim, gradualmente, caminhos cada vez mais definidos surgem e chegam a ser usados para a exclusão de outros possíveis. Os movimentos humanos através da região vêm se conformar a um padrão definido que, embora seja resultado de decisões deliberadas de muitas pessoas, não foi projetado conscientemente por qualquer um.

E o desvio que mencionamos? A descrição da formação da trilha alia teoria com história, contendo tanto a suposição de um agente racional, que possui propósitos e que realiza avaliação de custos e benefícios de alternativas, quanto a dependência dos caminhos historicamente tentados pelos trilheiros anteriores. Um destes pode ter se deparado com uma fera perigosa no ponto onde se formou o desvio na rota e lá a taxa de crescimento do mato pode ser baixa ou ainda o esforço de tentar alternativa pode ser muito alto naquele ponto, para que a trilha se adapte às necessidades cambiantes. Mas, começando do zero o processo, aquele desvio não existiria se o primeiro passante não tivesse visto o bicho.

Embora nesse exemplo o grau de simplicidade de um mapa diante das complexidades do mundo modelado seja o bastante para ilustrar a diferença entre ordens conscientes e espontâneas, entre controle consciente e aprendizado por tentativas e erros, a situação concreta é simples o bastante para encontrarmos soluções dos dois tipos. Encolha um pouco a escala da ilha e a transforme em um campus universitário, com vários institutos distribuídos em diferentes localidades. Por mais difícil que possa ser conhecer em cada semestre quantos alunos de Psicologia se interessarão por disciplinas de Economia e quantos estudantes deste último curso reprovarão em Cálculo I, sendo obrigados a cruzar o campus para fazer a matéria com os alunos de Química em um horário melhor, ainda assim é natural imaginar um arquiteto planejando em sua prancheta uma rede de caminhos em meio ao bosque entre os diferentes prédios ou mesmo fotografar com um drone os caminhos na neve que os alunos de fato fizeram no inverno para que essas passagens mais "orgânicas" marcadas na neve sejam pavimentadas no verão. Podemos de fato observar em Brasília a grama desgastada em trilhas de pedestres que não foram antecipadas pelos planejadores da cidade.

Porém, para ilustrarmos o argumento hayekiano de que sistemas progressivamente complexos requerem o uso de ordens espontâneas, vamos complicar mais um pouco nosso problema. Aumente novamente a escala da nossa ilha para representar um país com muitas cidades. Problema: qual seria a ordem de visitação dessas cidades, caso um vendedor queira passar por todas elas e minimizar a duração de sua jornada? No mapa, temos dez cidades, ligadas por um dos inúmeros caminhos possíveis. Conforme aumentamos o número de cidades, se torna cada vez mais difícil encontrarmos uma solução matemática para esse problema. Porém, podemos construir um modelo computacional inspirado em uma ordem espontânea na natureza, se reduzirmos novamente a escala da ilha.

O trapézio na figura da direita representa um formigueiro e a tarefa das formigas é transportar para casa alimentos, representados aqui por folhas.

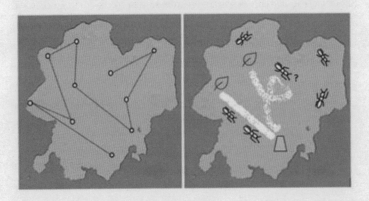

Inicialmente, a atividade de forrageamento é representado por formigas efetuando passeios aleatórios na ilha. Caso encontre recursos, ela os carrega de volta ao formigueiro. Suponha que o ato de carregar uma folha provoque a liberação de um feromônio, cuja presença seja agradável aos demais indivíduos. Estes, ao se depararem com a substância, aqui representada por um spray branco, passam a seguir o caminho impregnado. As trilhas de feromônio direcionam os demais para rotas contendo recursos. Compare agora uma trilha curta, a oeste da ilha, com uma rival em forma de *loop*, no centro. Imagine ainda que essa substância se dissipe com o passar do tempo. Uma dissipação rápida seria inútil, pois os caminhos desapareceriam antes de serem reforçados pela passagem de outras formigas. Dissipação muito demorada, por sua vez, faria com que as duas trilhas fossem igualmente usadas. Sendo assim, existe uma taxa de dissipação que resulta em um elemento adaptativo: trilhas mais longas são mais suscetíveis de ter trechos apagados, como no meio da trilha à direita, com a formiga diante de um ponto de interrogação. Nesse caso, a formiga volta ao seu passeio aleatório e a trilha tende a desaparecer. Essa pressão seletiva faz com que as trilhas sobreviventes sejam mais curtas, como se as formigas procurassem minimizar o tempo de deslocamento!

Esse exemplo ilustra bem os ingredientes de uma ordem espontânea: problema complexo de coordenação, conhecimento limitado, interação local, seguimento de regras simples em vez da suposição de agentes otimizadores e descrição de mecanismo de correção de erros, resultando na emergência de uma ordem adaptável.

O próximo aumento de complexidade direciona nossa metáfora para um sistema econômico como um todo, envolvendo todo tipo de troca e não apenas o transporte. Imagine que os rios de nossa ilha tenham uma estrutura em estuário, com afluentes se juntando ao curso principal, até chegar à praia. Cada nascente representa um recurso natural que é combinado com trabalho para produzir bens de capital, de forma que afluentes representem insumos adicionados a um processo de produção de um bem final, que desagua na praia. Em vez de um rio, podemos pensar em uma árvore genealógica. Essa metáfora é utilizada no conhecido texto intitulado *Eu, o Lápis*, escrito por Leonard Read, que dá uma ideia da complexidade da rede de bens necessários para produzir até as coisas mais simples. Considere agora um rio em delta, utilizado para representar um certo recurso cujo uso será dividido para a produção de diferentes bens – diversos canais que chegam ao mar. Como alocar esse bem para diferentes usos, ou seja, em que proporção ele deve ser distribuído entre diferentes processos produtivos?

Agora misture as duas metáforas fluviais. Uma foto de um emaranhado de canais que resulta da mistura de estuário com delta descreveria assim o equilíbrio no que se refere ao problema alocativo, que investiga como são alocados recursos escassos a fins alternativos: recursos se dividem entre fins diversos e são combinados na obtenção de cada um deles.

Transforme agora a imagem em algo dinâmico. Se preferências, disponibilidade de recursos ou métodos de produção se alteram, a configuração de equilíbrio da rede de canais deve mudar. Em vez de trilhas de feromônios, os economistas mostram como o sistema de preços possibilita a existência de um sistema econômico complexo, coordenando as ações de bilhões de pessoas no presente. Se o fluxo de água se alterar, inundando áreas ou secando canais em certos pontos, o problema passa a incorporar a teoria do capital, central na explanação de Hayek sobre as causas dos ciclos econômicos. Em que momentos a água deve chegar em cada ponto? O conceito de planejamento central, por sua vez, seria equivalente a controlar esse sistema complexo a partir do primeiro mapa que propomos, contendo sete símbolos.

Mas devemos nos resguardar da tentação de prosseguir em nossa ilha e avançarmos para o próximo passo, visto que o que foi dito basta como primeiro esboço para entendermos Hayek.

A propósito, imaginando nossa ilha mais uma vez deserta, eu consideraria seriamente levar comigo uma cópia de *A Contra-Revolução da Ciência*.

O contexto das ideias hayekianas: nenhum homem é uma ilha

Ao contrário do que pensam muitos, não é possível entender a fundo a Escola Austríaca e em particular qualquer de seus autores se ignorarmos a teoria econômica como um todo. Negar isso seria equivalente à defesa do protecionismo no mercado das ideias, como se teorias não se desenvolvessem a partir de trocas e competição. Austríacos tomaram emprestado certas teorias, colaboraram com o desenvolvimento de outras e dedicaram substancial parcela de seus esforços à crítica de doutrinas rivais. Além disso, pensando no leitor formado em outras áreas, a exposição das ideias de Hayek requer um esboço mínimo do desenvolvimento da teoria econômica e da tradição austríaca, além de informações sobre vida e obra do autor estudado.

A evolução da Teoria Econômica

Antes do desenvolvimento da teoria econômica, prevalecia um conjunto de crenças sobre o tema, que pode ser entendido em termos das observações de Hayek sobre a evolução das instituições e que sobrevivem até hoje como opiniões instintivas. Em uma sociedade primitiva, o grau de especialização em certas atividades é relativamente pequeno, todos se conhecem e a chegada de estranhos implica em menos recursos disponíveis para o grupo original. Nesse cenário, o comércio é visto com desconfiança: transações sob regras abstratas e impessoais, ganhos obtidos mediante trocas, uso do dinheiro e pagamento de juros são todos condenados moralmente. Se a quantidade de recursos for constante, o ganho de uma pessoa que participa de uma permuta parece implicar em perda da outra. O desenvolvimento das sociedades, mais tarde, preservou a crença de que, nas transações, os vendedores ganham e compradores perdem. De acordo com essa ideia, governantes em diferentes civilizações se digladiaram para expandir exportações e limitar importações, em busca do dinheiro obtido nessas vendas. Mas expansão monetária e de gastos para criar e manter monopólios protegidos não produziram riqueza real, mas apenas inflação, crises e estagnação.

O que gera então prosperidade? É essa a pergunta que motivou, na Europa do século XVIII, o desenvolvimento da teoria econômica, que inicialmente pode ser descrita como *plutologia*, ou estudo da produção e distribuição de riqueza material. O primeiro modelo, desenvolvido por autores como Cantillon, Quesnay e Turgot, deixa de associar prosperidade à quantidade de dinheiro existente, deslocando a explanação sobre a riqueza de uma nação para a quantidade de terra disponível para sustentar pessoas e produzir os demais bens. Trata-se de um modelo agregado ou macroeconômico de determinação anual de riqueza. Dentre todos os setores da economia, apenas a agricultura seria capaz de gerar um excedente, o produto líquido, que sustentaria os outros setores: uma ervilha se transforma, pela agricultura, em muitas ervilhas, ao passo que a manufatura apenas transforma insumos em produtos, tábuas em uma mesa. O excedente da agricultura, o produto líquido, é pago aos proprietários de terra, que distribuem essa riqueza aos demais setores, sem, no entanto, contribuir com nada para a produção. O esquema todo é reproduzido no período seguinte, com parte dos recursos reinvestidos na agricultura.

Essa explanação, embora traga contribuições reais ao desenvolvimento da teoria, como a ideia de que a produção requer investimento de recursos poupados de períodos prévios, com a finalidade de financiar despesas antes que a safra seja colhida, ela peca por confundir produtividade física na agricultura com aumento de riqueza. Se uma ervilha se transforma depois de seis meses em dez ervilhas e cada um vale uma unidade monetária, por que cada ervilha não custaria dez unidades hoje? A história da disciplina, com efeito, tem sido uma longa e lenta marcha de abandono de concepções materialistas, centradas em objetos, em favor de teorias subjetivistas, baseadas no ser humano e em suas formas de pensar.

Um pequeno passo nessa direção foi dado por Turgot, que mostrou como o investimento no uso de bens de capital, proporcionado pela poupança de recursos economizados previamente, eleva a produtividade. Adam Smith utiliza essa ideia para argumentar que todo setor da economia, não apenas a agricultura, é capaz de gerar aumento na produção de riqueza. Para Smith, instituições favoráveis às trocas, como a garantia de direitos de propriedade, proporcionam segurança para que ocorram investimentos e especialização (ou divisão do trabalho), elevando a capacidade produtiva em uma nação. Ele foi assim o primeiro autor a notar e explicar o fenômeno do crescimento econômico. Como a divisão do trabalho requer trocas, a quantidade maior de riqueza gerada faz com que o comércio resulte em ganhos para todas as partes envolvidas, não apenas para o vendedor.

Jean-Baptiste Say, na França, se afasta ainda um pouco mais do materialismo ao colocar os serviços ao lado da produção de bens físicos e também por associar o valor à utilidade dos bens e ainda enfatizar a atividade empresarial, ou seja, a busca de novas formas de atender as necessidades humanas. Já o sucessor de Smith na Inglaterra, David Ricardo, além de mostrar que o argumento favorável às trocas se aplica também a nações em fases diferentes de desenvolvimento, ampliando o argumento em prol do livre comércio, desenvolve a teoria do valor trabalho smithiana, adotada como uma simplificação em seu modelo de crescimento. Nesta, a teoria do valor é usada para agregar o montante de riqueza real gerada em um ano. Quanta riqueza seria produzida por uma mesma quantidade de trabalho e como essa quantidade evolui?

Nesse modelo, que ignora o progresso técnico, o crescimento econômico é restrito pelas considerações de seu amigo Malthus sobre a produtividade declinante do trabalho quando ocorre crescimento populacional e a quantidade de terra permanece constante. Mais gente trabalhando na mesma fazenda aumenta a produção total em proporções cada vez menores. O crescimento não seria perene, conclui o modelo.

Como notamos anteriormente, as simplificações teóricas utilizadas para explicar fenômenos complexos adquirem nas gerações seguintes vida própria, de modo que a simplicidade do modelo é transferida de volta à realidade. Na plutologia, a riqueza é inicialmente produzida em montantes determinados por restrições técnicas e demográficas e na sequência "distribuída" entre diferentes classes conforme a posse da "coisa" capaz de gerar excedentes independentemente de decisões humanas: sucessivamente o dinheiro, a terra e o capital. Se, como acreditam autores socialistas como Marx, saber o que e como produzir fosse mesmo trivial e o custo de produção fosse determinado por técnicas historicamente dadas, de fato capitalistas e empresários seriam parasitas, cuja fonte de riqueza poderia ser expropriada sem consequências econômicas e a preocupação com preços de mercado seria apenas interesse de "economistas vulgares". Mas, ainda no final da vida de Marx, o que ele considerava essência se revelaria acidente e vice-versa.

Com a publicação a partir de 1871 de obras de Menger, Jevons e Walras, inicia-se a Revolução Marginalista na teoria econômica, que substituí a *plutologia* pela *catalática*, isto é, uma teoria centrada no conceito de trocas. Trocas geram valor não apenas porque possibilitam a divisão do trabalho que aumenta a produtividade, como na teoria antiga, mas porque valor não é uma característica intrínseca de bens e serviços, mas sim uma relação entre pessoas e quantidades específicas dessas coisas. Pessoas diferentes podem atribuir valor diferente a uma mesma coisa. Se eu tenho o que você prefere e vice-versa, a troca gera valor. Algo assume ainda valores diferentes em circunstâncias nas quais esse bem ou serviço se torna mais escasso ou abundante. Quanto maior a sua disponibilidade, menos importante será uma unidade a mais do mesmo (utilidade marginal declinante) e preferimos redirecionar nossos esforços para atender outras necessidades, via troca ou produção.

A produção, por sua vez, passa a ser vista como um tipo particular de troca, entre usos alternativos dos recursos. Se os recursos não existirem em quantidade suficiente para atender a todas as necessidades que as pessoas possam imaginar, ou seja, se forem escassos, devemos escolher o que fazer com esses recursos: quais necessidades devemos garantir, quais deixar de lado, ou, mais precisamente, quanto de cada necessidade será atendida. A concepção catalática envolve dessa forma uma redefinição do problema econômico fundamental: o estudo da produção e distribuição de riqueza material pode ser entendido, de modo mais fundamental, como o estudo da alocação de recursos escassos a fins alternativos. Na caracterização feita por Lionel Robbins (1935), amigo de Hayek, os agentes realizam escolhas econômicas quando existirem diversos fins não atendidos, quando o tempo e demais recursos forem limitados, estes últimos forem ainda capazes de emprego alternativo e os fins tiverem importância diferente.

Essa nova perspectiva redefine o que se entende por custos, que não se reduz a questões de técnica produtiva. As escolhas econômicas envolvem a comparação entre valor do que se faz e o valor da alternativa sacrificada, seu custo. O custo de empregar certos insumos para produzir certa quantidade de um bem não se refere a sacrifícios passados, mas, prospectivamente, à importância daquilo que poderia ser gerado em uso alternativo. Como cada insumo tem em geral múltiplos usos, seu preço reflete o valor que geraria em cada um deles. Sendo assim, a produção de cada bem envolve a escolha entre infinitas combinações possíveis de insumos. Cada firma escolhe se e quanto usar de um insumo comparando o valor do produto gerado por unidades adicionais desse insumo com o preço pago por ele. Se algo é mais útil alhures, devemos substitui-lo por insumo mais barato. Consumidores, por sua vez, alocam sua renda na aquisição de bens de forma semelhante, comparando valor com custo de oportunidade, distribuindo sua renda de modo a não ser possível melhorar de situação por meio de realocação da renda entre as alternativas.

O estudo da determinação de preços e quantidades de equilíbrio entre demanda e oferta de um único bem é conhecido como o modelo de equilíbrio parcial, associado ao economista inglês Alfred Marshall, ao passo que o estudo da alocação de recursos entre diferentes mercados é feito no modelo de equilíbrio geral, proposto inicialmente por Léon Walras. Esses modelos avaliam como recursos escassos são alocados em termos do critério de eficiência alocativa, que recebeu o nome do economista italiano Vilfrido Pareto, que deu prosseguimento aos trabalhos de Walras. Sob as condições que definem o modelo de competição perfeita, temos uma alocação eficiente em termos paretianos, pois os ganhos de troca no equilíbrio esgotam-se, sendo impossível melhorar algum agente (sem piorar a situação dos demais) via realocação de recursos, ao passo que desvios desse ideal perfeitamente competitivo, como no caso de monopólios, resultam em alocações inferiores, que representam nível menor de prosperidade.

Podemos recapitular essa história com o auxílio de um diagrama:

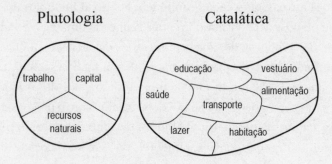

A ciência econômica evoluiu da plutologia, o estudo da produção e distribuição de riqueza material para a catalática, o estudo das trocas entre usos alternativos de recursos escassos. Na concepção antiga, a economia seria uma torta cujo tamanho independe de como posteriormente dividimos as fatias, entre juro do capital, salário do trabalho e renda da terra. Já na concepção moderna, a economia é como uma estrada congestionada com várias faixas: se uma anda mais do que as outras, os carros mudam para lá, até que, no equilíbrio, não exista em média faixa mais rápida. Do mesmo modo, em uma alocação eficiente, não é possível melhorar a situação dos indivíduos realocando recursos de um uso para outro mediante novas trocas. Nesse equilíbrio, quanto por cento dos recursos é destinado a cada tipo de necessidade?

A evolução da plutologia para a catalática representa um avanço sob o ponto de vista subjetivista, pois a economia deixa de investigar objetos para tratar de planos de ação. Hayek, em seu *A Contra-Revolução da Ciência*, afirma que "... não é provavelmente exagero dizer que cada avanço importante na teoria econômica durante os últimos cem anos foi um passo a mais na aplicação consistente do subjetivismo". Esse avanço foi, no entanto, sujeito a recuos, novamente mediante a transferência de simplicidade dos modelos para o mundo real. Alguns economistas passaram a acreditar que poderiam regular mercados e até mesmo planificar centralmente as economias a partir de regras sobre custo marginal (o custo de produzir uma unidade a mais de um bem), como se tal custo fosse dado, como na teoria antiga. Outros discutiram a justiça da remuneração de indivíduos tendo em vista que, no modelo de equilíbrio geral concebido por Walras, a renda é determinada em última análise pela posse inicial de recursos, lembrando as antigas fontes materiais de geração automática de riqueza discutidas no início da nossa história.

Entender a participação de Hayek no debate intelectual do século XX equivale ao estudo de correções dessas recaídas materialistas. Também na história da macroeconomia moderna temos uma fase inicial, associada à Keynes, caracterizada por relações entre variáveis agregadas atuando umas sobre as outras, sem um embasamento consistente na ação humana proposital. Os agentes seriam autômatos sem capacidade de aprender, de se adaptar. Seguiu-se a isso uma revolução no pensamento macro, na qual tais agregados são fundamentados na catalática, ou seja, em termos das ações de agentes racionais que fazem escolhas. Isso permitiu, por exemplo, estudar como os agentes antecipam políticas governamentais, adaptando suas estratégias e anulando o efeito esperado da política de estímulo à economia. Novamente, estamos diante de um avanço subjetivista.

A continuação da história dos altos e baixos do subjetivismo na evolução da teoria econômica requer a apresentação da escola austríaca de economia, a tradição a qual Hayek se encaixa e que é marcada pela adesão consistente ao princípio do subjetivismo metodológico.

Viena fin-de-siècle

Entre o final do século dezenove e o começo do vinte, na cidade de Viena, então capital do Império Austro-húngaro, ocorreu um dos mais notáveis florescimentos culturais da história. Essa capital abrigou desenvolvimentos significativos nas artes, na ciência e na filosofia.

Diversos autores, como Schorske (1981), Johnston (2000), Janik e Toulmin (1996), Antiseri (2001) e Schmitz (2019) procuram mapear essa efervescência intelectual ou utilizar o cenário intelectual da cidade para explorar o desenvolvimento de alguma doutrina que lá surgiu. Viena abrigou pintores como Oskar Kokochka, Gustav Klint e Egon Schiele, os dramaturgos Hugo von Hofmannsthal e Stefan Zweig, que viveu seus últimos dias no Brasil, além do escritor Arthur Schnitzler. Meca da Música, Viena testemunhou no período o nascimento do compositor Arnold Schoemberg e as estreias dos trabalhos dos últimos grandes sinfonistas, como Mahler e Bruckner. A capital austríaca é, naturalmente, identificada com o surgimento da psicanálise de Sigmund Freud, além de abrigar teorias psicológicas alternativas, como a de Alfred Adler. Na política, a capital do império foi palco do austro-marxismo protagonizado por Otto Bauer, Friedrich e Max Adler, além de

Karl Kautsky e Rudolf Hilferding. No Direito, devemos citar o jurista socialista Anton Menger e mais tarde Hans Kelsen. Na Física, destacam-se diversos nomes, como o fundador da Mecânica Estatística Ludwig Boltzmann, o teórico da Mecânica Quântica Erwin Schrödinger e o físico e filósofo Ernst Mach. Na Filosofia, as ideias deste último e do filósofo Ludwig Wittgenstein inspiraram o Círculo de Viena, grupo do qual fazia parte Moritz Schlick, Otto Neurath e Rudolf Carnap. Esse grupo formulou o positivismo lógico, doutrina que por sua vez se opõe à filosofia falibilista de Karl Popper, que influenciou as ideias de Hayek. Outro contemporâneo a influenciar o pensamento do economista foi o biólogo Ludwig von Bertalanffy, criador da teoria de sistemas. Por fim, em Viena surgiu a escola austríaca de economia, composta por Carl Menger, Wieser e Böhm-Bawerk, Mises e outros autores que estabeleceram os fundamentos para as contribuições posteriores de Hayek.

A coexistência de tantos intelectuais concentrados em um mesmo tempo e local é testemunhada pelas conexões existentes entre eles. Mahler se consultou com Freud. Sua viúva, Alma Mahler, teve relações com Klint e Kokoshka. Anton era irmão de Carl Menger e este pai do conhecido matemático Karl Menger. Michael e Karl Polanyi e Ludwig e Richard von Mises foram pares de irmãos nascidos no império a entrar para a história. Kelsen foi em Genebra padrinho de casamento de seu colega de escola, Ludwig von Mises. Hayek era primo em segundo grau de Wittgenstein, seu avô era amigo de Böhm-Bawerk e ele próprio se tornaria mais tarde amigo de Popper.

O que possibilitou a riqueza cultural vienense? Nenhuma das obras que analisam o fenômeno fornece uma explicação convincente. Uma série de fatores podem ser listados como condições necessárias: algum grau de riqueza que sustente atividades puramente intelectuais, um sistema de ensino com escolas de qualidade, como os "ginásios" (mais próximos ao nosso ensino médio) do Império Austro-húngaro e a Universidade de Viena, além de vantagens associadas ao momento histórico. No que diz respeito a esse último fator, teorias científicas são sujeitas a retornos decrescentes, com desenvolvimentos fundamentais ocorrendo logo quando são formuladas, em comparação com seu esgotamento em fases mais maduras e Viena na passagem do século foi palco do desenvolvimento de diversas tradições intelectuais ainda em efervescência.

Além desses fatores, devemos destacar outro. Viena naquele momento era caracterizada pelo clima de liberdade intelectual. A vida cultural da capital não ocorria apenas na Universidade e nos inúmeros círculos de estudos lá existentes, mas se estendia aos famosos cafés da cidade, locais de leitura e debate. Hayek também lembra[2] que, além dos professores contratados da universidade, existia um grande número de intelectuais habilitados, mediante a apresentação de uma tese, a palestrar na universidade (os *privatdozenten*) e tentar convencer os alunos de suas teses. De fato, na perspectiva de Hayek, e também na de Popper, o progresso depende de liberdade e crítica, ingredientes presentes na ocasião. Um dos frutos desse ambiente favorável ao progresso intelectual foi o programa de pesquisa que surgiu a partir da obra de Carl Menger.

Escola Austríaca de Economia

A Escola Austríaca de Economia é uma vertente da teoria econômica que pode ser caracterizada da seguinte forma. Em primeiro lugar, pela adesão ao princípio do *individualismo metodológico*:

---

2. 1994, página 52.

as explanações dos fenômenos econômicos devem ser feitas de "baixo para cima" (*bottom-up*), a partir das ações dos indivíduos e de suas interações e não de entidades coletivas, de cima para baixo, como classes, etnias, nações ou conceitos agregados.

Em segundo lugar, pelo princípio do *subjetivismo metodológico*: os objetos de estudo da disciplina não podem ser definidos tendo em vista apenas elementos físicos, mas incluem a forma como esses objetos são interpretados pelas pessoas. Além das preferências, as opiniões, expectativas, imaginação de alternativas, formulação de planos e a formulação de estratégias estão presentes nas explanações austríacas desde o início dessa tradição.

Em terceiro lugar, pelo *pluralismo metodológico*. Ao tratar de fenômenos complexos, podemos abordá-los a partir de explanações apresentando diferentes graus de abstração, cada qual requerendo métodos próprios. No plano mais abstrato, existem teorias com hipóteses bem gerais, que dificilmente seriam sujeitas a testes. Dentre essas hipóteses, podemos listar a existência de agentes cujos objetivos assumem importâncias diferentes, existência de fins não satisfeitos e desejo de mudar a situação presente. Em seguida, temos modelos que usam hipóteses mais concretas: pode-se supor um mercado competitivo ou monopolizado, ou certo tipo de instituição pode ou não se fazer presente. Por fim, temos situações concretas, estudadas pela história econômica. Cada plano de análise tem características próprias em termos metodológicos, como a possibilidade de corroborar e refutar as hipóteses empregadas. Os austríacos, em particular, não avaliam teorias rivais situadas no primeiro plano em termos dos métodos próprios dos outros dois, como comumente fazem seus críticos.

Em quarto lugar, com base nesses princípios metodológicos, os austríacos se interessam por *processos de mercado*. Essa abordagem pretende explicar a *emergência* da coordenação dos planos de ação. Ao contrário da teoria pura de equilíbrio (geral e parcial), que pretende descrever e comparar equilíbrios, situações nas quais os planos já estão coordenados, em um procedimento denominado estática comparativa, os austríacos buscam estudar como, a partir de uma situação de desequilíbrio, os agentes modificam seu conhecimento, seus planos e como as regras seguidas por eles se modificam. Em outros termos, enquanto a abordagem *mainstream* é funcional − o equilíbrio é um ponto que satisfaz simultaneamente equações que descrevem demanda e oferta − a alternativa austríaca é genético-causal, investigando sob que condições a interação entre indivíduos pode (ou não) resultar, no limite, em equilíbrios.

A escola austríaca se inicia com as publicações de Carl Menger. Na "batalha do método", a famosa polêmica com Gustav Schmoller, líder da escola histórica alemã, Menger argumenta em favor do *pluralismo metodológico*, defendendo a legitimidade do ramo puramente teórico da economia, que emprega hipóteses abstratas e método dedutivo. A importância da teoria pura, para ele, se revela até mesmo no estudo das instituições. Menger desenvolve uma explanação evolucionária a respeito da *emergência* da moeda, tomando como ponto de partida a ação racional de agentes. Ao buscar realizar seus propósitos via trocas, as pessoas utilizam bens mais fáceis de vender, o que por sua vez aumenta a liquidez ou vendabilidade desses bens, até que um deles se transforme em moeda, um bem aceito por todos nas trocas, sem que fosse a intenção criar uma instituição útil para a sociedade como um todo. Além da descrição de um *processo* evolutivo, o leitor também pode reconhecer aqui os princípios do *individualismo* e *subjetivismo metodológicos* em ação.

A contribuição mais notória de Menger, porém, está em seus *Princípios de Economia Política*. Esta é uma das três obras associadas à Revolução Marginalista, que marca o início da tradição catalática em economia. Nessa obra, Menger situa os bens estudados pela economia em termos do conhecimento e propósitos dos agentes, explica a alocação de sucessivas unidades de um recurso a fins cuja importância declina com o aumento de sua disponibilidade e discute o processo de formação de preços nas trocas, sob monopólio e competição, tendo em vista as estratégias dos agentes diante dos demais ofertantes e demandantes.

Além da teoria subjetiva do valor, no mesmo texto aparece a teoria do capital que caracterizará a escola austríaca. Bens de consumo, denominados bens de primeira ordem, são obtidos a partir do uso de bens de segunda ordem, produzidos por sua vez a partir de bens de terceira ordem e assim sucessivamente. Menger pergunta como a importância dos diferentes bens de primeira ordem determina o valor dos bens de ordem mais elevada.

Esse problema é central na segunda geração da escola, marcada pelos trabalhos de Friedrich von Wieser e Eugen von Böhm-Bawerk. Na obra desses autores, o problema alocativo se manifesta de forma mais delineada. O termo "utilidade marginal" e o conceito de "custo de oportunidade" são associados a Wieser, que mostrou que o problema da escolha diante da escassez é universal: até mesmo uma hipotética sociedade socialista deve comparar o valor de um recurso com seu custo de oportunidade, caso pretenda pelo menos igualar o nível de produtividade de economias de mercado. As categorias analíticas da teoria moderna seriam assim gerais e não dependentes de período histórico, ao contrário do que acreditavam os economistas historicistas de tradição alemã.

Böhm-Bawerk, em particular, utiliza a teoria subjetiva do valor para explicar o fenômeno do juro do capital: do mesmo modo que dois bens apresentam, para um mesmo indivíduo, importância diferente em um dado momento, um mesmo bem existente hoje vale mais do que caso fosse disponível apenas no futuro, ambos comparados no presente. Juro é um valor pago para convencer alguém a abdicar de algo que poderia usufruir no presente, em favor de uma compensação futura. Assim, diante da notícia de que um meteoro destruiria o planeta no próximo semestre, a taxa de juros iria ao infinito, ou seja, o mercado de crédito se dissolveria, pois ninguém aceitaria adiar o consumo para um futuro inexistente. O fenômeno da preferência temporal está associado a diferentes causas, como o caráter incerto do futuro, expectativa de aumento de renda ou a maior produtividade apresentada por projetos mais demorados. O capital, para Böhm-Bawerk, pode ser representados por anéis concêntricos, como uma pedra jogada em um lago, provocando ondulações.

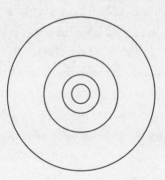

Cada anel representa um bem de ordem mais elevada, até o maior representar o valor do bem de consumo final. Quanto mais desenvolvido um país, mais complexa será a estrutura temporal da produção, ou seja, mais indireto será o processo produtivo, envolvendo cada vez mais bens intermediários – mais anéis na figura. Do mesmo modo que Smith estuda o papel da divisão do trabalho, Böhm-Bawerk estuda a divisão do capital: o investimento não consiste em utilizar mais dos mesmos bens, mas a introdução de novos tipos de bens de capital, em uma rede cada vez mais intrincada de bens interrelacionados. Os próximos autores, como veremos, estudarão ainda a divisão do conhecimento.

O mais importante economista da terceira geração da escola austríaca foi Ludwig von Mises. No início da carreira, ao investigar o dinheiro utilizando a teoria subjetiva do valor, Mises esboça o que viria a ser a teoria austríaca dos ciclos econômicos. Em 1920 e 1922 publica respectivamente seu artigo e livro dedicado à crítica ao socialismo: se o problema alocativo de fato for universal, Mises indaga sobre o que substituiria o sistema de preços de mercado, que funciona como sinal que auxilia empresários a decidir como alocar capital em diferentes projetos. Sem o sistema de preços e valores desdenhado pelos socialistas, não podemos alocar recursos escassos de modo econômico. Já o sistema econômico intervencionista, no final da mesma década, é analisado em termos dos desequilíbrios gerados por restrições governamentais às trocas e controles de preços, que se espalham do bem originalmente regulado para seus insumos e destes para outros setores da economia, gerando um processo cumulativo de destruição de capital e riqueza. Por fim, a análise misesiana de sistemas econômicos comparados se completa com o estudo de economias descentralizadas, sob o liberalismo. Nos diferentes sistemas, papel central da análise é ocupado pelo conceito de atividade empresarial – a decisão sobre que caminhos devem tomar os investimentos, diante da inevitável incerteza a respeito do futuro. A obra-prima do autor,

Ação Humana, é um tratado que fundamenta cada aspecto da teoria econômica em termos subjetivistas, investigando a lógica da ação humana. Mises foi a principal influência intelectual sobre Hayek: cada um dos assuntos listados neste parágrafo influenciará a obra deste último, de modo que muitos deles serão discutidos mais atentamente nos próximos capítulos.

Hayek inicia sua carreira como economista lendo Menger, ouvindo palestras de Wieser e trabalhando com Mises. Uma imagem mais panorâmica sobre outras influências pode ser provida por um esboço biográfico.

A vida de Hayek

Embora existam muitos livros sobre as ideias de Hayek, até pouco tempo não tínhamos um trabalho detalhado dedicado à sua biografia, como é de se esperar de um autor contrário ao espírito de sua época. Uma fonte importante de informações era, e ainda é, um conjunto de depoimentos biográficos dados pelo próprio Hayek (1994), em entrevistas reunidas em volume suplementar de suas obras reunidas. Ebenstein (2001) mudou esse cenário, publicando uma primeira biografia completa, embora escrita por autor interessado apenas pelas ideias políticas do pensador austríaco. Mais recentemente, Caldwell e Klausinger (2022) publicam um retrato bem detalhado sobre a primeira metade da vida de Hayek. O breve relato biográfico oferecido abaixo utiliza extensamente essas fontes.

Friedrich August von Hayek nasceu em Viena no dia oito de maio de 1899, em meio à efervescência intelectual que descrevemos acima. Sua família, de fato, era composta por intelectuais. Seu avô paterno, Gustav Edler von Hayek, lecionou ciências em um dos colégios vienenses, publicando livros sobre biologia. O filho de Gustav, August von Hayek, embora exercesse emprego público como médico, se interessava por botânica, assunto sobre o qual palestrava como professor não assalariado (*privatdozent*) na Universidade de Viena. As excursões para colecionar e catalogar espécies da flora contribuíram com a formação científica de seu filho, que cogitou escrever um ensaio sobre uma espécie de orquídea. August se casou com Felicitas, filha de Franz von Juraschek, professor de estatística e direito constitucional na Universidade de Insbruck e *privatdozent* em Viena, publicando ainda trabalhos aplicados sobre a economia do Império. Franz era amigo de Böhm-Bawerk, teórico da escola austríaca e ministro das finanças e Hayek recorda sua presença na casa de seus avós. Já os dois irmãos mais novos de nosso autor, Heirich e Erich, foram respectivamente professor de anatomia em Viena e químico em Innsbruck. Por fim, também os filhos do economista eram acadêmicos – Laurence foi microbiologista e sua irmã Christine entomologista.

Oriundo de família de cientistas, Hayek não apresentou no colégio notas altas, preferindo se dedicar aos assuntos que o interessavam. Mas antes de prosseguir com seus estudos, Hayek lutou na Primeira Guerra Mundial, em território italiano, como oficial em um regimento de artilharia do exército Austro-húngaro. As explosões da guerra reduziram a audição no ouvido esquerdo do economista, algo que ele utilizava como fonte de piada política.

O fim da guerra marca a entrada de Hayek na Universidade de Viena, em meio à dissolução do império. Tendo em vista os anos de distúrbio provocados pela guerra, os veteranos que se juntavam aos alunos mais jovens se depararam com exigências curriculares adaptadas para a situação. O estudo na universidade, de todo modo, não se confinava a áreas pré-estabelecidas, tendo os alunos a liberdade de frequentar diferentes cursos, com exames no final dos períodos. Hayek oscilou entre Economia e Psicologia. Na primeira área, assistiu às palestras de Friedrich Wieser e do economista conservador e antiliberal Othmar Spann. Na segunda, durante um período no qual a universidade estava fechada, estagiou no Instituto de Anatomia Cerebral em Zurique, Suíça. Disciplinas de Economia, naquela época, eram com frequência abrigadas no curso de Direito, como era o caso em Viena. Hayek lá obtém um doutorado em Direito em 1921 e outro em Ciências Políticas em 1923.

Após seus estudos, Hayek trabalha para Ludwig von Mises, então economista na Câmera Austríaca de Comércio e Indústria, após uma carta de recomendação redigida por Wieser. Na vida intelectual de Viena, era tradicional a formação de círculos de intelectuais que se reuniam para discussões de ideias. Depois de formado, Hayek e um colega organizam um desses grupos, o *Geiskreis.* em cujos encontros eram apresentados e discutidos artigos sobre diversos temas. O grupo reunia membros notáveis, como os economistas Gottfired Harbeler, Oskar Morgenstern e Fritz Machlup, além de pensadores como Eric Voegelin, Alfred Schütz e Felix Kaufmann.

Hayek se envolveu romanticamente com sua prima Helene Bitterlich, companheira de dança na juventude, mas em vez de propor casamento ele preferiu passar um ano nos Estados Unidos da América. Mises e Schumpeter recomendaram Hayek por cartas ao professor Jeremiah Jenks, da Universidade de Nova York. Sem bolsas de estudo e sem encontrar de imediato o próprio Jenks, Hayek passou por dificuldades financeiras antes de trabalhar com coleta de dados da economia local. Nesse período, porém, se familiariza com os desenvolvimentos teóricos do outro lado do Atlântico, em particular a abordagem estatística ao estudo dos ciclos econômicos empreendida por

Wesley Clair Mitchell. De volta à Europa, soube que Helene tinha se casado com outro homem. Hayek, por sua vez, casa-se com Helen Berta Maria von Fritsch, com quem teve um filho e uma filha.

Novamente em Viena, Hayek frequenta o famoso seminário privado de Mises, no qual eram discutidos assuntos econômicos, políticos e filosóficos. A segunda década do século passado é marcada pela influência misesiana na formação de Hayek. Em particular, Hayek se impressiona com o livro de Mises (1922) sobre o socialismo.

Sob a influência de sua viagem à América, Hayek sugere a Mises a criação do Instituto Austríaco sobre os Ciclos de Negócios, tornando-se seu primeiro diretor. Suas primeiras publicações versam sobre macroeconomia. Em 1929 publica seu primeiro livro, *A Teoria Monetária e o Ciclo Econômico*, um estudo erudito que visita as explanações existentes a respeito das flutuações econômicas, classificando-as segundo suas causas monetárias ou não monetárias. Estas últimas, em particular, são rejeitadas por não especificarem quando e porque o sistema de preços funcionaria ou deixaria de funcionar.

A formulação da sua própria teoria de ciclos resultou em quatro palestras proferidas em 1931 na London School of Economics (LSE), mediante convite feito por Lionel Robbins. Para Hayek, os ciclos são resultado de distorções induzidas por distúrbios monetários, que afetam preços relativos e estes induzem modificações insustentáveis na estrutura do capital. Essas palestras foram reunidas na forma de seu segundo livro, *Preços e Produção*. O sucesso das palestras lhe rende o convite para assumir uma cadeira na LSE, onde lecionou entre 1931 e 1950. A partir de 1938, com a anexação da Áustria pela Alemanha, Hayek se torna cidadão inglês.

Em Londres, a carreira de Hayek é marcada pelo desenvolvimento de sua teoria e pelo confronto com as ideias de John Maynard Keynes. *Lucros, Juros e Investimento*, publicado em 1939, reexpõe sua teoria de ciclos enfatizando a importância da teoria do capital e reformulando sua exposição para mostrar que seus resultados não dependem das hipóteses de preços flexíveis ou pleno emprego, críticas formuladas na época. A hipótese simplificadora utilizada na versão original da teoria para representar a ideia de rigidez na estrutura do capital é sofisticada em seu quarto livro, *A Teoria Pura do Capital*, de 1941.

Também em Londres Hayek participa da controvérsia a respeito da economia do socialismo, iniciada por Mises na década anterior. Ao criticar as tentativas de planificar centralmente uma economia a partir da teoria da competição perfeita, Hayek edita em 1935 *Planejamento Econômico Coletivista*. Tanto a controvérsia sobre o cálculo econômico no socialismo quanto o debate sobre as causas das flutuações levam o autor a escrever uma série de artigos seminais sobre o significado do conceito de equilíbrio, sobre o funcionamento do sistema de preços e a respeito da natureza da atividade competitiva, reunidos em *Individualismo e Ordem Econômica*, publicado em 1948. Nesses ensaios toma forma em seu programa de pesquisa o problema do conhecimento, que investiga como hipóteses empresariais correspondem ou não à realidade, mediante mecanismos de aprendizado.

Durante a Segunda Guerra, em 1944, Hayek publica sua obra mais conhecida, *O Caminho da Servidão*. Nela, seu autor argumenta que diferentes aspectos da liberdade não são separáveis: o abandono do liberalismo econômico em favor da demanda por planificação central implicaria em perda gradual da liberdade política e de opinião e, se aprofundado, aproximaria a Inglaterra do sistema totalitário alemão combatido na guerra.

Na Inglaterra, Hayek conhece Karl Popper. Após o término da guerra, em 1946, Hayek ajuda Popper a trocar a Nova Zelândia por uma posição para lecionar filosofia da ciência na LSE. Os dois austríacos se tornaram amigos, cada um deles dedicando um livro ao outro. Com efeito, ambos declaram que suas ideias foram influenciadas pelo outro e suas ideias apresentam diversos paralelos. A amizade entre as famílias Hayek e Robbins, por sua vez, foi abalada quando Hayek se divorcia de Helen para se casar com sua namorada da juventude, Helene.

O declínio de valores liberais no pós-guerra faz com que Hayek tome a iniciativa de criar uma organização, a *Sociedade Mont Pèlerin*, batizada com o nome da localidade da primeira reunião, em 1947. Essa organização tem como objetivo reunir os poucos defensores da liberdade então existentes na academia, como os pensadores austríacos Mises, Hayek, Machlup, Robbins, Michael Polanyi e Popper, além dos economistas americanos Friedman e Frank Knight, da universidade de Chicago, entre outros.

Em 1950 Hayek troca Londres por Chicago, mas não como professor na faculdade de Economia, mas sim como membro do Comitê para o Pensamento Social, onde organizava seminários nos mesmos moldes dos círculos intelectuais de Viena. Nessa fase da carreira, suas pesquisas e publicações abordam temas diversos, como Filosofia, Psicologia e Direito. Embora o próprio Hayek tenha declarado que teria abandonado temas estritamente econômicos em favor de assuntos mais amplos, na verdade podemos afirmar, como argumentamos no início deste capítulo, que toda a obra do autor reflete um mesmo tema comum. O estudo da coordenação de agentes que seguem regras, em particular, pode ser visto como uma vertente particular de economia institucional.

A economia institucional do autor envolve temas filosóficos, políticos e econômicos. De fato, *Estudos* (e *Novos Estudos*) *em Filosofia, Política e Economia* é o título dado a duas coletâneas de artigos sobre esses temas, publicados respectivamente em 1967 e 1978. Antes disso, no início de sua estada em Chicago, Hayek publica em 1951 um trabalho editorial sobre a correspondência de Mill com sua esposa, o John Stuart Mill e Harriet Taylor e, no ano seguinte, dois livros que fazem parte de sua concepção filosófica. O primeiro deles, *A Contra-Revolução da Ciência*, estuda as peculiaridades metodológicas das ciências sociais, enfatizando as consequências do caráter falível do conhecimento e da complexidade dos fenômenos sociais. Nesse livro, critica o que chama de "cientismo", a tentativa de imitação do que era visto como o método das ciências naturais. A segunda obra elabora suas ideias da juventude sobre Psicologia em *A Ordem Sensorial*. A interpretação de fenômenos mentais em termos da classificação de impulsos sensoriais através dos caminhos que tomam no sistema nervoso central faz com que o autor seja reconhecido como um pioneiro da teoria conexionista da mente.

Os estudos sobre as instituições empreendidos em Chicago resultam na publicação, em 1960, de *A Constituição da Liberdade*, que investiga a evolução das normas compatíveis ou não com sociedades livres. Essa linha de investigação é continuada em uma obra em três volumes lançados ao longo da década de setenta, *Lei, Legislação e Liberdade*, que compara ordens espontâneas com organizações tendo em vista o problema do conhecimento.

Nos anos sessenta, Hayek busca condições financeiras melhores, o que o leva de volta à Europa. Entre 1962 e 1969 se torna professor na Universidade de Friburgo, na então Alemanha Ocidental e em seguida, até 1977, trabalha na Universidade de Salzburgo, na Áustria. Em 1977 Hayek retorna a Friburgo, onde residiu até sua morte.

Por mais que um autor possa apresentar independência intelectual, algo necessário para trabalhos originais, nadar continuamente contra a corrente cobra seu preço, na forma de depressão. Sua saúde e disposição para o trabalho, no entanto, melhoraram depois de ser agraciado com o Prêmio Nobel de economia em 1974, "por seu trabalho pioneiro na teoria da moeda e flutuações econômicas e pela análise penetrante da interdependência dos fenômenos econômicos, sociais e institucionais", prêmio dividido com o economista sueco Gunnar Myrdal, cujas opiniões refletem o oposto das de Hayek na maioria dos assuntos. Em seu discurso na Suécia, intitulado *A Pretensão do Conhecimento*, Hayek repete sua crítica ao cientismo, se revelando contrário à existência do prêmio, que perigosamente confere autoridade indevida aos agraciados como ele mesmo.

Já idoso, nos anos 1978, Hayek é levado a lidar com as consequências de longo prazo do keynesianismo, a inflação e a estagnação. Parte significativa de seus livros sobre evolução das instituições do período aborda problemas econômicos e políticos associados ao estado de bem-estar social, investigando suas causas e propondo reformas institucionais. Isso leva o autor de volta aos tópicos trabalhados no início da carreira, em particular discutindo moeda e inflação. O ceticismo a respeito de reformas que efetivamente tirariam dos governos as vantagens da emissão monetária levaram Hayek a investigar, em obras como *Escolha da Moeda* de 1976 e *Desnacionalização do Dinheiro* de 1978, o funcionamento de um sistema monetário descentralizado, caracterizados pela competição entre moedas.

Em seu último livro, *A Arrogância Fatal*, publicado em 1988, Hayek retoma sua crítica falibilista ao socialismo, adotando uma perspectiva explicitamente evolucionária de sua análise das instituições. Nessa obra, associa ideologias coletivistas ao racionalismo construtivista e ao impulso tribal, herança evolutiva disfuncional desenvolvida na maior parte da história da humanidade.

Hayek morre em Friburgo em 23 de março de 1992, aos noventa e dois anos de idade. Embora tenha passado a vida defendendo teses impopulares, a idade avançada que atingiu permitiu que testemunhasse eventos como a perda da fé na eficácia de políticas fiscais e monetárias expansionistas e o colapso do socialismo real, que corroboraram no longo prazo suas teses. O programa de pesquisa que desenvolveu influenciou a geração seguinte de economistas austríacos, além de autores filiados a outras tradições teóricas, como o neoinstitucionalismo e a escola da escolha pública. Em uma época como a nossa, na qual noções coletivistas voltam a ganhar importância, o estudo das teses de Hayek se torna cada vez mais necessário.

As publicações de Hayek

Hayek publicou extensamente. Escreveu mais de uma dezena de livros e de uma centena de artigos acadêmicos. Em seguida apresentamos uma lista de livros originalmente escritos pelo autor, excluindo volumes editados e coletâneas de seus textos organizados por outros. Os livros escritos por Hayek são apresentados abaixo em ordem cronológica, com indicação do ano da primeira edição publicada. Os títulos listados foram traduzidos diretamente dos originais, que eventualmente podem divergir nos nomes utilizados em traduções editadas no Brasil. As edições utilizadas neste trabalho são indicadas nas referências ao final deste livro. Em particular, na coleção das obras reunidas do autor, publicada pela Editora da Universidade de Chicago, adotou-se a prática, da qual discordo, de desmembrar e reunir textos em volumes diferentes daqueles originalmente existentes. Ao longo deste livro, procuraremos nos referir às obras originais, mesmo que a referência ao final se refira a algum volume das obras completas.

Lista de livros escritos por Hayek:

Teoria Monetária e o Ciclo Econômico, 1929

Preços e Produção, 1931

Lucros, Juros e Investimento, 1939

A Teoria Pura do Capital, 1941

O Caminho da Servidão, 1944

Individualismo e Ordem Econômica, 1948

John Stuart Mill e Harriet Taylor, 1951

A Contra-Revolução da Ciência: Estudos sobre o abuso da razão, 1952

A Ordem Sensorial: uma investigação sobre os fundamentos da psicologia teórica, 1952

A Constituição da Liberdade, 1960

Estudos em Filosofia, Política e Economia, 1967

Lei, Legislação e Liberdade (3 volumes), 1973-1979

Escolha da moeda: uma forma de deter a inflação. 1976

Desnacionalização do dinheiro: o argumento refinado, 1978

Novos Estudos em Filosofia, Política, Economia e História das Ideias, 1978

A Arrogância Fatal: ou os erros do socialismo, 1988

CAPÍTULO 2

Filosofia: falibilismo e complexidade

"A tragédia do pensamento coletivista é que, enquanto inicialmente pretende tornar a razão suprema, acaba destruindo a razão por que não entende o processo do qual depende o crescimento da razão".

O Caminho da Servidão

Os economistas acreditam em teorias diferentes. Os empresários interpretam a realidade econômica segundo diferentes pontos de vista. Os economistas austríacos e Hayek em particular formulam teorias sobre o modo como os empresários aprendem. Temos então múltiplos motivos para estudar o conhecimento: entre eles, comparar teorias e entender o modo hayekiano de teorizar.

As contribuições do autor a essa área, a filosofia da ciência, constituem uma versão da epistemologia evolucionária – uma concepção falibilista sobre o aprendizado humano que requer variedade de tentativas de solucionar problemas e mecanismos de correção de erros. Seguindo os passos da tradição cética inglesa, Hayek explora a relação entre falibilidade do conhecimento e descentralização. Seguindo os passos de Menger, Hayek explora as consequências metodológicas do estudo de fenômenos complexos e da auto-organização, adotando uma visão modificada da filosofia popperiana. Seguindo os passos de Mises, ele explora as consequências metodológicas do subjetivismo. Essas vertentes são combinadas em sua crítica ao *cientismo* ou imitação nas ciências sociais do que erroneamente se considera o método das ciências naturais.

Uma noção intuitiva do pensamento filosófico de Hayek já foi dada na discussão das trilhas em uma ilha deserta no capítulo anterior. Mas por que, dentre os diferentes assuntos estudados por Hayek, escolher suas ideias filosóficas como primeiro tópico a ser explorado em mais detalhes? Faremos isso porque Hayek transforma a Economia em um ramo da filosofia da ciência. Assim como esta última estuda o crescimento do nosso conhecimento científico a respeito do mundo, a economia proposta por Hayek consiste em uma teoria sobre o crescimento do conhecimento prático dos agentes, para que possamos explicar a coordenação entre suas ações. Embora o conhecimento teórico do economista seja diferente em vários aspectos do conhecimento prático dos agentes, o modelo básico de crescimento do conhecimento empregado pelo autor será essencialmente o mesmo na ciência e no mundo econômico. Logo, estudar a concepção hayekiana sobre filosofia da ciência implica em conhecer o molde de suas outras teorias, expostas nos capítulos subsequentes.

A conclusão derivada no final do parágrafo anterior nos leva então a contemplar diferentes filosofias da ciência ou teorias sobre teorias científicas. Encontraremos nos escritos de Hayek o retrato de duas concepções sobre ciência. Uma é centrada na crença na capacidade de estabelecer, pelo uso de procedimentos metodológicos corretos, qual seria a hipótese verdadeira, melhor ou mais provável sobre um problema. A outra, que leva a sério o caráter falível do conhecimento, se limita a investigar quais seriam as instituições indutoras do avanço científico. Portanto, a filosofia da ciência também pode ser vista como um ramo da economia, já que esta estuda as instituições que levam ao crescimento da riqueza e a filosofia da ciência trata de um tipo particular de riqueza, o conhecimento[3].

Se as concepções sobre ciência e funcionamento das economias estão de fato intimamente relacionadas, podemos dizer que o monopólio no âmbito intelectual leva a resultados inferiores do que a competição no mercado das ideias. Agora, se concepções metodológicas associadas à vertente não falibilista mencionada acima servirem como molde para a ciência econômica, teremos como resultado a defesa de teses e políticas equivocadas, na medida em que não valorizam as instituições que levam ao aprendizado por correção de erros.

Para Hayek, é exatamente isso que ocorre com a adoção do cientismo. Contra ele, Hayek recupera argumentos tradicionais da metodologia da economia formulados desde o início dessa disciplina, atualizando-os tendo em vista avanços filosóficos e científicos de sua época. Em particular, como já afirmamos, Hayek enfatizará em seus escritos metodológicos o subjetivismo e a complexidade inerentes aos fenômenos sociais. Esses elementos serão combinados em uma concepção filosófica de inspiração evolucionária, que se aproxima, com modificações, das ideias de seu amigo Karl Popper.

Neste capítulo, iniciaremos com um breve relato da evolução da filosofia da ciência em geral. Em seguida, esboçaremos as ideias principais da filosofia da ciência econômica em particular. Esses esboços proverão o pano de fundo para a exposição da

---

3. Bartley (1990).

crítica hayekiana ao cientismo. Na sequência disso, veremos como Hayek adere ao núcleo das ideias popperianas, modificadas por suas considerações sobre fenômenos complexos: embora seja certo que o abandono do espírito crítico barre o progresso científico, Hayek argumenta que, quanto mais complexo o fenômeno estudado, menor será o conteúdo empírico de uma teoria, isto é, o conjunto das proposições concebíveis que, se ocorressem, contrariariam tal teoria. O exame da metodologia adequada para fenômenos complexos também nos levará a apreciar Hayek como precursor da moderna abordagem de complexidade, que utiliza modelos computacionais baseados em agentes. Por fim, ainda neste capítulo veremos como Hayek também é pioneiro no desenvolvimento de uma teoria conexionista da mente. As teses do autor sobre o a ordem sensorial reforçam o elemento falibilista de seu pensamento.

O método das ciências

Qualquer ciência é marcada por controvérsias. Qual, das explanações disponíveis sobre alguma questão, seria a correta ou pelo menos a melhor? O que caracterizaria o conhecimento científico? O que faz com que a ciência prospere? Existe um método a ser seguido? O método das ciências sociais seria o mesmo das ciências naturais? Quem se interessa por problemas científicos inevitavelmente deve lidar com essas questões, estudadas pela filosofia da ciência, mesmo que ignore ou até despreze tal disciplina. Faremos um breve esboço, bem esquemático, da evolução desse ramo da filosofia, com o objetivo de em seguida apreciar as posições de Hayek sobre o tema[4].

---

4. Para um estudo mais detalhado das ideias de alguns filósofos da ciência e da evolução da filosofia da economia, consultar Barbieri e Feijó (2013).

A revolução científica, associada a nomes como Galileu e Newton, impulsionou a busca por explicações sobre o fenômeno científico. Cientistas e filósofos se debruçaram sobre as possíveis causas desse florescimento intelectual e sobre a natureza do saber científico. Podemos agrupar as perspectivas sobre o assunto segundo duas concepções de racionalidade identificadas por Bartley (1964), os racionalismos justificacionista e crítico[5]. O primeiro, o racionalismo justificacionista, separa ciência de não ciência, digamos, astronomia de astrologia, em termos de alguma autoridade que justifique os achados da ciência. Para o justificacionismo, conhecimento científico se refere a algo certo, provado ou solidamente estabelecido.

Uma forma de justificar uma teoria é através do apelo à autoridade dos fatos. Na antiga concepção de Francis Bacon, por exemplo, a ciência se inicia com a observação desses fatos. Uma base empírica sólida requer que estejamos atentos às formas como os fatos podem ser distorcidos por preconceitos, crenças prévias e outros fatores psicológicos. Depurados esses erros na coleta de informações, a partir dessa coleção de dados a ciência prossegue utilizando a *indução* para estabelecer proposições gerais (todo cisne observado é branco gera a proposição universal "todo cisne é branco"), encontrar relações verdadeiras entre conceitos e eliminar correlações espúrias (pessoas que possuem isqueiros apresentam mais câncer de pulmão), até chegarmos em regularidades, "leis" científicas (papel de tornassol azul em meio ácido se torna vermelho), que por sua vez podem ser explicadas por leis oriundas de outras teorias, sobre a composição da matéria, por exemplo. Trata-se de uma concepção de

---

5. Nosso resumo utiliza as ideias de Bartley (1964). Bartley é um filóso-fo que combina em sua obra as ideias de Popper e Hayek, argumen-tando que ambos fazem parte da mesma tradição denominada epis-temologia evolucionária. Ver Bartley e Radnitsky (1987).

ciência comparável com uma bola de neve, que se torna maior conforme esta role o morro: um processo acumulativo, com as teorias do presente melhores do que as antigas, em razão da maior disponibilidade de dados. Nessa concepção, estudar um economista do passado, como estamos fazendo neste livro, seria uma perda de tempo, dada a existência de livros-textos modernos que capturam o estado da arte.

Mas a ciência mostra que não existem fatos puros, livres de teorias prévias. Toda observação depende de interpretação. Os preconceitos são assim inerradicáveis. Isso anula a possibilidade de justificar racionalmente a ciência? Outra forma de racionalismo justificacionista busca então uma autoridade em outro lugar, na razão. Se quebrarmos um fenômeno complexo em partes mais simples, como queria René Descartes, podemos partir de proposições básicas indubitáveis (penso...), a partir das quais utilizamos a dedução para gerar proposições válidas sobre o mundo (... logo existo). Uma feira livre é caótica e barulhenta, mas se separarmos a oferta da demanda por pastel e esta última for quebrada em preferências, renda, bens substitutos e complementares e as preferências por sua vez esmiuçadas em termos de pressupostos sobre racionalidade, utilidade, escassez e assim por diante, teríamos leis certas, como a lei da demanda (mantendo a renda real constante, aumentos de preços implicam em demanda reduzida) ou uma explicação de como a inflação implica em redução do tamanho do pastel.

Mas o nosso astrólogo hipotético poderia facilmente contestar o racionalista justificacionista, bastando agir como uma criança de seis anos, perguntando o porquê de cada premissa dos argumentos, em um regresso infinito. A demanda depende da preferência, esta de fatores psicológicos, explicáveis em termos neurais, redutíveis a causas físico-químicas. Mas por quê? Inevitavelmente, o cientista em algum momento se deparará com raciocínio circular ou parada dogmática, uma hipótese que o cientista se recusa a justificar, o que por sua vez convida o "a-ha!" de nosso místico: "assim como você tem fé nos neutrinos, eu tenho fé na existência de duendes e na 'energia' dos cristais!". As duas autoridades propostas podem ser unidas?

Dedução e indução foram combinadas em diferentes formas ao longo da busca por fundações sólidas para a ciência. No século XX, os filósofos do Círculo de Viena propuseram a doutrina conhecida como positivismo lógico, que reagia contra concepções filosóficas e científicas vagas e pretenciosas, ou ainda "profundas", que contrariavam o espírito racional da ciência. Os membros do círculo pretendiam expurgar a ciência de alegações "meramente metafísicas", admitindo no discurso científico apenas proposições auxiliares, de natureza lógica (como só estavam presentes na mansão duas pessoas, quem assassinou o barão foi o mordomo ou a viúva) e "protocolos observacionais", frases sobre algo que possa ser verificado empiricamente (a viúva possui um anel com um compartimento contendo veneno). A ciência, para esses filósofos, seria composta por alegações verificáveis empiricamente.

Mas essa tradição encontrou uma série de dificuldades, como a inexistência de dados livres de concepções prévias, existência de teorias aceitas com proposições não testáveis ou impossibilidade de verificação via indução. Em seu lugar, o empirismo lógico propõe vários caminhos alternativos, como verificação parcial das proposições, em sentido estatístico, uso de modelos com hipóteses não verificáveis mas que contenham consequências lógicas testáveis ou ainda a construção de linguagens nas quais proposições metafísicas não encontrariam expressão. Os critérios, no entanto, eram ora rígidos demais, de modo que nem a física atenderia, ora flexíveis demais, acolhendo qualquer coisa.

De todo modo, a crítica mais significativa se refere a uma consequência não intencional do positivismo, a saber, seu dogmatismo. Afinal, a crença na capacidade de obter conhecimento certo via obediência a um pretenso Método leva ao desprezo pela pluralidade de pontos de vista, como mostra Hayek em seu *A Contra-Revolução da Ciência*, obra que estudaremos neste capítulo. Hayek, em outro contexto[6], ilustra esse ponto observando que "...o que é desdenhosamente rotulado de ideologia exerce um poder dominante sobre aqueles que acreditam estar livres dela maior do que sobre aqueles que a abraçam conscientemente", uma observação perfeitamente aplicável aos economistas contemporâneos que defendem variantes de positivismo. Quem discordasse das práticas e teses correntes seria necessariamente um "picareta", ignorante ou incapaz.

O crítico mais conhecido do positivismo foi Karl Popper. Para Bartley (1969), as ideias desse autor ilustram a segunda concepção sobre racionalidade, baseada na crítica. Nessa concepção falibilista, a astronomia não difere da astrologia por demostrar suas teses, mas pela disposição a aprender com os erros. Por expor suas teses ao exame crítico, teorias científicas do passados foram substituídas por outras. É possível, por exemplo, que observações astronômicas adicionais ponham em dúvida a teoria do *Big Bang*, o que exigiria hipóteses modificadas ou busca por alternativas. Para Popper, uma teoria teria caráter científico se *logicamente* for possível imaginar certas condições que, se ocorressem de fato, a contrariariam. Por outro lado, uma teoria compatível com qualquer possibilidade (Freud explica!)

---

6. 1982, volume 1, página 69.

na verdade não explicaria nada. Para Popper, a ciência parte de problemas e o crescimento do conhecimento requer, por um lado, a liberdade para a formulação de conjecturas, tentativas de resolver esses problemas e, por outro, a presença de críticas, a disposição a encontrar erros nas respostas. A ciência progride, nos termos do autor, por conjecturas e refutações, ou, em termos econômicos, pela competição no mercado das ideias.

O racionalismo crítico, porém, não convence aqueles comprometidos com o racionalismo justificacionista. Embora a observação de muitos cisnes brancos não prove a proposição "todo cisne é branco" ao passo que basta um único cisne negro para refutá-la, sobre assuntos mais complicados não é de fato possível provar definitivamente que uma crítica seja correta. Para quem identifica racionalismo com justificação, isso nos leva a uma postura niilista sobre a ciência, restando apenas à filosofia da ciência a tarefa de descrição histórica da evolução da ciência. Isso caracteriza de fato boa parte da disciplina depois de Popper.

Contudo, devemos lembrar que o racionalismo crítico é baseado no falibilismo: toda proposição é falível e criticável, inclusive proposições críticas. O caráter falível da crítica convida a mais crítica, não a menos. O que se propõe é uma teoria institucional sobre o crescimento do conhecimento, que descreva as condições conducentes ao progresso, não a criação de um algoritmo capaz de decidir, entre proposições rivais, qual é a correta. Do mesmo modo, a teoria da competição na economia científica não dá nenhuma indicação sobre como competir, mas apenas descreve mercados competitivos e suas consequências alocativas, em contraste com o monopólio. Mas, assim como é demandado do economista uma fórmula para obter riqueza, demandam do filósofo da ciência uma forma de encontrar a verdade. Mas não é isso que essas teorias se propõem a fazer.

As interpretações hayekiana da competição e popperiana da ciência são assim variantes da epistemologia evolucionária, que descreve o crescimento do conhecimento falível por mecanismos evolutivos de aprendizado, que implicam em normas que promovem variação e seleção: liberdade acadêmica e crítica, no caso da ciência e competição empresarial e mecanismo de lucros e perdas, no caso dos mercados, como veremos no restante deste livro.

Passamos agora à discussão do método da ciência econômica. A discussão desse tema gira em torno de duas perguntas: o que define o objeto de investigação da economia? Qual é a maneira como esse assunto deve ser tratado? A primeira questão nós já visitamos no capítulo anterior, quando discutimos plutologia e catalática. A segunda equivale à discussão da unidade ou dualidade do método: os procedimentos científicos seriam os mesmos, independentemente do objeto de investigação? Ou teríamos peculiaridades derivadas do fato de que o objeto investigado pelas ciências sociais inclui o próprio ser humano?

A evolução do pensamento sobre esse tema pode ser descrita em três etapas. Na primeira, que vai da origem da disciplina até a Revolução Marginalista de 1871, a Economia é tida como uma disciplina verbal e dedutiva. Embora seja um dos principais defensores do indutivismo em ciência, Mill enxerga a Economia teórica como um campo de investigação que utiliza o método dedutivo, pois a complexidade dos fenômenos econômicos impede o uso de uma abordagem que parta da observação. Para o autor, o número de variáveis que influenciam um fenômeno econômico é muito grande, parte delas é de natureza psicológica (subjetivismo) e outras não podem ser controladas pelo cientista social, não sendo assim possíveis experimentos cruciais que excluam explanações alternativas. Por exemplo, a determinação da taxa de juros, se considerarmos um único país, depende de um sem-número de fatores relacionados às finanças públicas locais, estrutura etária da população, invenções técnicas, estoque de capital, estrutura do setor bancário, expectativas sobre produtividade de projetos ou até mesmo a ocorrência de crises de endividamento em terras distantes. Do mesmo modo que não temos acesso aos planos mentais de aposentadoria de certo indivíduo, não podemos trocar o regime político de duas nações em situação fiscal semelhante para comparar os efeitos. Nesse caso, argumenta Mill, devemos utilizar a observação e a introspecção, isto é, o exame de nossa própria mente para formular hipóteses gerais, como: "a produtividade de um fator declina conforme utilizado com mais intensidade" e "os agentes procuram buscar o melhor resultado a partir do mesmo esforço" e a partir delas teorizar sobre as causas dos fenômenos econômicos.

A partir dessas hipóteses básicas, deduzimos resultados que formam apenas leis de tendência, válidas na ausência dos demais fatores perturbadores. Considere a proposição: "a imposição pelo governo de um preço máximo para um bem gera excesso de demanda ou fila". Essa "lei" não pode ser verificada empiricamente, pois se um empobrecimento diminuir a demanda ou uma inovação expandir a oferta, o preço desimpedido seria inferior àquele controlado e nesse caso não teríamos filas. Tal resultado, porém, ainda é muito importante para explicar os episódios históricos de controles de preços, embora tal lei seja apenas uma lei de tendência. A observação empírica, portanto, teria o papel apenas de verificar se as hipóteses selecionadas estavam ou não presentes em um caso histórico particular.

As leis econômicas, para Mill[7], não devem ainda ser expressas em termos matemáticos, pois não seria possível encontrar valores numéricos para as grandezas relevantes quando temos muitas causas não observáveis, quando atuam simultaneamente causas que influenciam umas às outras e quando as variáveis estão em estado de permanente fluxo. A economia teórica, além de dedutiva, deve ser expressa verbalmente.

Essa caracterização da economia se modifica a partir da Revolução Marginalista, quando a maioria dos autores passa a defender o uso do formalismo matemático. Dessa ocasião até mais ou menos a década de 1930 do século XX, temos a defesa de uma teoria econômica formalizada, mas ainda apriorista. Essa etapa das discussões é exposta no tratado metodológico de John Neville Keynes (1999), pai de John Maynard. Keynes escreve sob o impacto da batalha do método entre Menger e Schmoller, na época que a teoria econômica estava sob ataque do historicismo, que rejeitava o ramo abstrato da teoria. Por sua vez, os sucessores de Menger – Wieser, Böhm-Bawerk e Mises – deram continuidade à batalha do método, defendendo a teoria pura sem aderir ao formalismo. Mises, em especial, explorará o subjetivismo metodológico que se torna marcante com a nova teoria do valor, organizando a disciplina em termos da lógica da ação humana, perspectiva popularizada em inglês por Lionel Robbins (1932).

Tendo em vista o crescente uso do formalismo, essa fase pode ser nomeada "matemática sem valores numéricos", segundo a caracterização de um de seus defensores, Francis Edgeworth. Assim como o economista francês Cournot antes dele, Edgeworth (1881) concorda que não seria possível, por

---

7. 2009, parte 5, página 761.

exemplo, atribuir valores numéricos com significado a equações, como por exemplo uma curva de demanda, pelos mesmos motivos apontados por Mill. O elemento "psicológico" ou subjetivo ganha destaque especial com a nova teoria do valor baseada em preferências. Mas, ainda assim, o desenvolvimento da teoria pura não seria possível sem o uso de modelos matemáticos, cujas variáveis devem ser tratadas de modo abstrato, sem pretensão de mensuração. Os modelos de monopólio e oligopólio fornecem outro exemplo. Estes supõem firmas maximizadoras de uma função lucro. Isso, por seu turno, requer igualar receita marginal com custo marginal de produzir um bem, para sabermos quanto deve ser ofertado. Mas dizer que o custo médio de produzir tal bem inicialmente decresce e posteriormente aumenta conforme a produção se expande, gerando uma curva em formato de "U", não implicaria em afirmar que essa curva seria estável ou que assuma algum formato conhecido.

A defesa de "teorias algébricas", que descrevem relações abstratas sem que essas relações assumam valores concretos, encontra entre seus defensores tardios Hayek e Keynes (filho). Para Hayek, a matemática é útil para descrever aqueles fenômenos complexos dos quais o autor se ocupa ao longo de sua carreira[8]:

> A Matemática pode ser – e em economia provavelmente é – absolutamente indispensável para descrever certos tipos de relações estruturais complexas, embora não possa nunca haver chance de saber os valores numéricos das magnitudes (enganadoramente chamadas "constantes") concretas que aparecem nas fórmulas descrevendo essas estruturas.

---

8. 1979, página 89.

Essa postura se altera significativamente com a introdução da filosofia positivista na disciplina. A partir dos anos 1930, cresce a opinião segundo a qual a teoria econômica matemática só teria valor se fosse acompanhada por valores numéricos, para que tais teorias fossem testáveis empiricamente. Assim como os historicistas, os empiristas atacaram a teoria pura abstrata.

Mas, ainda considerando os argumentos de Mill listados acima, a escolha efetivamente se dá entre uma verdade genérica e uma falsidade específica. Considere a sequência de proposições: "As pessoas têm objetivos insatisfeitos e planejam suas ações para atender os mais urgentes, segundo seu conhecimento"; "As pessoas comparam elementos de seus ordenamentos de preferências de modo logicamente coerente"; "As pessoas preferem mais a menos de um bem"; "Para os consumidores, Coca é melhor que Pepsi". Nessa lista, as proposições se tornam progressivamente mais testáveis, mas menos relevantes ou úteis para a compreensão dos problemas que a teoria econômica se propõe a investigar, por serem evidentemente falsas como proposições gerais. No extremo apriorista, a primeira frase não indica nada concreto. No extremo historicista, a última frase transforma a teoria do consumidor em uma questão de *marketing*.

O *slogan* "ciência é medição" ganhou corpo com o desenvolvimento da econometria, a aplicação de técnicas estatísticas a dados de natureza econômica, com o propósito de testar relações entre variáveis de modelos. A saída preferida do dilema entre verdade genérica e falsidade concreta nesse caso consiste na adoção do instrumentalismo metodológico, cuja exposição mais conhecida é devida a Milton Friedman (1966). Para essa doutrina, não importa o realismo de uma hipótese, desde que seja útil para gerar boas previsões. Isso abre espaço para o abandono do realismo, permitindo o uso de hipóteses falsas. O conceito de equilíbrio não precisa fazer referência ao mundo real – não importa se as economias em algum sentido estão ou não em equilíbrio, sendo o conceito importante apenas para manipular variáveis nos modelos e gerar previsões úteis.

É interessante notar que os defensores do instrumentalismo com frequência se dizem popperianos. Mas Popper (1994), um filósofo realista, foi um crítico desse ponto de vista, precisamente por confundir teoria pura com pesquisa aplicada. Hayek, por sua vez, lamenta não ter feito resenha do livro de Friedman, que considera "um livro perigoso"[9]. De todo modo, a crítica de Hayek (1979) ao cientismo, do qual o instrumentalismo é variante, faz parte de seus escritos sobre filosofia da ciência, que agora estamos aptos a abordar.

A crítica ao cientismo

A Contra-Revolução da Ciência é o fruto de um projeto maior, que trataria do abuso da razão, ou seja, da adoção de perspectivas filosóficas não calcadas no falibilismo. Sua primeira parte, teórica, trata do contraste entre o método das ciências sociais que ele considera correto e de diferentes tendências intelectuais que rejeitam esse método em favor de uma alternativa mais objetiva e empírica, inspirada pelas ciências naturais. Tal livro trata em seguida das consequências não intencionais dessa tentativa: uma compreensão pobre e dogmática dos fenômenos sociais e a associação com posturas políticas centralizadoras e autoritárias. As duas partes restantes tratam da história das ideias, buscando ilustrar a tese da primeira parte a partir da evolução do socialismo de Saint-Simon ao positivismo de Auguste Comte, além da filosofia de Hegel.

---

9. 1994, página 145.

Antes de expor o conteúdo da primeira parte, diremos algo sobre a evolução de uma vertente de racionalismo francês estudada por Hayek, para que tenhamos uma noção mais concreta do que está sendo criticado. Hayek associa a arrogância que identifica no cientismo à "mentalidade de engenheiro" presente da Escola Politécnica francesa, que pretende aplicar a razão ao controle dos processos sociais, nos mesmos moldes que as ciências naturais foram usadas para conquistar a natureza. Hayek examina as obras de Saint-Simon e Comte, além de seus seguidores como Enfantin, entre outros.

Na concepção de ciência empregada por esses escritores franceses, porém, não encontramos dúvidas e a diversidade de opiniões cujo embate levam ao progresso, mas somente a autoridade do saber estabelecido. A crença na autoridade da ciência influencia então a concepção institucional desses autores. Hayek[10] mostra como Saint-Simon imagina um mundo governado por um "Conselho de Newton" com vinte e um membros, composto por três autoridades notórias nos campos da matemática, física, química, fisiologia, literatura, pintura e música, presididos por um matemático. Essa estrutura seria reproduzida localmente, que organizariam a adoração, pesquisa e instrução nos vários templos. Nas sugestões desse tipo de sociedade hierarquizada, os líderes são representantes de Deus na Terra.

A população obediente repete cânticos sobre procedimentos motivados pela ciência que eles não entenderiam, mas que deveriam confiar. Todos trabalhariam em instalações desenhadas segundo as instruções dos conselheiros e aqueles que

---

10. 1979, página 219.

não obedecessem seriam tratados pelos demais como quadrúpedes[11]. Os empreendimentos, implementados por empresários, refletiriam as recentes descobertas da ciência e a competição desordenada e irracional dos mercados seria substituída por uma estrutura racional e consciente de planificação central.

Embora soe absurda, a proposta se assemelha assustadoramente com propostas centralizadoras contemporâneas de órgãos supranacionais comandadas por tecnocratas. Essas propostas são acompanhadas pela mesma visão ingênua sobre a natureza da ciência.

Como afirmamos anteriormente, o positivismo, que surge como reação contra o irracional, está fadado ao dogmatismo devido a adesão a uma perspectiva que comporta a ideia de autoridade da ciência. Afinal, nada mais distante do espírito cético do cientista do que o apelo à autoridade. De fato, Hayek documenta na segunda parte de seu estudo como o saint-simonismo se transformou efetivamente em uma religião positivista. Isso é explicado como uma consequência não intencional de seu não falibilismo, não como algo redutível à loucura de seus líderes. O movimento envolvia rituais com tronos para seus líderes, Enfantin e Bazard, além de cânticos e vestes ritualísticos.

Para argumentar que esses desdobramentos não foram acidentais, retornemos agora à parte teórica ou filosófica da obra. Hayek não ataca uma concepção filosófica específica ou algum autor em particular, mas uma série de tendências intelectuais relacionadas à visão de mundo positivista que denomina cientismo. O que Hayek[12] entende por "preconceito cientista"

---

11. página 222.
12. 199, página 24.

evidentemente não é a ciência em si, mas a "imitação servil do método e da linguagem da Ciência". O cientismo, para Hayek[13]:

> ...envolve uma aplicação mecânica e acrítica de hábitos de pensamento a campos diferentes daqueles em que foram formados. A visão cientificista, distinta da visão científica, não é uma abordagem isenta, mas sim uma abordagem muito preconceituosa que, antes de contemplar um assunto, afirma saber qual é a forma mais apropriada de investigá-lo.

Nessa obra, ao descrever as ciências naturais, Hayek ainda não emprega a concepção popperiana sobre o assunto, utilizando em seu lugar o linguajar que ele próprio desenvolve em sua teoria da mente, que estudaremos no final deste capítulo. Esta fala de aparatos cerebrais classificatórios de estímulos sensoriais, que interpretam mas não espelham a estrutura do mundo externo. As ciências sociais, por sua vez, em vez de tratar das relações entre coisas interpretadas por homens, trata das relações entre homens e também das relações entre os homens e as coisas, tendo como tarefa investigar as consequências não intencionais resultantes da interação entre as pessoas.

A primeira característica das ciências sociais a ser destacada é o subjetivismo. Os dados últimos dessa ciência não são objetos definíveis em termos físicos[14], mas o modo como os agentes interpretam esses objetos. Um relógio digital é fisicamente diferente de um relógio mecânico, mas seu propósito os tornam membros de uma mesma classe. Sua leitura depende portanto da introspecção, do fato que nossa própria mente é capaz de compreender seu significado em termos da ação humana.

---

13. Ibid.

14. Ver também *Os Fatos das Ciências Sociais*, de 1943, em Hayek (2014, pp. 78-92).

Essas ciências lidam assim com opiniões. "No que diz respeito às ações humanas, as coisas são o que os agentes pensam o que elas são"[15]. Por mais que a medicina possa mostrar que sanguessugas não apresentem valor terapêutico, se quisermos explicar sua produção e venda, importarão apenas as crenças errôneas dos agentes. Como afirmamos anteriormente, parcela significativa dos erros cometidos em economia são derivados da prática de tratar objetos em sentido físico ou objetivista e não segundo como eles são interpretados pelos agentes. Boa parte dos "paradoxos" de escolha, que afirmam detectar comportamentos irracionais, desaparecem se interpretarmos a situação problema dos agentes e o significado das alternativas disponíveis para o agente. Hayek reconhece em Mises o principal autor a estabelecer de modo consistente os fundamentos metodológicos subjetivistas da disciplina[16].

Em contraste com o subjetivismo que marca as ciências sociais, o cientismo é objetivista. Procura expurgar as ciências sociais de menções a fenômenos mentais, por não serem observáveis. Em seu lugar, prefere manifestações exteriores da ação, de preferência de natureza quantitativa. Hayek cita o *behaviorismo*, que rejeita a introspeção pelo estudo de respostas a estímulos observáveis e variantes de fisicalismo, que pretendem substituir avaliações monetárias por outras baseadas em quantidade de energia.

Hayek observa que um *behaviorismo* consistente não seria possível, pois não seria legítimo observar a reação a estímulos que classificamos como iguais tendo em vista categorias mentais reconhecidas pelo cientista observador. Este deveria contemplar

---

15. p. 44
16. Hayek (1979, p. 52, n.r. 7.)

apenas reações a estímulos idênticos sob o ponto de vista físico. Não seria legítimo, portanto, falar em uma pessoa sorrindo, em uma face amigável, mas apenas dados relativos à descrição da contração de certos músculos, o que na prática não nos levaria a lugar nenhum.

Hayek[17] nota ainda que o objetivismo é responsável pelas piores aberrações nas ciências sociais, levando "frequentemente à seleção do estudo dos aspectos mais irrelevantes dos fenômenos porque são mensuráveis, mas também a 'medições' e atribuições de valores numéricos que são absolutamente sem sentido".

Hayek não trata diretamente do objetivismo na teoria econômica, mas podemos notá-lo em diversas ocasiões. Pode ser reconhecido na rejeição da teoria da utilidade em favor de medidas puramente empíricas de demanda, na tentativa de substituição da teoria do consumidor pela teoria da preferência revelada, que relaciona escolhas com variações nos preços e renda sem fazer uso do conceito de utilidade ou na histórica hostilidade em relação à economia institucional, de caráter "meramente" qualitativo. Porém, expurgar o elemento humano das ciências sociais, o fenômeno do mecanomorfismo, nunca gerou resultados satisfatórios.

A segunda característica das ciências sociais destacada por Hayek é o individualismo metodológico ou método compositivo, ou ainda explanações *bottom up*, que retratam fenômenos sociais como consequência não intencional da interação entre pessoas, como fizemos no primeiro capítulo ao falar da formação de trilhas, exemplo utilizado pelo autor nesse livro. Aqui a inspiração principal é Menger.

---

17. 1978, p. 90

Uma primeira dificuldade associada aos fenômenos emergentes nesse tipo de explanação é a impossibilidade de sua descrição em termos físicos. O cientista natural comumente parte de objetos observáveis e os explica utilizando entidades mais abstratas como átomos, ao passo que o estudante da sociedade lida com fenômenos abstratos, cujos elementos por sua vez são indivíduos concretos. Em uma feira de profissões para estudantes secundaristas, a Faculdade de Arquitetura leva uma maquete, a de Odontologia um modelo da arcada dentária, o de Biologia um formigueiro, mas ao economista resta a piada do pedestal vazio, representando a mão invisível smithiana.

Se as ciências sociais só tratassem do concreto e dos frutos do planejamento consciente, não existiram nessas ciências nada além de problemas de Psicologia que buscassem as causas das intenções dos planejadores. Como explora em seu artigo *Os Resultados da Ação Humana, mas não da Intenção Humana*, fenômenos como as leis, as regras gramaticais, o sistema monetário e o funcionamento dos mercados são todos fenômenos que se encaixam na descrição de fenômenos emergentes. Hayek[18] diz nesse texto que "foi perguntado como as coisas teriam se desenvolvido se nenhum ato legislativo deliberado jamais tivesse interferido que emergiram sucessivamente todos os problemas da teoria social e, particularmente, econômica".

Uma segunda dificuldade com fenômenos emergentes surge da confusão entre as opiniões que constituem o objeto de investigação, isto é, as ideias dos agentes e as opiniões do próprio cientista social. O cientista social não pode tratar de ideias teóricas, como "sistema econômico" ou "imperialismo",

---

18. 2014, p. 295

como se fossem fatos concretos. Para Hayek[19], cientistas partem "sistematicamente dos conceitos que guiam os indivíduos nas suas ações e não dos resultados da sua teorização sobre as suas ações". Conceitos teóricos podem corresponder à realidade ou não e, em ambos os casos, esses conceitos podem ser utilizadas pelos próprios agentes, como ocorre quando uma pessoa sugere uma legislação regulatória tendo em vista a teoria da competição perfeita como molde, como a legislação antitruste.

O método adequado para o estudo de fenômenos emergentes é esboçado em seu livro que estamos examinando, mas adiaremos sua discussão para a próxima seção, que trata especificamente do tema.

Ao individualismo metodológico o cientismo contrapõe o coletivismo, a tendência de tratar conceitos como "economia", "sociedade" ou "capitalismo" como objetos dados, observáveis. Hayek argumenta[20] que as análises coletivistas tomam como fatos o que é apenas uma teoria, que pode ou não representar o conjunto de relações estruturais entre os elementos do fenômeno social.

A falácia do "realismo conceitual", concretude mal colocada ou reificação ocorre, por exemplo, nas modernas análises "geopolíticas", quando se fala sobre os "interesses/estratégias da China", como em uma espécie de teatro no qual os personagens são países conspirando um com os outros. Não se especifica se tais interesses se referem ao líder supremo, à cúpula do partido, aos líderes locais, pessoas envolvidas em algum setor industrial ou a um consumidor particular.

---

19. 1979, p.64
20. p. 95

Algo semelhante ocorre quando "o todo" é representado por variáveis agregadas. Para Hayek[21], a "consequência disto é que, no estudo estatístico dos fenômenos sociais, as estruturas com as quais as ciências sociais teóricas se preocupam, na verdade, desaparecem". Isso novamente nos remete ao método adequado para fenômenos complexos, que formam estruturas emergentes a partir das relações entre os indivíduos, que estudaremos na próxima seção.

Por fim, o caráter teórico das ciências sociais é contrastado com o historicismo presente na abordagem cientística. O econometrista costuma desdenhar a "análise de elevador" do historiador econômico, que descreve o subir e descer de estatísticas não acompanhadas de exame de suas causas. A princípio o cientismo se oporia ao historicismo. Porém, o cientismo contém de fato elemento historicista na medida em que busca a explicação de fenômenos concretos, observáveis, em detrimento de princípios genéricos e abstratos. A valorização moderna do ramo aplicado da Economia, acompanhada pelo desinteresse por discussões puramente teóricas, ilustra uma forma mais amena de historicismo, em contraste com suas manifestações típicas, como a antiga busca por leis deterministas de desenvolvimento histórico, que negava em absoluto a utilidade da teoria pura.

A parte teórica da *Contra-revolução da Ciência* faz em seguida a ponte entre o cientismo e a busca pelo controle central dos processos sociais que mencionamos no início desta seção, em contraposição à relação entre o racionalismo crítico e a liberdade.

Por medo de recair em antropomorfismo, o cientismo tende a negar a existência de ordens não planejadas que, no entanto, exercem funções úteis. Para Hayek, isso faz com que se recaia

---

21. p. 108

em uma espécie de criacionismo institucional, que se contrapõe à sua própria perspectiva evolutiva. Crer que qualquer coisa útil tenha sido criada conscientemente se transforma em um animismo que recua as ciências sociais para antes do século dezoito, quando foram formuladas as explanações evolutivas para fenômenos como a moral, as leis, as línguas, os mercados e as instituições. A observação smithiana de que o homem na sociedade constantemente promove fins que não eram parte de sua intenção, para Hayek, é uma fonte constante de irritação para o defensor do cientismo[22].

A despeito do desprezo pela noção de mão invisível, o conceito de auto-organização se faz presente nas ciências sociais teóricas, de Smith e demais iluministas escoceses, até Carl Menger. Hayek, por sua vez, será um dos principais defensores dessa perspectiva no século XX, se tornando um dos precursores dos estudos sobre complexidade e auto-organização.

Na *Contra-Revolução da Ciência*, Hayek defende[23] a substituição do termo "instituição" por "formação", a fim de dissociar o conceito com resultados conscientes. Sua abordagem institucional, como afirmamos na introdução deste livro, trata da comparação entre ordens espontâneas e conscientes em termos do uso em sociedade do conhecimento disperso.

A afirmação de que "o todo é maior do que a soma das partes" tem sentido na medida em que o desenvolvimento de certas ordens emergentes permite o uso de uma quantidade de conhecimento que uma mente consciente não poderia dominar. O defensor do coletivismo metodológico, por outro lado, caracteriza o todo em termos de um modelo inspirado

---

22. p. 146
23. p. 147

em uma mente individual. Hayek indica então qual abordagem seria verdadeiramente social[24]:

> Acontece assim que, na prática, é regularmente o coletivista teórico que exalta a razão individual e exige que todas as forças da sociedade sejam sujeitas à direção de uma única mente dominante (*mastermind*), enquanto é o individualista quem reconhece as limitações dos poderes da razão individual e, consequentemente, defende a liberdade como meio para o desenvolvimento mais pleno dos poderes do processo interindividual.

Como indicamos na introdução deste trabalho, o aumento da complexidade de uma formação social se depara com a restrição posta pelo caráter limitado do conhecimento individual. Mecanismos sociais devem contornar essa limitação, gerando meios para que esse conhecimento, potencialmente errôneo e disperso entre todos, seja utilizado em sociedade, coordenando-se as ações individuais. Isso, por sua vez, requer uma forma de "alienação", uma maneira de contornar a necessidade de conhecer os fatores relevantes para a tomada de decisão. Nesse sentido, Hayek cita Whitehead[25], que afirmou que "a civilização avança pela extensão do número de operações importantes que podemos realizar sem pensar nelas". De fato, aprender qualquer habilidade, como caminhar, fazer cálculos, dirigir um automóvel ou tocar um instrumento musical requer a automatização de uma série de operações, para que a mente consciente fique livre para se concentrar em outras operações. O mesmo ocorreria com o desenvolvimento da civilização.

---

24. 1979, p. 152
25. p.154

Isso nos leva ao cerne da visão de mundo do autor. Instituições evoluídas e criadas são comparadas na filosofia da ciência de Hayek em termos de duas perspectivas rivais sobre o crescimento do conhecimento, que separam a perspectiva do jardineiro do engenheiro social[26]:

> É porque o crescimento da mente humana apresenta, na sua forma mais geral, o problema comum de todas as ciências sociais que é aqui que as mentes se dividem mais nitidamente e que se manifestam duas atitudes fundamentalmente diferentes e inconciliáveis: por um lado, a essência humilde do individualismo, que se esforça por compreender tão bem quanto possível os princípios pelos quais os esforços dos homens individuais foram de fato combinados para produzir a nossa civilização, e que desta compreensão espera derivar o poder de criar condições favoráveis a um maior crescimento; e, por outro lado, a arrogância do coletivismo que visa a direção consciente de todas as forças da sociedade.

A questão crucial das ciências sociais consiste então em um problema filosófico. A tarefa intelectual mais importante seria a compreensão dos limites da razão. Inicialmente, a obediência às tradições, superstições e preceitos religiosos tornava natural a obediência a regras que não eram compreendidas. Um estágio perigoso do desenvolvimento da civilização ocorre quando prevalece um racionalismo incapaz de compreender os limites da razão e cujos defensores não aceitam nenhuma instituição que não tenha sido criada conscientemente. Esse racionalismo construtivista consistiria em um obstáculo, que pode levar periodicamente à destruição das civilizações.

---

26. 1979, p. 160

Complexidade e auto-organização

A abordagem notadamente falibilista que encontramos no livro exposto acima não poderia deixar de interagir com a filosofia de Karl Popper, colega de Hayek na London School of Economics e que se tornaria o principal filósofo associado ao falibilismo. A discussão do método das ciências sociais, até então, supunha que as ciências naturais seriam descritas em moldes empiristas, envolvendo em essência observação e leis indutivas, enquanto nas ciências sociais a dedução prevaleceria. A partir da filosofia de Popper, porém, a ciência é descrita como um procedimento que parte de problemas, seguidos de hipóteses criadas para solucioná-los e de deduções de consequências lógicas potencialmente testáveis. Qualquer ciência partiria de um modelo hipotético e dedutivo. As ciências sociais ainda assim seriam diferentes? Fez-se necessário assim que os defensores da dualidade do método entre ciências naturais e sociais adaptassem seus argumentos para lidar com essa evolução na filosofia da ciência.

Hayek, em particular, usava em seu *Contra-Revolução da Ciência* sua própria teoria da mente para descrever todas as formas de ciências. Dados não são simplesmente transmitidos intactos dos órgãos sensoriais para o cérebro, mas são interpretados pelo aparato classificatório cerebral. Essa ideia é combinada com as teses clássicas da metodologia econômica desenvolvidas por autores como Mill, Menger e Mises. Os próximos textos do autor sobre questões metodológicas dialogarão com a concepção popperiana de ciência, cujos elementos centrais são aceitos pelo economista.

Hayek relata que embora não tivesse conhecido Popper em Viena[27], também ele lá se deparou com o dogmatismo

---

27. 1994, pp. 50-51

típico do marxismo e do freudianismo, incomodando-se com a crença de que tais ideias seriam irrefutáveis, o que o coloca em acordo com a perspectiva popperiana. Hayek de fato afirma que concorda com Popper mais do que com qualquer outro autor sobre temas filosóficos, algo importante a se salientar, dada a relutância de boa parte dos estudiosos de Hayek a aceitar as semelhanças entre as ideias dos dois austríacos.

Os trabalhos de Hayek na área afirmarão que, embora seja desejável que uma teoria seja sujeita a teste empírico, graus maiores de complexidade do fenômeno estudado fazem com que isso se torne progressivamente mais difícil. O dogmatismo, certamente, faz com que as teorias sejam protegidas da crítica, mas a maior complexidade do assunto também diminui o conteúdo empírico das explanações. Em certos temas, não seriam possíveis previsões exatas, mas apenas previsões sobre algum caráter genérico dos padrões compatíveis com ou proibidos pela teoria.

Hayek retoma temas de filosofia da ciência em diversos artigos reunidos em *Estudos em Filosofia, Política e Economia*. Nesses textos, as ideias de Popper são incorporadas, mas de forma modificada, tendo em vista a complexidade dos fenômenos sociais. Abordaremos três desses artigos[28].

Graus de Explanação parte da concepção hipotética e dedutiva de ciência e também aceita que uma teoria proíbe certos eventos que, caso ocorressem, a refutariam. Na física pura seria possível elaborar hipóteses testáveis. Mas em ramos

---

28. Os três se encontram reunidos em Hayek (2014), o volume 15 de suas obras completas, respectivamente como capítulos seis, nove e onze. O primeiro foi publicado incialmente em 1955, o segundo, uma palestra proferida em 1962, foi publicado em 1964 como parte de um livro em homenagem a Popper e o terceiro em 1967. Ambos fazem parte de *Estudos em Filosofia, Política e Economia*, de 1967.

"aplicados", isto é, que tratam de fenômenos particulares, como uma teoria sobre a maré, não teríamos tais pretensões. Esse tipo de abordagem toma como dado as leis da física e as aplicam a certas classes de situações particulares, como padrões de formação de maré que ocorrem na Terra e talvez em outros planetas. Em vez de gerar e testar novas leis, a tarefa consiste na seleção de quais hipóteses seriam aplicáveis ao fenômeno concreto estudado, no caso, as marés.

Como o número de fatores atuando sobre as marés é significativo, as previsões não possuem caráter exato, ao contrário por exemplo de previsões sobre o momento preciso do início de um eclipse. Previsões sobre as marés, positivas ou negativas, apenas descrevem o intervalo das coisas possíveis ou proibidas de acontecer. Poderíamos também invocar a meteorologia como exemplo: previsões do tempo tratam de classes de eventos, mas não afirmam que sobre São Paulo, em certo dia e hora, formar-se-á uma nuvem em forma de coelho.

Inicialmente, exemplos de ciências naturais aplicadas são utilizados, para depois o argumento ser estendido por Hayek para a teoria da evolução e ciências sociais[29]:

> No entanto, há, evidentemente, uma grande diferença entre a previsão de que, ao girar um interruptor, o ponteiro de um instrumento de medição estará num determinado valor e a previsão de que os cavalos não darão à luz hipogrifos ou que, se todos os preços das mercadorias forem fixados por lei e a demanda então aumentar, as pessoas não conseguirão comprar de cada mercadoria a quantidade que gostariam a esses preços.

---

29. 2014, p. 206

A tese de que as teorias sobre essas classes de fenômenos não testam hipóteses, mas verificam se tais hipóteses estariam ou não presentes em um caso específico é algo que encontramos na literatura clássica de metodologia da economia, por exemplo, nos escritos de Mill e Mises.

Resultados úteis gerados pela teoria econômica, como a impossibilidade de fixar taxa de câmbio e ao mesmo tempo controlar a inflação via variações na quantidade de moeda, gerariam previsões de caráter negativo sobre classes de fenômenos proibidos, sem dizer nada sobre configurações particulares. Nesse sentido, as teorias econômicas fornecem apenas explicações de princípio sobre os fenômenos.

Essas ideias são sistematizadas em *A Teoria dos Fenômenos Complexos*. De Popper, temos que a ciência parte não da observação, mas da formulação de problemas. De sua própria teoria da mente, Hayek afirma que esses problemas surgem a partir da percepção de padrões ou ordens recorrentes. Teorias seriam ainda outros padrões que inventamos para descobrir novas regularidades, que são úteis e capazes de gerar previsões, mesmo que a teoria relacione apenas tipos genéricos e não configurações exatas do fenômeno estudado. Um padrão, uma regularidade inteligível, é ilustrada por Hayek do seguinte modo[30]:

> Se eu disser a alguém que, se for ao meu escritório, encontrará lá um tapete com um padrão feito de losangos e meandros, ele não terá dificuldade em decidir "se aquela previsão foi verificada ou falsificada pelo resultado", embora eu nada disse sobre a disposição, tamanho, cor etc., dos elementos a partir dos quais o padrão do tapete é formado.

---

30. 2014, p. 259

Ciências que lidam com assuntos relativamente simples são capazes de gerar previsões exatas, mas o aumento da complexidade do fenômeno estudado permite apenas previsões de padrão como aquela sobre o tapete de Hayek.

Vejamos então o que se entende por complexidade. Na literatura moderna sobre complexidade, esse é um tema controverso[31], existindo múltiplas definições, conforme a classe de problemas e modelos considerados. Para os propósitos de Hayek, porém, complexidade pode ser medida como "o número mínimo de elementos do qual um exemplo do padrão deve consistir de modo a exibir todos os atributos característicos da classe de padrões em questão"[32].

Equações da física podem relacionar um número pequeno de variáveis, mas as da Economia tipicamente envolvem bem mais elementos. Nos modelos econômicos, a lista de parâmetros utilizam boa parte das letras do alfabeto grego. Lembre-se do nosso exemplo da lista de infinitos fatores que influenciam a taxa de juros de um país. Raramente encontramos na disciplina relações exatas entre elementos de um conjunto pequeno de variáveis. Embora os fenômenos sociais sejam em geral complexos, fenômenos físicos podem atingir graus elevados de complexidade quando reunimos diversos elementos simples, como ocorre com a queda de uma folha seca durante uma ventania.

Quando lidamos com os fenômenos complexos estudados pela biologia e ciências sociais, tipicamente não estão disponíveis os dados necessários para previsões exatas. Teorias simples sobre fenômenos complexos, como já discutimos anteriormente, são necessariamente falsas, a menos que listemos as variáveis que

---

31. Mitchell (2009, cap. 7) lista diferentes concepções encontradas na literatura.
32. 2014, p. 260

são mantidas constantes (as chamadas condições *coeteris paribus*), o que tornaria a teoria complexa novamente.

O uso da estatística, por sua vez, embora apresente alguma utilidade, não fornece uma solução adequada para o estudo de fenômenos complexos, pois estes são marcados por relações entre elementos de uma estrutura. O cômputo de frequências relativas de tipos de indivíduos ou a agregação de elementos homogêneos necessariamente ignoram esses elementos estruturais. Hayek ilustra o ponto imaginando um grande número de computadores cujo comportamento queiramos prever, tendo acesso apenas à observação dos *inputs* e *outputs* das máquinas, sem informações sobre seu funcionamento. Ou, considerando a teoria da mente de Hayek, na qual os padrões de caminhos tomados por impulsos nervosos em uma rede são associados à formação da memória, não seríamos capazes de replicar uma memória particular a partir do conhecimento sobre valores médios das variáveis envolvidas. Ou ainda, não seria possível a construção de uma estrada adequada em nossa ilha se o mapa detalhado for substituído por informações sobre altitude média do terreno e vazão média dos rios.

O uso de previsões de padrão implica em teorias com conteúdo empírico reduzido. A teoria da evolução descreve o funcionamento dos mecanismos de variação e seleção, explicando adaptações passadas, não sendo capaz de gerar previsões exatas sobre que organismos evoluirão no futuro, devido à quantidade virtualmente infinita de variáveis e configurações que afetam a capacidade de sobrevivência e reprodução de organismos de um ecossistema. A despeito disso, impõe proibições, estados de coisas incompatíveis com o modo de funcionamento dos organismos proposto pela teoria.

A teoria do equilíbrio geral em economia, por sua vez, é interpretada por Hayek da mesma maneira: não como um instrumento cuja função é fazer previsões, um modelo a ser alimentado por dados concretos, como muitas vezes é usado hoje, mas como uma descrição abstrata de relações estruturais entre elementos que nos permite entender como recursos são alocados com o auxílio do sistema de preços. Na concepção hayekiana (e também do próprio Walras), trata-se meramente de uma "teoria algébrica", cujas equações representam padrões, não configurações concretas.

A análise da metodologia dos fenômenos complexos novamente aponta limites ao modo como podemos entender o mundo pela ciência, o que leva o autor a terminar a discussão em seu artigo com considerações sobre a importância da nossa ignorância, algo que se situa no núcleo da perspectiva liberal do autor.

Por que Hayek se ocupa com a metodologia de fenômenos complexos? Ao longo de sua carreira, ele trabalhou com explanações que tratavam de relações estruturais, ignoradas ou desprezadas pela dominância do cientismo. Em sua teoria de ciclos, não importa o volume agregado do investimento, mas sua composição. Não bastam informações sobre o volume total de moeda ou nível de preços, pois o ciclo seria causado por distorções em preços relativos que provocam distúrbios na estrutura temporal do capital. Em sua crítica ao planejamento central, o funcionamento dos mercados requer agentes heterogêneos, com opiniões diferentes sobre como atender necessidades. Sua teoria da mente, do mesmo modo, trata de redes neurais, novamente uma estrutura.

Se as limitações do conhecimento humano impedem o controle consciente de fenômenos complexos e o estudo destes requer o individualismo metodológico, o que caracterizariam as teorias propriamente ditas sobre tais temas? Sem ter que expor o conteúdo das contribuições de Hayek listadas no parágrafo anterior – tarefa reservada para os próximos capítulos – podemos dizer que a complexidade com frequência envolve o estudo de fenômenos emergentes. Estes se manifestam como padrões de relações compostos de, mas não redutíveis ao comportamento individual, surgidos da interação entre eles. Não apenas as contribuições de Hayek se encaixariam nessa categorização, mas a maioria das teorias conhecidas desenvolvidas nas humanidades nos últimos séculos.

Esse é o tema do artigo *Os Resultados da Ação Humana, mas não da Intenção Humana*. Nesse artigo, Hayek critica a dicotomia originária na Grécia antiga entre fenômenos naturais e artificiais. Uma flor é natural, ao passo que uma caneta é artificial. Essa classificação mistura duas dimensões: se algo é ou não fruto da ação e se algo é ou não fruto da intenção. O uso do par natural-artificial alimentaria o racionalismo construtivista moderno, pois exclui fenômenos sociais, frutos da ação, mas não planejados, como as regras gramaticais.

Neste e em vários outros escritos, o autor argumenta que o estudo de fenômenos emergentes caracteriza de fato as ciências sociais. Como citamos anteriormente, Hayek propõe o seguinte experimento mental[33]: o que teria se desenvolvido nas sociedades caso nenhum ato de legislação tivesse interferido? As regras que descrevem as línguas foram escritas em alguma tábua apresentada por alguma espécie de Moisés da gramática?

Em outros termos, Hayek aponta nesse ensaio que fenômenos emergentes são explicados via processos evolutivos, tais

---

33. 2014, p. 295

como na teoria da evolução da moeda proposta por Menger[34]: "As instituições desenvolveram-se de uma forma particular porque a coordenação das ações das partes que elas asseguraram revelou-se mais eficaz do que as instituições alternativas com as quais tinham competido e que tinham deslocado".

Explanações evolucionárias seriam assim mais antigas nas ciências sociais do que na própria biologia. A economia institucional do autor, em particular, será marcada por uma abordagem progressivamente mais evolucionária, baseada na seleção de normas de ação.

O estudo hayekiano dos fenômenos complexos, ao apontar para a importância de explanações envolvendo estruturas emergentes a partir de processos evolutivos, oferece uma alternativa que evita dois erros persistentes na história da teoria econômica. Por um lado, o formalismo desconsidera estruturas, para manter os modelos analiticamente tratáveis. Por outro, o historicismo trata de configurações específicas tão rica em detalhes que não podemos generalizar nada, discernir nenhum padrão. A tradição austríaca, devido à sua abordagem teórica e verbal, conseguiu manter vivo o estudo da auto-organização presente nas ciências sociais desde seu princípio.

Os fenômenos complexos estudados por Hayek, porém, podem também ser estudados por uma perspectiva alternativa, que utiliza modelos computacionais. Esses modelos possibilitam a expressão tanto de estruturas com elementos heterogêneos quanto a repetição de simulações necessária para o reconhecimento de padrões teóricos, ambos importantes no programa de pesquisa hayekiano. Vejamos algumas características dessa abordagem, da qual Hayek é precursor.

---

34. p. 298

O estudo da complexidade não está restrito a uma disciplina específica, mas procura reconhecer padrões comuns entre fenômenos de diversas áreas, da biologia à própria economia, passando pela linguística e a ciência da computação. Esses padrões semelhantes sugeriram a adoção de um possível referencial analítico comum, que poderíamos utilizar para tratar de problemas em todas essas áreas do saber.

Em várias disciplinas ocorrem fenômenos que podem ser categorizados como complexos. Em um cupinzeiro, existe coordenação sem comando central entre as atividades especializadas de cada indivíduo e interações entre estes resulta na emergência de estruturas organizadas que apresentam características adaptativas, como sistemas de ventilação que regulam a temperatura da colônia. Como narra Johnson (2003), nos formigueiros a distância entre depósitos de lixos, comida e berçários tendem a ser maximizada. Nos mercados, a interação descentralizada entre indivíduos com conhecimento falível e local apresenta grau razoável de coordenação, mesmo com preferências, tecnologias e recursos se alterando continuamente. A moeda, na explicação de Menger, surge inicialmente pela ação de forças evolutivas.

Em todos estes exemplos, temos a emergência de estruturas organizadas que desempenham funções e, no entanto, não foram fruto da intenção de ninguém, embora sejam fruto da ação de cada um dos elementos da estrutura. Tais estruturas, adicionalmente, muitas vezes evoluem de forma a se adaptar a um ambiente cambiante.

Como o estudo dessas estruturas evita o dilema exposto acima entre formalismo e historicismo, ou seja, entre teorias simples que desconsideram estruturas e narrações históricas não sistemáticas? A solução encontrada nessa tradição de pesquisa foi a utilização de modelos computacionais. Em tais modelos, postula-se a existência de indivíduos, muitas vezes heterogêneos, que agem segundo regras simples de comportamento, como na teoria das instituições de Hayek. A interação entre tais agentes, simulada em computador, é capaz de mostrar a o estado e a evolução do sistema como um todo.

Os modelos computacionais utilizam diversas técnicas. Dentre elas, Mitchell (1998) descreve os algoritmos genéticos, nos quais as regras que os agentes seguem são avaliadas a cada ação, segundo o seu sucesso passado e a partir disso ocorre um processo de seleção de que regras empregar, sujeito a mutações e recombinações dessas normas. Investiga-se desse modo como o sistema se adapta e se apresenta ou não algum tipo de equilíbrio. Wolfram (1994) descreve os autômatos celulares, que postulam agentes que se distribuem como se estivessem em casas de um tabuleiro de xadrez, tomando decisões tendo em vista o estado dos demais agentes nas casas vizinhas. Nessas e em demais técnicas, investiga-se se a interação local entre os agentes é capaz de gerar espontaneamente uma ordem que apresenta as características dos fenômenos complexos descritos por Hayek.

Esse conjunto de modelos busca explicar fenômenos complexos a partir do comportamento dos indivíduos, aderindo assim ao individualismo metodológico. Os agentes interagem segundo regras simples, sem controle central, emergindo dessa interação fenômenos que apresentam ordens "maiores do que a soma de suas partes", ou seja, características do todo que não podem ser deduzidas diretamente do modo de ação dos elementos, novamente em conformidade com a caracterização hayekiana do método das ciências sociais. É comum nesses modelos a presença de aprendizado e adaptação a mudanças. Os modelos, adicionalmente, não supõem a existência de um equilíbrio final, mas tipicamente estudam o processo ou evolução do sistema, que pode ou não tender a um equilíbrio.

Consideremos um exemplo, para ilustrar esse tipo de modelo de forma mais concreta. Thomas Schellling (1978) utiliza um autômato celular para estudar a emergência de segregação em cidades, como a formação de guetos hispânicos em cidades norte-americanas. Imagine pessoas que falam inglês ou espanhol representadas por peças de duas cores distribuídas aleatoriamente em um tabuleiro de xadrez com muitas linhas e colunas. Esses agentes seguem regras: em cada instante, cada um escolhe ficar onde está ou mudar para alguma célula vizinha desocupada conforme o número de agentes das duas cores existentes nas oito células vizinhas. O programador pode ajustar o grau de "incômodo" dos agentes alterando as regras sobre mudança: em um extremo, se bastar um vizinho diferente para provocar mudança, temos um processo algo caótico, com agentes mudando eternamente, sem um equilíbrio. No outro extremo, nada ocorre, ninguém muda de casa. Regras intermediárias, porém, geram resultados mais interessantes. Mesmo com preferências fracas por vizinhança do mesmo tipo, podemos observar a formação de guetos ou áreas ocupadas por apenas uma cor.

O interessante é notar que cada simulação resulta na formação de guetos diferentes, em áreas diferentes. Mas a repetição do experimento permite discernir padrões, configurações recorrentes, que nos ajudam a entender o fenômeno[35]. Temos assim uma alternativa entre os extremos compostos por teoria simples sobre fenômenos complexos e histórias particulares que não apresentam regularidades.

---

35. O leitor interessado em experimentar com as regras do modelo, podem fazê-lo com o software livre NetLogo. Consulte Wilensky (1997).

Embora a ciência econômica tenha caminhado no século XX em direção a uma visão de mundo mecanicista, com engenheiros sociais tomando o lugar dos jardineiros, a abordagem de complexidade vinga parcialmente a perspectiva hayekiana. O impulso maior ao desenvolvimento da complexidade em economia foi dado pela fundação do Instituto Santa Fé, nos Estados Unidos. Nesse instituto, pesquisadores se reuniram com a esperança de desenvolver uma ciência que fizesse generalizações sobre sistemas complexos em diversas áreas, a partir de modelos computacionais. Desse impulso expandiu-se a prática de elaboração de modelos computacionais baseados em agentes aplicados à economia. Falta à abordagem, porém, doses maiores do subjetivismo que caracterizam a tradição austríaca em geral e hayekiana em particular.

A pretensão do conhecimento

As teses sobre cientismo, fenômenos complexos e conhecimento limitado se fazem presentes em *A Pretensão do Conhecimento*, a bastante citada palestra por ocasião do recebimento do Prêmio Nobel[36].

O discurso de Hayek foi feito em 1974, em uma época que marca o fim do virtual consenso keynesiano. Na época, inflação crescente e desemprego conviviam. No plano teórico, expectativas racionais e microfundamentação em breve substituiriam os antigos modelos keynesianos. Para Hayek, a "estagflação" experimentada no período seria fruto de políticas apoiadas pela maioria dos economistas. No discurso do banquete que se sucedeu ao recebimento do prêmio, Hayek (1974) se releva

---

36. Hayek (2014, pp. 362-372).

assim contrário à sua existência, pois "o Prémio Nobel confere a um indivíduo uma autoridade que em economia nenhum homem deveria possuir".

O erro dos economistas, para o autor, estaria relacionado ao cientismo. O hábito de tratar como relevante apenas aquilo passível de medição teria resultado no favorecimento de uma explanação errônea, mas passível de expressão quantitativa, em detrimento de teorias corretas, mas com conteúdo empírico reduzido por tratar de fenômenos complexos.

O alvo, naturalmente, é a teorização agregada dos modelos keynesianos, que guiavam as políticas nas três décadas anteriores. A crença de que exista uma correção entre emprego total e demanda agregada por bens e serviços poderia ser confirmada em algum grau por evidência empírica. No entanto, tal crença seria errônea e prejudicial, como seria revelado mais tarde, pois a manutenção do nível de atividades exigia doses progressivamente maiores de inflação, em comparação com o nível já antecipado.

O cientismo, porém, barraria o exame de causas diferentes, mas não tão facilmente exprimíveis em termos operacionais, isto é, em termos de estatísticas agregadas. Hayek, por outro lado, não prioriza ideais metodológicos quando estes entram em choque com o que acredita ser a causa real dos fenômenos[37]: "confesso que prefiro o conhecimento verdadeiro, mas imperfeito, mesmo que deixe muita coisa indeterminada e imprevisível, a uma pretensão de conhecimento exato que provavelmente será falso".

A alternativa, naturalmente, faz menção ao tipo de explicação que encontraremos na teoria dos ciclos formulada pelo próprio autor. A caracterização de qual seria a teoria

---

37. 2014, p. 367

correta no texto é bastante sumária, de forma que podemos apresentá-la aqui sem apelar para os detalhes que estudaremos apenas no quarto capítulo. Hayek fala em discrepâncias entre, por um lado, a distribuição da demanda entre bens e serviços e, por outro, a alocação de recursos à produção desses bens[38]. Essas discrepâncias na estrutura da produção seriam causadas por políticas governamentais que induzem distorções nos preços relativos, que por sua vez influenciam a produção em diferentes direções. Assim sendo, as próprias políticas de estímulo à demanda favorecidas pelos economistas teriam sido a causa da má alocação de recursos que se manifesta como desemprego.

Embora o problema econômico em questão tenha caráter macroeconômico, a causa das flutuações só seria explicável por fatores microeconômicos. Mas a teoria do equilíbrio utilizada para explicar o funcionamento dos mercados não nos diz nada sobre quais são os preços corretos. Não podemos, portanto, calcular desvios específicos daquilo que seria adequado. Tomando um exemplo concreto, diante de preços relativos distorcidos, os empresários não têm como saber se seus projetos individuais seriam viáveis devido à configuração real dos fundamentos (preferências, recursos e tecnologias) ou apenas por causa das distorções. Afinal, para que precisaríamos de um sistema de preços se já sabemos de antemão o que deve ser feito?

Esse argumento será explorado no próximo capítulo. Aqui, basta notar que uma teoria sobre fenômenos complexos é capaz apenas de gerar previsões de padrão. De um físico espera-se previsões exatas, mas a teoria da competição não nos mostra como ficar rico. Obviamente, a existência de um economista

---

38. p. 364

pobre não seria em absoluto uma contradição, por mais que até mesmo alguns economistas acreditem nessa bobagem!

Para Hayek, mercados funcionam melhor do que controle consciente exatamente quando não conhecemos as circunstâncias particulares que influenciam os preços e que também não nos permite calcular desvios dos valores corretos ou gerar previsões exatas sobre tais valores.

A pretensão do conhecimento seria assim uma ilusão do cientismo, que mascara o entendimento dos limites do conhecimento e leva à fé em uma visão tecnocrata de mundo. O discurso de Hayek continua importante meio século depois de proferido, quando a mesma pretensão se manifesta por meio de crenças metodológicas afinadas com a visão de mundo do burocrata centralizador, que acredita que "segue a ciência" ou o Método. Perto do final do discurso, Hayek afirma que[39]:

> ... a confiança no poder ilimitado da ciência baseia-se muitas vezes numa falsa crença de que o método científico consiste na aplicação de uma técnica pronta, ou na imitação da forma e não da substância do procedimento científico, como se fosse necessário apenas seguir algumas receitas culinárias para resolver todos os problemas sociais. Às vezes quase parece que a técnica da ciência é aprendida mais facilmente do que a reflexão que nos mostra quais são os problemas e como abordá-los.

Seria a sugestão do "método correto da ciência" sugerido pelo cientismo equivalente às regulações controladoras de preços nos mercados?

---

39. 2014, p. 368

Uma teoria conexionista da mente

É comum que o trabalho científico de um autor não siga os preceitos metodológicos que ele defende. Hayek certamente não é um desses casos. O programa de pesquisa hayekiano, em suas diversas áreas de investigação, de fato reflete as considerações metodológicas sobre fenômenos complexos que acabamos de explorar. Uma dessas áreas diz respeito ao seu interesse por psicologia manifesto nos tempos de estudante na Universidade de Viena e no estágio em Genebra. Naquela época, o autor formula uma hipótese sobre o funcionamento da mente que só foi retomada no início da fase de Chicago, quando é publicada A *Ordem Sensorial: Uma Investigação sobre os Fundamentos da Psicologia Teórica*.

O exame dessa obra, reconhecida como uma das contribuições pioneiras à teoria conexionista da mente, seria uma linha de pesquisa algo exótica, sob o ponto de vista do estudante de ciências sociais. Um economista não teria a competência para avaliar, sob o ponto de vista da história da ciência, o valor da contribuição de Hayek ao tema. Porém, o estudo de autores com programas interdisciplinares, como é o caso, exige uma breve exposição das ideias centrais da obra. Isso é necessário porque o pensamento metodológico de Hayek, disperso em diversas obras, mas sobretudo no *Contra-Revolução da Ciência* escrito no mesmo período, utiliza extensamente a linguagem e teses desenvolvidas no trabalho sobre o funcionamento da mente. Nessa obra temos também uma fundamentação do falibilismo, tão central em sua visão de mundo.

Sendo assim, diremos algo sobre esse trabalho não pelo interesse no objeto estudado em si, mas devido às relações entre ele e as demais teorias do autor. Além de tratar de um caso de fenômeno complexo, ilustrando suas teses metodológicas, podemos encontrar elementos comuns com suas teorias sobre temas econômicos. Assim como ocorre nos trabalhos sobre competição nos mercados, a mente é vista como um sistema complexo no qual ocorre adaptação. Como na investigação sobre o sistema de preços, essa adaptação ocorre via transmissão de sinais entre elementos de uma estrutura com elementos diferenciados entre si.

Em seu livro, Hayek postula três tipos de ordem[40]: a primeira é física e se refere ao mundo externo à mente. Em seguida, temos uma ordem neural, subconjunto da primeira. A ordem neural é composta pelas fibras nervosas presentes no organismo. Por fim, temos a ordem composta pelas percepções sensoriais. Um dos temas tratados pela obra contraria uma crença então comum segundo a qual o sistema nervoso central conduziria impulsos contendo propriedades do mundo físico. Se observamos uma pizza, por exemplo, não são as propriedades desse prato que são transmitidas. Pelo contrário, o cheiro, o toque, o paladar e os estímulos visuais que impressionam nossos órgãos sensíveis geram impulsos, que se associam a aspectos do mundo externo através dos caminhos que percorrem no sistema nervoso. Não é propriamente o cheiro do manjericão que chega à nossa consciência.

Como poderíamos então explicar a forma como objetos que se relacionam na primeira ordem, física, são representados de alguma forma na terceira ordem, sensorial, visto que não acessamos diretamente a realidade externa? A explanação de Hayek é aqui também de natureza evolucionária. Para ele, os organismos desenvolveram um aparato classificatório dos

---

40. 1976, p. 39

estímulos sensoriais[41]: cada um deles é diferenciado segundo a posição que ocupa nessa ordem e que representa o significado que esse estímulo representa para o organismo, em combinação com outros. A formação de uma representação, na ordem sensorial, que se relaciona aos estímulos originários do mundo físico, confere vantagens evolutivas ao organismo se a associação de fato se relacionar com o mundo exterior. O organismo que reconhece algo como alimento se beneficia, mesmo que sua representação não espelhe o que de fato é o alimento: a representação consiste em conjectura imperfeita sobre o mundo externo.

Os organismos teriam sua atividade mental explicada, nessa concepção, em termos de um aparato de classificação formado por impulsos que são transmitidos pelas conexões que se formam entre os elementos da ordem neural, que formam uma estrutura. Não importa aqui agregados ou médias de estímulos, mas a formação de padrões de caminhos, como as trilhas na ilha descrita no nosso capítulo anterior. Feixes de impulsos sensoriais que ocorrem simultaneamente sensibilizam fibras conectadas, que são identificadas como provenientes de certa classe de estímulos. Estímulos sensoriais associados a um objeto, como redondo, plano e quente são identificados e combinados para a percepção de um exemplar da categoria "pizza".

Hayek emprega a ideia de um mapa para representar metaforicamente como conexões cerebrais resultam na classificação dos objetos[42]. Os caminhos percorridos pelos estímulos ou relações entre os elementos da estrutura em rede constituem um mapa. Quando o organismo é exposto a certo ambiente e

---

41. p. 42
42. p. 109

os estímulos gerados percorrem um padrão de impulsos que percorre esse mapa, temos um modelo que serve como modo de interpretação do ambiente[43].

Nesse tipo de explanação dos fenômenos mentais, a memória não é um depósito de informações sensoriais transmitidos pelos impulsos, como tendemos a pensar intuitivamente. Não temos uma fotografia de uma bola de basquete, transmitida via símbolos a um disco rígido que armazena a lembrança de uma bola de basquete. A memória, ao contrário, consistiria no padrão de relações entre elementos de uma estrutura nervosa[44].

A exposição da teoria de Hayek ocorre em um plano bastante abstrato, com quase nenhum uso de hipóteses mais concretas sobre o processo de classificação de estímulos via evolução de redes neurais. O uso de hipóteses mais específicas sobre como ocorre esse tipo de processo evolutivo, tendo em vista o que se sabe hoje sobre a fisiologia do cérebro em comparação com as décadas de 1920 e 1950, tornaria o texto de Hayek desinteressante para quem não é historiador do tema estudado. Mas, embora exija de qualquer leitor alto poder de abstração, a exposição geral ou abstrata apresenta a vantagem de podermos reconhecer os mesmos elementos presentes em seu pensamento metodológico e que se manifestam em suas teorias sobre outros assuntos.

Quanto ao aspecto metodológico, Hayek salienta que sua teoria sobre a ordem sensorial envolve apenas a descrição e a previsão de padrões, tal como discutimos na seção anterior[45]. Não pretende *prever* fenômenos mentais concretos, mas *explicar*

---

43. p. 114
44. p. 52
45. pp. 34, 43, 182

alguns dos princípios gerais de funcionamento da mente. Isso poderia, no máximo, dar origem a previsões de padrão.

Além de salientar os limites de uma teoria sobre a ordem sensorial, limites que se manifestam quando tratamos de todo fenômeno complexo, Hayek enfatiza em seu livro outro aspecto sobre limites do conhecimento humano[46]. Uma explanação completa do cérebro, isto é, que não seja apenas uma explanação de princípio, seria algo impossível, pois um aparato classificatório deve possuir um grau de complexidade superior àquilo que classifica se pretende compreendê-lo totalmente. Sendo assim, a mente, para Hayek, nunca seria capaz de explicar a si mesma de forma completa.

Quanto à comparação com as demais teorias desenvolvidas por Hayek, o leitor poderá atestar as semelhanças nos próximos capítulos deste livro. Contudo, o esboço que fizemos no primeiro capítulo quando discutimos a formação versus criação consciente de caminhos em uma ilha, bem como a análise da metodologia científica do autor que acabamos de tratar, já nos permitem estabelecer o paralelo. O estudo da ordem sensorial descreve o fenômeno da auto-organização, na medida em que a mente é tratada como um fenômeno emergente: parte de uma base material, mas apresenta características que não se reduzem aos elementos de natureza física. O cerne da teoria envolve interação local e relações estruturais entre elementos, não sendo as variáveis envolvidas redutíveis a elementos agregados ou uniformes. A presença de funcionalidade ou propósito, que com frequência acompanha o fenômeno de auto-organização, é explicada em termos de mecanismos evolutivos. A adaptação da ordem sensorial, conforme se modificam os estímulos

---

46. pp. 184-190

ambientais externos, requer um processo de aprendizado no qual a limitação do conhecimento exerce papel fundamental.

A propagação de impulsos através de uma estrutura de fibras nervosas encontrará no nosso quarto capítulo um paralelo com a adição de insumos produtivos a uma estrutura do capital. A mesma coisa lembra a transmissão, via sistema de preços, de sinais que permitem a coordenação nos mercados, conforme veremos no próximo capítulo. Na teoria da evolução institucional, estudada no quinto capítulo, encontraremos no conceito de ordem espontânea a mesma classe de fenômenos. Com efeito, estruturas complexas e conhecimento falível, os dois elementos centrais discutidos neste capítulo, caracterizarão os elementos centrais do programa de pesquisa do autor, como afirmamos no primeiro capítulo.

No próximo capítulo trataremos da auto-organização nos mercados em geral para estudar a coordenação e a falta dela em termos macroeconômicos no capítulo seguinte. Embora em Hayek a teoria sobre as flutuações econômicas preceda o estudo sobre o funcionamento dos mercados, a lógica de fenômenos emergentes requer que a ordem cronológica seja invertida.

CAPÍTULO 3

Competição:
o processo de mercado

"...a tendência no debate atual é ser intolerante sobre as imperfeições e silenciar relativamente à prevenção da competição".

O Significado da Competição

As teses sobre filosofia da ciência estudadas no capítulo anterior facilitarão a exposição da forma como Hayek entende o funcionamento dos mercados. Estes são vistos como ambientes que proporcionam aos agentes econômicos uma forma de aprendizado. Como já discutimos no primeiro capítulo, o problema alocativo se torna progressivamente mais complexo ao longo do processo de desenvolvimento econômico, de modo que os detalhes necessários para coordenar as ações dos agentes escapam ao controle consciente de qualquer grupo de indivíduos. No presente capítulo, a competição nos mercados será interpretada como uma maneira de correção de erros no que se refere às diferentes formas como os agentes interpretam a realidade e adaptam suas ações, diante do contínuo fluxo de alterações na economia.

No que diz respeito ao funcionamento dos mercados, o que separa as contribuições austríacas das demais vertentes da economia marginalista é a preocupação com o processo de mercado, em contraste com a atenção exclusiva voltada ao conceito de estado final de equilíbrio. Em termos informais, "competição" para os austríacos se refere a uma atividade, ao passo que para a teoria de equilíbrio é um estado de coisas. Em palavras mais informais ainda, os austríacos se preocupam com o filme, e não apenas com a fotografia.

Por que isso é importante? Como veremos, os economistas preocupados exclusivamente com o equilíbrio supõem que os agentes conhecem coisas que, para os austríacos, só emergiriam a partir da atividade competitiva ou rivalidade empresarial, atividades que são excluídas da descrição do fenômeno pela teoria da competição perfeita. Assim, ao supor que os agentes conhecem algum fruto do processo e ao mesmo tempo defender regulações que proíbam esse processo, o economista está cometendo a falácia lógica de petição de princípio – utilizar em uma prova o resultado que se quer provar.

Isso não deve induzir o leitor a concluir erroneamente que Hayek e antes dele Mises seriam contrários ao conceito de equilíbrio ou hostis à teoria tradicional. Muito pelo contrário: para eles o conceito seria indispensável para a análise econômica. Esses autores apenas buscam preservar a interpretação que julgam correta da teoria. A crítica, na verdade, se refere a um erro de interpretação que leva ao seu mal uso. Esse erro é o mesmo que enunciamos no primeiro capítulo e explicamos no segundo – a transferência de simplicidade do modelo para a realidade complexa a qual se refere.

Mas a distinção entre duas formas de interpretar uma teoria gera diferenças substantivas em seu uso, que justifica falarmos em certo sentido de teorias diferentes. A distinção entre processo e equilíbrio é central para caracterizarmos a abordagem austríaca como um programa de pesquisa próprio. Ainda assim, enxergar a competição como um processo não é uma novidade, mas recupera uma tradição intelectual esquecida. O retrato austríaco do fenômeno competitivo, na verdade, se aproxima do que se entendia por competição entre os economistas da tradição plutológica, também comum entre os marginalistas nas primeiras décadas do século XX e em especial na tradição iniciada por Schumpeter, se aproximando ainda do espírito dos modelos de complexidade mencionados no capítulo anterior.

De todo modo, a distinção entre as duas formas de entender a competição é significativa. Tanto é assim que neste ponto encontramos a maioria das distorções do pensamento de Hayek, feitas por economistas que se recusam a interpretar os argumentos de um autor nos termos nos quais foram formulados, preferindo traduzi-los para um referencial estranho. Assim traduzidos, tais argumentos em geral soam como evidentemente falsos. Ao longo da exposição mencionaremos alguns casos de leituras equivocadas. Por hora, nos concentraremos em listar as contribuições do autor ao tema.

Hayek, ao discutir os pressupostos sobre conhecimento da teoria da competição, propõe o que é conhecido como o *problema do conhecimento*. Este sugere que a teoria econômica deva explicar como o conhecimento falível dos agentes vem ou não a corresponder ao mundo externo, em diferentes graus. Essa sugestão transforma o equilíbrio no *explanandum* da teoria, ou seja, naquilo que a teoria pretende explicar. A relativa coordenação de planos encontrada nos mercados seria um resultado não intencional que pode ou não emergir da interação entre os agentes. Parte da resposta ao problema do conhecimento é provida pelo estudo de como o sistema de preços funciona como uma linguagem que comunica escassez relativa, linguagem que possibilita que se contorne as limitações do conhecimento mediante o uso de um mecanismo de correção de erros, que faz parte de um sistema adaptativo em ambiente caracterizado pela mudança perene. Essa adaptação deve ser contrastada com a busca por uma alocação ótima, algo encontrado no equilíbrio descrito pela teoria da competição perfeita. Hayek critica a interpretação dessa teoria que se limita a descrever as características de equilíbrios. Tal interpretação tende a excluir elementos institucionais cruciais para a emergência do equilíbrio: os dados supostos pela teoria só existiriam a partir do processo de rivalidade empresarial fora do equilíbrio. Competir significa discordar das concepções existentes sobre como atender as necessidades dos consumidores. O autor sugere então que a abordagem de processo de mercado assuma um formato evolucionário. Nessa abordagem, o mercado é visto como um mecanismo de descoberta, por tentativas e erros, de formas de melhor atender as necessidades humanas que não foram anteriormente contempladas pelos agentes.

O que listamos acima enuncia sumariamente as contribuições teóricas do autor ao tema. A primeira seção, depois desta introdução, expõe de modo esquemático alguns aspectos da teoria da competição perfeita, para que possamos entender na seção seguinte mais detalhes da contribuição de Hayek. Depois de nos ocuparmos dessa contribuição, trataremos de um exemplo particular de transferência da simplicidade dos modelos para a realidade, que ocorreu mediante a sugestão de que a teoria econômica poderia ser usada como molde para o planejamento central no socialismo. Esse exemplo consiste em uma das etapas do debate sobre o cálculo econômico socialista iniciado por Mises nos anos 1920 e continuado por Hayek na década seguinte. Depois de apresentar o debate e a participação de Hayek no mesmo, entenderemos como o problema do cálculo, em conjunto com discussões sobre o papel do conceito de equilíbrio na teoria dos ciclos, motivaram o autor a discutir o significado dos pressupostos sobre conhecimento na teoria econômica que discutiremos neste capítulo.

A Teoria do Equilíbrio Competitivo

O modo como os austríacos entendem a competição, isto é, em termos de rivalidade empresarial, era comum até aproximadamente a década de 1930 do século XX[47]. Uma das melhores exposições dessa forma de enxergar o fenômeno se encontra no décimo capítulo das *Harmonias Econômicas* de Bastiat (1864). Para este autor, a competição é definida institucionalmente como ausência de coerção ou existência de liberdade de ação empresarial. Como o pressuposto sobre o comportamento econômico adotado pelo autor é expresso como a busca por melhores resultados a partir de menos sacrifícios, a inteligência humana, quando desimpedida, procura por inovações, a imaginação de novas formas de atender nossas necessidades. Se uma nova máquina possibilita a substituição de esforço humano pelo aproveitamento inteligente de forças da natureza, os produtos se tornam mais baratos e os recursos assim liberados migram para a produção de outras coisas úteis que as pessoas passam a demandar.

A teoria da competição descreve como isso ocorre nos mercados. Bastiat identifica três etapas desse processo. A primeira trata das inovações, ou conquista da natureza pelo gênio inventivo. A segunda é caracterizada pela imitação, quando o conhecimento sobre a novidade gradualmente

---

47. Machovec (1995) narra a transformação do conceito de competição ao longo da história do desenvolvimento da teoria econômica.

se espalha entre rivais. A terceira e última é marcada pela universalização dos ganhos inicialmente obtidos pelo inovador, quando a competição resulta em preços menores, que refletem os novos custos reduzidos.

O leitor mais familiarizado com a história da teoria econômica é capaz de reconhecer as semelhanças entre o mecanismo acima descrito e o modo como as mesmas ideias foram associadas ao processo de destruição criativa descrito por Schumpeter no século XX.

A segunda maneira de enxergar o fenômeno competitivo, que resultou na teoria da competição perfeita tal como exposta pelos modernos livros-texto, se concentra na descrição do estado de coisas que imperaria no final do processo em três etapas que descrevemos acima, o estado final de equilíbrio. No equilíbrio, é necessário adotar o pressuposto de que todas as forças que levam a economia a esse estado final já exerceram seu papel e nenhum outro fato novo ocorre. Podemos assim isolar analiticamente alguns aspectos do funcionamento do sistema de preços: inicialmente temos preço alto pelo novo bem, que gera lucros, que atrai concorrentes, que aumentam a oferta, que diminui o preço, que se aproxima do novo custo de produção, que reflete a utilidade dos recursos alocados alhures.

Devemos enfatizar novamente que, para os austríacos, erros de entendimento dessa teoria surgem mediante o uso inconsistente do subjetivismo e individualismo metodológico, quando o analista, sob a influência do cientismo, passa a acreditar que meios e fins são estáveis e de alguma forma conhecidos pelos agentes e não descobertos durante o processo competitivo. O resultado é a transferência da simplicidade do modelo para o mundo real, como ilustrará a parte final deste capítulo, sobre a economia do socialismo.

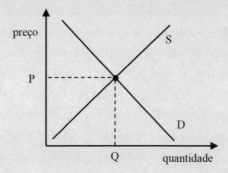

Vamos então tratar de um esboço da teoria da competição, conscientes de que ela pode ser interpretada de maneiras diferentes. Quem não é economista tende a se referir ao modo como os preços se alteram como a "lei da oferta e da procura". No contexto da análise de um único bem, o modelo de equilíbrio parcial desenvolvido em essência por Alfred Mashall, o preço de equilíbrio, indicado pela letra P e a quantidade demandada e ofertada do bem em questão, denotada por Q, são determinados pelo cruzamento das curvas de oferta e demanda.

O ponto (P,Q) no cruzamento das curvas descreve a alocação que atende simultaneamente as duas equações. Vejamos cada uma delas.

A curva de demanda, indicada por D, é negativamente inclinada: quanto maior o preço, menor vai ser a quantidade demandada (ou procurada) pelo bem, pois o custo de oportunidade dessa aquisição aumenta – os agentes prefeririam comprar outra coisa caso o preço seja alto. Isso é representado pela ideia de consumidores que maximizam a utilidade, limitados pelo fato de cada um possui uma renda finita para gastar. Se somarmos as quantidades que cada consumidor escolhe a cada preço possível, temos a curva D de demanda de mercado pelo bem.

A curva de oferta S (de *supply* em inglês), por sua vez, é positivamente inclinada: se quisermos quantidades maiores ofertadas nos mercados, será necessário preços mais altos, para viabilizar as firmas que produzem a um custo maior ou, se adotarmos a hipótese de que todas as firmas são iguais, precisaríamos de preços mais altos para viabilizar a produção com custos marginais crescentes, quando pelo menos um dos fatores produtivos não pode ter seu uso aumentado. Assim como os consumidores maximizam utilidade, as firmas maximizam lucro, escolhendo quanto produzir, da seguinte maneira: enquanto a receita ganha com a venda de uma unidade (receita marginal) superar o custo marginal de ofertar essa unidade, a expansão da produção aumenta o lucro. Este último é máximo quando a receita marginal, dada pelo preço, for igual ao custo marginal. Por que a receita marginal é igual ao preço? Para responder essa questão, precisamos mostrar que o preço de equilíbrio não depende das escolhas de uma firma quando o número de firmas é grande. Vejamos o que garante isso.

O modelo de competição adota as seguintes suposições. A mais fundamental afirma que o número de demandantes e ofertantes é grande. Além disso, supomos que exista livre mobilidade de recursos. Em particular, não existem barreiras à entrada ou saída nos mercado. Se houver lucro extraordinário, isto é, lucro acima do que seria obtido em alternativa conhecida, lucro esse ajustado pelos riscos diferentes de cada empreendimento, teríamos a entrada de concorrentes, a oferta seria maior e o preço de equilíbrio menor. Na direção oposta, prejuízo gera saída de recursos e a oferta menor aumentaria o preço. Suporemos também que o produto é homogêneo: independente das características físicas dos bens, estes fazem parte de um mesmo mercado se os consumidores os consideram como substitutos. Não faz sentido nem imaginar, em um extremo, que sucos *detox* sejam concorrentes de uísque, nem, no outro extremo, supor um monopólio porque apenas uma firma produz Coca-Cola. Por fim, supõe-se que os agentes tenham conhecimento perfeito sobre as alternativas disponíveis nos mercados, ou, caso estejam sujeitos à risco, conhecem o que poderia acontecer e probabilidade de ocorrência de cada um dos cenários possíveis. A hipótese sobre conhecimento é a menos precisa e será o ponto de partida das reflexões de Hayek sobre o tema.

O conjunto de hipóteses listadas acima implica que cada agente é um "tomador de preços", ou seja, vendedores e compradores escolhem quanto ofertar e demandar sabendo que suas decisões isoladas não afetam significativamente o preço de equilíbrio, pois o que produzem e consomem é uma parcela bem pequena da quantidade total. Se eu abro uma filial da minha rede de pizzarias, o preço da pizza não se reduz na cidade e o salário dos garçons não aumenta.

Firmas tomadores de preços maximizam lucro igualando o preço de mercado de um bem, a receita marginal da firma, ao seu custo marginal de fabricação. Pela atuação da hipótese de livre entrada, no equilíbrio o preço será ainda igual ao custo médio de produzir uma unidade de um bem. Do contrário, teríamos lucro ou prejuízo extraordinário, que geraria variações nos preços pela mudança na oferta. Isso descreve, de forma resumida, o equilíbrio em competição perfeita. Firmas conhecem os produtos, as técnicas produtivas, quais recursos estão disponíveis e quais são os preços envolvidos. Maximizam então uma função lucro (a diferença entre receita e custo) conhecida, escolhendo quanto utilizar de insumos e quanto produzir do bem.

O último aspecto que devemos considerar é olhar a questão não sob o ponto de vista da firma e seu lucro, mas sob a ótica da sociedade como um todo. Partiremos do problema alocativo, que já nos é familiar: riqueza e pobreza dependem, em última análise, de quão bem nós alocamos recursos escassos a usos rivais.

Vale a pena expandir a oferta de pizza enquanto o preço que o consumidor está disposto a pagar for superior ao custo de oportunidade do capital, recursos naturais e trabalho que poderiam ser usados na fabricação de outras coisas úteis. Compara-se assim o valor desses recursos ou na obtenção de pizza ou de outras coisas. Devemos parar de alocar recursos para a produção de pizza quando o valor da mesma for igual ao seu custo marginal, ou seja, quando os mesmos recursos gerariam algo com o mesmo valor na segunda melhor alternativa. Assim, estamos fazendo o melhor uso dos recursos. Ora, isso é exatamente o que firmas em mercados competitivos fazem, como mostramos acima! Dizemos então que mercados competitivos são eficientes em termos alocativos, ou geram alocação ótima em termos paretianos, ao passo que desvios, tais como o monopólio, geram produção ineficiente, pois o preço cobrado pelo monopolista supera o custo marginal. Nesse caso, a quantidade produzida do bem deveria aumentar em detrimento de outras coisas, que devem renunciar ao uso dos recursos necessários para o aumento da produção de pizzas.

Isso é tudo o que precisamos saber sobre a teoria para entender os escritos de Hayek sobre mercados e o debate do cálculo econômico socialista.

Aprendizado e rivalidade empresarial

Os fundamentos hayekianos da teoria austríaca de processo de mercado são construídos ao longo de um conjunto de quatro artigos dedicados ao tema[48]. No primeiro e mais fundamental, *Economia e Conhecimento*, enuncia-se o problema investigado, o chamado problema do conhecimento, que pergunta se as hipóteses empresariais entretidas pelos agentes correspondem ou não ao mundo externo e como essa correspondência seria possível. No segundo e mais conhecido deles, *Os Usos do Conhecimento na Sociedade*, destaca-se a complexidade do problema devido à presença de mudanças contínuas na economia e mostra-se como o sistema de preços é parte importante da solução desse problema. As hipóteses empresariais são modificadas conforme os agentes interpretam o comportamento dos preços.

No terceiro, *O Significado da Competição*, indaga-se qual seria o valor ou a utilidade do fenômeno competitivo, argumentando que uma função econômica crucial da competição é barrada pelo modelo de competição perfeita. No quarto, *Competição como um Processo de Descoberta*, ganha destaque a inovação empresarial, que poderia ser tratada a partir de uma perspectiva evolucionária, não mecanicista, a respeito do fenômeno competitivo.

O problema do conhecimento

Economia e Conhecimento, publicado em 1937, é reconhecidamente o artigo mais importante escrito por Hayek. Nele, seu autor argumenta que o estudo do problema alocativo requer uma teoria sobre o aprendizado dos agentes.

---

48. Os três primeiros foram reproduzidos em *Individualismo e Ordem Econômica* (Hayek, 1980) e o último em *Novos Estudos em Filosofia, Política, Economia e História das Ideias* (Hayek, 1978b). Os quatros se encontram no vol. 15 de suas obras reunidas (Hayek, 2014).

No início do artigo Hayek distingue a teoria formal de equilíbrio da "análise teórica sobre causação no mundo real". A primeira trata da lógica pura da escolha. Conhecidos os meios e fins dos agentes, derivam-se logicamente as escolhas ótimas. Se Robson Crusoé afirma que, ao chegar à ilha, fazer um abrigo e uma fogueira é mais urgente do que obter alimentos, seria irracional e antieconômico se gastasse muito tempo fazendo uma lança em vez de reunir lenha. Suas ações não estariam em equilíbrio entre si. Nas escolhas, os meios têm que ser congruentes com os fins. E se ele agisse de forma errada mesmo assim? Nada muda, pois ele estaria agindo tendo em vista sua percepção sobre o que é melhor. A solução do problema alocativo estaria implícita na definição dos dados do problema, que no caso consiste no conhecimento inadequado do agente sobre técnicas de sobrevivência.

Deduções sobre valor, custo e escolhas de recursos aplicados a esse caso seriam exercícios de lógica – seus resultados são tautologias derivadas do conhecimento inicial. Robinson é um agente racional maximizador, pois, para o náufrago, sua percepção de meios e fins definem subjetivamente os dados de sua situação. No entanto, se a teoria econômica pretender dizer algo sobre casualidade e processos do mundo real, aquelas pressuposições formais da teoria de equilíbrio devem ser acompanhadas de uma explanação sobre como os agentes geram e comunicam conhecimento. Com isso, afirma Hayek, a economia deixaria de ser um ramo da lógica para se tornar uma ciência com algum conteúdo empírico, pois nada garante que ocorra consistência entre diferentes planos.

Em seu artigo, Hayek parte da noção de equilíbrio individual para depois estudar o equilíbrio no mercado. No primeiro caso, diz-se que as ações de um indivíduo estão em equilíbrio em relação uma à outra se elas fizerem parte de um mesmo plano. Ao fazer parte de um plano, tais ações são compatíveis entre si, a menos que o agente tenha personalidades múltiplas. Não é importante aqui a questão de verificar se os dados subjetivos correspondem à realidade exterior. Um equilíbrio permanece enquanto o agente não alterar o seu conhecimento sobre essa correspondência, caso este em que os dados subjetivos se alteram. Robson melhora sua técnica de iniciar uma fogueira. Se isso ocorrer, ações prévias tornam-se incompatíveis entre si e ocorrem revisões de planos.

Como o equilíbrio é uma relação entre ações e estas se sucedem no tempo, o conceito de equilíbrio só teria significado num contexto temporal. Nota-se que o autor pensa não em termos de equilíbrio estático, mas em termos de um processo de mercado que se desenrola no tempo e envolve alterações do conhecimento dos agentes. Robson talvez imagine que em duas semanas terminará um abrigo decente e sua expectativa sobre o futuro afeta seus planos desde o início. A economia cresce e as mudanças podem ou não ser antecipadas. Hayek conclui que nesse caso a ideia de antevisão perfeita não seria uma pré-condição para o equilíbrio, mas sua própria definição[49].

Quando passamos do caso isolado para um grupo de pessoas, Hayek caracteriza o equilíbrio em termos de compatibilidade de planos individuais. Neste caso, surge o problema de que os dados não são mais puramente subjetivos: cada plano deve levar em conta não apenas as próprias preferências e conhecimento, mas também as ações dos demais indivíduos. Mas o que é dado subjetivo para um, passa a ser um dado externo para os demais. O plano de Robinson de produzir uma lança

---

49. 2019, p. 45

pode ser abandonado ao tomar conhecimento de que seu novo companheiro na ilha, Sexta-Feira, possui uma canoa e rede.

Para haver compatibilidade dos planos, os agentes devem formar expectativas iguais sobre a mesma realidade exterior e expectativas corretas sobre as ações dos demais. Isto soma mais uma dificuldade à questão da compatibilidade dos dados subjetivos com a realidade externa que apontamos no caso no indivíduo isolado, pois agora deve-se considerar não apenas a relação homem-natureza, mas também a relação homem-homem. Isso abre espaço para uma quantidade infinita de situações nas quais os planos dos diferentes indivíduos se revelem inconsistentes entre si. Na nossa ilha do primeiro capítulo, imagine uma cidade nas duas margens de um rio. Quando ela cresce e aumenta o comércio entre os dois lados, um governo imagina um sistema de pontes e uma firma imagina um serviço de balsas. Os dois planos podem ser inconsistentes, o que envolveria desperdício de capital.

Hayek imagina um exemplo inspirado pela sua própria teoria dos ciclos, calcada na teoria austríaca do capital[50]: inúmeros profissionais colaboram com projetos necessários para construir um conjunto de casas. Esses projetos têm que ser coordenados entre si e estes com as poupanças das pessoas que pretendem adquirir tais casas ou ainda com as escolhas daqueles que disponibilizam crédito. Trata-se de encaixar ao longo do tempo peças de um quebra-cabeça cuja fotografia se se altera como num filme...

Na teoria de equilíbrio de mercado, dificuldades dessa natureza são mitigadas mediante o uso do pressuposto de que os mesmos "dados" de preferências, disponibilidade de recursos,

---

50. 2019, p. 46

preços e tecnologias são conhecidos por todos os agentes, como se fossem entidades objetivas facilmente reconhecíveis. Na transição do indivíduo para a sociedade, afirma o autor, o termo "dado" apresenta uma mudança de significado que viciaria a análise, pois não seria mais legítimo pensar em dados em termos puramente subjetivos.

Em primeiro lugar, devemos perguntar para quem os "dados" seriam dados. Por um lado, não se deve confundir o conhecimento prático dos agentes com o conhecimento abstrato do economista. Uma coisa é dizer em termos gerais que a massa de pizza requer farinha, fermento, óleo e água, em certas proporções. Mas isso não deve levar o analista a ignorar a experimentação com infinitas variantes de receitas em locais e momentos diferentes. Dizem até mesmo que existem regiões onde se adiciona *ketchup* na pizza! Confundir os dois tipos de conhecimento simplificaria sobremodo a complexidade do problema alocativo, em particular se pretende não apenas explicar o fenômeno, mas controlá-lo. Tendo em vista o desenvolvimento da teoria econômica, podemos de fato encontrar com bastante frequência o erro metodológico do realismo conceitual que discutimos no capítulo anterior: muitos economistas tendem a achar que curvas de custo ou funções matemáticas que descrevem as restrições técnicas são efetivamente as mesmas com as quais as firmas se deparam, em vez das "equações algébricas" de que falamos anteriormente.

Em segundo lugar, voltando à exposição do texto, coloca-se a questão de saber se os "dados" seriam subjetivos ou informações objetivas. Uma das principais tarefas da economia deveria ser justamente investigar a relação (filosófica!) entre conhecimento e realidade, tendo em vista o estado da economia.

Para Hayek, "...a questão de por que os dados no sentido subjetivo do termo deveriam corresponder aos dados objetivos é um dos principais problemas que precisamos responder"[51].

Ocorre que, se considerarmos a evolução da filosofia da ciência, em especial a partir de Popper, abandonou-se a perspectiva indutiva que supõe informações objetivas em favor de um modelo dedutivo, no qual não faz sentido supor que observações seriam livres de teorias. Conceitos e observações não espelham o mundo, mas são necessariamente fruto de interpretações desse mundo. Cientistas diferentes, assim como empresários, podem observar a mesma realidade e "ver" coisas completamente diferentes. Não é adequado interpretar Hayek sob o ponto de vista de modelos que tratam de questões sobre conhecimento do agente como se fosse um problema sobre posse de diferentes conjuntos de informações objetivas, sem considerar o modo como agentes possam interpretar a mesma situação mercadológica. Esse erro ocorre com frequência na interpretação de Hayek como pioneiro da moderna economia da informação assimétrica.

Em uma situação de equilíbrio, os agentes estariam corretos sobre as ações dos demais indivíduos e sobre o mundo externo em geral. Em situação dinâmica, o equilíbrio mantém-se desde que os agentes possam prever mudanças. Se conheço as mudanças, meu plano não precisa ser alterado. O importante, de todo modo, é notar que a noção de equilíbrio se relaciona com o conhecimento dos agentes e da relação entre este conhecimento com a realidade subjacente.

A teoria econômica, para Hayek, deveria tratar do crescimento do conhecimento dos agentes se pretende explicar

---

51. 2019, p. 40

qualquer aproximação do equilíbrio[52]: "Está claro que, se desejarmos fazer a afirmação de que, sob certas condições, as pessoas irão se aproximar desse estado [de equilíbrio], precisamos explicar por meio de qual processo adquirirão o conhecimento necessário".

Se isso for assim, a economia deixa de ser um exercício de lógica pura. O resultado do processo de mercado variaria conforme alteramos a forma que pensamos que os agentes aprendam. Para afastar outra má interpretação comum, em lugar algum do artigo o autor defende que a teoria econômica deva conter estudos empíricos sobre como os agentes aprendem. Essa abordagem indutivista seria claramente contrária às crenças filosóficas do autor. De fato, Hayek explicitamente descarta essa possibilidade[53]: "Tenho sérias dúvidas sobre se tal investigação seria capaz de ensinar-nos algo de novo". O que ele propõe, pelo contrário, é uma *teoria* sobre o aprendizado dos agentes.

Entre as novas questões colocadas por essa teoria de aprendizado, Hayek sugere que devemos estudar "(a) sob que condições essa tendência ao equilíbrio existe e (b) a natureza do processo pelo qual o conhecimento individual é mudado"[54].

Hayek não oferece uma solução acabada para o problema do crescimento do conhecimento no mercado, indicando em seu lugar algumas observações e questões importantes, que podem ser utilizadas como elementos de uma solução. Em primeiro lugar, para que haja um aprendizado – convergência dos dados subjetivos à realidade subjacente – é necessária alguma regularidade do ambiente. Em segundo lugar, deve-se perguntar

---

52. p. 54
53. p. 78
54. 1980, p. 45

em que circunstâncias os agentes alteram seus planos. Temos duas possibilidades: ou ocorrem mudanças de gostos (o que não interessa ao economista), ou os agentes aprendem novos fatos. Estes podem ser aprendidos por acidente: a descoberta não foi parte da busca proposital contida em seus planos, ou ocorre que os dados subjetivos dos agentes se revelam diferentes da realidade, frustrando suas expectativas. Vislumbramos aqui um processo de aprendizado por tentativas e erros que será desenvolvido nos próximos artigos. Em terceiro lugar, Hayek sugere que o estudo de instituições transmissoras de conhecimento, como imprensa e publicidade, deveria receber mais atenção do economista.

Além disso, Hayek observa que o conhecimento relevante não é relativo apenas a preços, presentes ou futuros, mas no sentido mais amplo da correspondência dos dados subjetivos às realidades objetivas, como, por exemplo, conhecimento de como e em que circunstâncias os bens podem ser adquiridos e usados.

Finalmente temos o problema da divisão do conhecimento: como, pergunta o autor (p. 67), a interação de pessoas diversas, cada uma delas possuindo apenas uma pequena fração do conhecimento total, resulta numa ordem espontânea, que apresenta regularidades, como a convergência de custos e preços, sem direção central que possua todo o estoque de conhecimento da sociedade necessário para utilizar em seus cálculos? Isso é usualmente conhecido como "problema do conhecimento" de Hayek.

O problema do conhecimento – a correspondência ou não de hipóteses empresariais falíveis à realidade subjacente – se torna mais complexo se levarmos em conta o problema do uso do conhecimento disperso – como comunicar conhecimento de diferentes agentes. Se não confundirmos o conhecimento teórico com o prático, hipóteses individuais sobre preferências, recursos e técnicas dizem respeito a condições locais. Isso reforça o caráter falível do conhecimento. No entanto, esse problema central tende a ser ignorado pelos economistas modernos que leem o próximo artigo de Hayek, pois em sua própria visão de mundo o conhecimento teórico e prático é confundido: todos conhecem a estrutura do mundo, diferindo entre si em relação aos valores concretos das variáveis do modelo que reflete o mundo. Porém, para Hayek, o ponto crucial consiste em notar que a competição supõe rivalidade entre *teorias* diferentes sobre o que acontece nos mercados.

Mecanismo de preços e aprendizado

O problema do uso do conhecimento disperso é o tema do seu artigo de 1945, *Os Usos do Conhecimento na Sociedade*. Esse é o seu artigo mais citado, pois é interpretado em termos de equilíbrios com assimetria de informação, em vez de processo de aprendizado com conhecimento falível. A leitura do texto em seu devido contexto, porém, desautoriza essa "releitura" do texto.

O artigo enfatiza inicialmente que o problema do conhecimento diz respeito à adaptação, não otimalidade. Hayek inicia o texto com o desenvolvimento da sua distinção que mencionamos acima entre conhecimento científico do economista e conhecimento localizado do agente econômico. O primeiro é um conhecimento genérico, aplicável a qualquer circunstância e possivelmente partilhado pela comunidade científica, enquanto o último se refere ao conhecimento das "circunstâncias particulares de tempo e lugar" com as quais os indivíduos se defrontam. Cada pessoa se depara com situações específicas. Qual seria a natureza desse conhecimento prático?

Hayek lista como exemplos o conhecimento particular dos arbitradores sobre oportunidades específicas de lucro, o conhecimento sobre particularidades de um cargo específico que um funcionário de uma firma assuma ou ainda as habilidades desenvolvidas pelas pessoas ao longo da vida.

Hayek, nesse ponto do artigo, trata do problema do conhecimento, mas não explicita que filosofia da ciência preferiria no que se refere a uma resposta ao mesmo. A literatura secundária gera duas interpretações sobre o significado da dispersão do conhecimento em Hayek. A primeira dela enfatiza a natureza tácita, não articulável do conhecimento. Sabemos andar de bicicleta, mas não precisamos estudar física e entender o conceito de momento angular para tal. O caráter tácito do conhecimento é desenvolvido por filósofos como Michael Polanyi e Gilbert Ryle, autores citados por Hayek, mas não no artigo que estamos abordando. Se um agente não é capaz de articular explicitamente o que sabe, esse conhecimento não pode ser comunicado formalmente através de uma estrutura hierárquica. Por outro lado, o conhecimento tácito por sua natureza não permite muita elaboração a seu respeito.

A segunda interpretação o leitor já conhece – aquela associada à tradição falibilista sobre o crescimento do conhecimento, associada a Popper e Bartley e presente na obra de Hayek. Mesmo que as hipóteses empresariais digam respeito a circunstâncias particulares, ainda assim podemos postular uma estrutura propícia à sua correção por tentativas e erros, sejam essas hipóteses articuláveis ou não. O desenvolvimento de alguma habilidade física envolve correção de respostas musculares mesmo que não saibamos descrever quais músculos estão envolvidos. Uma hipótese empresarial explícita, no outro extremo, pode ser objeto de reflexão e crítica explícita.

Considerando as diferenças entre os mecanismos de seleção, podemos considerar nessa interpretação tanto o conhecimento tácito quanto o articulado.

Mas qual seria para o autor o uso e a importância deste conhecimento das circunstâncias particulares de tempo e local, em contraste com o conhecimento científico? No processo de mercado, quanto mais importantes forem as mudanças, mais importante será o conhecimento localizado. Se não houvesse mudança, o problema do planejador central seria resolvido com facilidade: só seriam necessários um plano e um conjunto de decisões iniciais, seguidos de execução, uma revisão e repetição do plano. Mas a complexidade do mundo real impõe a necessidade de mudanças constantes de planos, conforme ocorram mudanças diárias na economia. Quão fácil, aponta Hayek, é para um administrador dissipar os diferenciais sobre os quais os lucros se baseiam e quão difícil é manter no dia a dia os custos em um nível estável. As pequenas alterações do mundo real são específicas a cada caso e não são passíveis de detecção em estatísticas. Essas observações, triviais para um administrador, parece não ser notada pelo economista, devido à confusão do conhecimento prático com o teórico.

Em outros termos, não existe uma espécie de livro platônico sobre possibilidades técnicas de produção e lista de recursos disponíveis e seu preços, de modo que firmas se deparem com curvas dadas de custo médio estáveis em formato de U. Se os empresários não ficarem atentos a mudanças diárias em grandezas como disponibilidade de insumos, variações na sua qualidade e preço, ou ainda buscarem ativamente novos bens ou formas de produzir, ou seja, se não se adaptarem buscando continuamente novas alternativas, os custos de produção seguramente seriam bem mais elevados.

Sendo assim, o problema relevante não é de otimização sob ambiente estável, mas de adaptação diante da mudança contínua. Para Hayek, o conhecimento localizado é fundamental para o funcionamento de uma economia[55]: "...o problema econômico da sociedade é em larga medida sobre a rápida adaptação às mudanças nas circunstâncias particulares de tempo e lugar".

Uma vez estabelecida a natureza do problema e o tipo de conhecimento relevante para sua análise, Hayek indaga sobre qual é o conhecimento específico que os agentes necessitam possuir para realizar seus planos individuais, de tal forma que suas atividades sejam coordenadas no mercado. Em outros termos, pergunta sobre como o problema do conhecimento é parcialmente resolvido. O sistema de preços, aponta o autor, tem um papel economizador de conhecimento, que possibilita algum grau de coordenação de planos. Essa coordenação, porém, nunca é perfeita, mas apenas parcial. Como na perspectiva de Ludwig Mises, a noção de equilíbrio serve para compreender como ocorre adaptação.

Hayek exemplifica como o sistema de preços permite um processo de correção do conhecimento empresarial falível em seu famoso exemplo do estanho. Se um novo uso para o estanho foi encontrado ou uma fonte de oferta do metal se esgotou, os demais agentes economizam estanho sem ter qualquer conhecimento – e sem precisar ter este conhecimento – sobre qual dessas duas hipóteses de fato ocorreu. Como isso ocorre? Nas duas hipóteses aventadas, a elevação do preço do estanho desencadeia uma série de ajustes, envolvendo milhões de pessoas que desconhecem os elementos do processo como um todo.

---

55. 1980, p. 83

Lembre-se aqui da metáfora usada no primeiro capítulo: o problema alocativo é como um emaranhado de rios com insumos distribuídos entre vários usos e outros se juntando para a produção de cada bem. Hayek descreve como essa rede se transforma em algo inimaginavelmente complexo.

Trocando o exemplo fictício de estanho para uma pizza, para que ela chegue à sua porta, não basta evocar o entregador, o pizzaiolo, o forno, os ingredientes, a receita da minha avó que se modificou por gerações e se adaptou aos ingredientes locais. A linguiça foi produzida em Santa Catarina, e utiliza serviços veterinários de um profissional formado em Buenos Aires, câmeras frigoríficas foram importadas da China e envolvem tecnologia americana, além de uma peça criada por um engenheiro armênio que estudou em Moscou. O sujeito que desenhou a embalagem das lâmpadas utilizadas no porto de Santos, onde chegou esse equipamento, contribuiu para um jantar, sem ter ideia de que colaborou para que ele ocorresse. E isso seria apenas a fotografia. Imagine que o enriquecimento chinês elevou a demanda por alimentos para animais, que aumente os custos de utilizá-los em Santa Catarina. Que adaptações seriam exigidas? Existiriam insumos em outro local, seria possível aumentar sua produção ou teríamos que trocar a pizza de linguiça calabresa por uma de quatro queijos? Imagine agora se os milhões de pessoas envolvidas na produção da nossa pizza tivessem que colaborar de forma consciente. O grau de complexidade do sistema econômico seria drasticamente reduzido. Ou, em termos concretos, seria possível alimentar apenas uma fração minúscula da população mundial presente.

O sistema de preços funciona como um sistema de telecomunicações que coordena as atividades individuais, resultando em adaptações a mudanças constantes. O resultado da interação social sob o sistema de preços é um exemplo de formação de uma *ordem espontânea*, cujo estudo ocupará boa parte dos trabalhos posteriores de Hayek.

Não se trata, porém, de encontrar uma alocação perfeitamente eficiente de recursos, na qual os preços refletem todas as informações relevantes, como é frequentemente interpretado o artigo. É precisamente fora do equilíbrio que o sistema de preços é necessário. Em vez de tomadores de preços, em competição os agentes discordam dos preços vigentes, acreditando que podem fazer algo mais desejável ou a mesma coisa com custo menor. Suas hipóteses falíveis podem ser corroboradas ou refutadas pelo lucro ou prejuízo obtido, o que convida à revisão de suas hipóteses e de seus planos. Se nada de novo ocorrer, todas as mudanças endógenas e exógenas cessarem, é perfeitamente possível imaginar situações nas quais os preços de equilíbrio sejam iguais aos custos marginais. A questão relevante, por outro lado, compara na teoria pura a ordem espontânea imperfeita dos mercados com uma ordem planejada centralmente, ou ainda quaisquer outros arranjos institucionais, em termos da capacidade de gerar adaptações em um sistema econômico caracterizado pela mudança contínua. As firmas conheceriam as possibilidades técnicas sem que ocorra experimentação, com empresários inicialmente nutrindo conjecturas incompatíveis entre si? Esse tipo de consideração nos leva ao próximo artigo da sequência de textos dedicados ao tema.

Crítica à competição perfeita

Depois da exposição do problema do conhecimento, de seu caráter dinâmico e da maneira como o sistema de preços possibilita a correção de erros sem que os agentes compreendam as complexidades do problema alocativo, Hayek mostra como o entendimento da ordem espontânea dos mercados é prejudicado tendo em vista uma interpretação da teoria da competição perfeita baseada no cientismo.

Em *O Significado da Competição*, publicado no ano seguinte ao artigo que acabamos de revisar, Hayek examina a teoria da competição perfeita, centrada na análise de equilíbrio, contrastando-a com a noção de competição associada à perspectiva processual. Nesse artigo, seu autor nota que a teoria da competição perfeita exclui todas as atividades consideradas competitivas pelo senso comum, como variação de produtos, promoções ou disputa por credibilidade.

Ao se avaliar a competição no mundo real conforme os padrões da teoria da competição perfeita, realizar-se-ia uma extensão ilegítima da análise tautológica de equilíbrio para processos sociais que ocorrem no tempo, tal como explicitado nos dois artigos anteriores. Em particular, tal teoria ignoraria explicações sobre como os "dados" dos diferentes agentes se ajustam ao longo do tempo aos fatos objetivos da realidade. Ignoraria assim o problema do crescimento do conhecimento no mercado.

Com isso, a teoria da competição perfeita assumiria como existente um estado de coisas que apenas o processo competitivo poderia revelar. Ao tomar esse estado de coisas como certo, como dado, os elementos fundamentais da competição como um processo são desconsiderados na análise. Para Hayek, "A concorrência é, por natureza, um processo dinâmico cujas características essenciais são desconsideradas pelos pressupostos subjacentes à análise estática"[56].

---

56. 1980, p.101.

O pressuposto de conhecimento perfeito, em particular, considera "dado" aquilo que seria o fruto mesmo do processo competitivo, escondendo a verdadeira natureza desse processo. Por exemplo, assume-se que um produtor sabe de antemão qual é o menor custo para produzir um produto, quais são as necessidades dos consumidores e quais produtos que de fato atenderão tais necessidades. O consumidor, por outro lado, sabe quais são as alternativas disponíveis para seu consumo. Todo esse conhecimento, afirma Hayek, na verdade surge no processo competitivo, através da publicidade e de outras atividades competitivas.

A dificuldade, novamente, tem origem metodológica. Hayek é um dualista: sua concepção sobre o funcionamento dos mercados acomoda elementos subjetivos (preferências, conjecturas empresariais, expectativas, planos) e ao mesmo tempo elementos objetivos (a realidade externa à mente de cada um). A teoria econômica deve explicar a interação entre esses dois elementos[57], via um modelo de aprendizado. É inevitável que de uma forma ou outra o economista represente de alguma forma no modelo os elementos objetivos, que podem funcionar como obstáculos aos planos mentais. Supor sua existência, porém, não implica que saibamos sua forma exata. Esse erro é perene na história do pensamento econômico. O modelo ricardiano das vantagens comparativas, por exemplo, não autoriza ninguém a dizer que certo país tem vantagens na produção disto ou daquilo. O exemplo oferecido por Ricardo é uma explanação de princípio, com valores hipotéticos. Vantagens reais podem apenas ser reveladas através da competição real. Na produção

---

57. Ver meu prefácio em Hayek (2019), intitulado *A Economia das Ideias, do Mundo Externo e da Relação entre Eles.*

existem restrições técnicas, mas de forma alguma isso significa que essas são conhecidas. O conhecimento do analista não pode ser confundido com o do agente. Na economia de Hayek, os agentes precisam investigar a natureza e configurações particulares dos fatores externos.

O aspecto central da atividade competitiva, para nosso autor, se refere justamente a esse aprendizado. A competição seria a atividade na qual os agentes rivalizam na descoberta de quais são aqueles bens, preferências, custos e tecnologias mencionados; é uma atividade de solução de problemas[58], que ocorre através de um processo de aprendizado por tentativas e erros no mercado[59].

O aspecto central da competição, para Hayek, consiste nesse aprendizado sobre as formas de melhor atender as necessidades das pessoas[60]:

> O verdadeiro problema em tudo isto não é se obteremos mercadorias ou serviços *dados* a custos marginais *dados*, mas principalmente saber por intermédio de quais mercadorias e serviços as necessidades das pessoas seriam atendidas de forma mais barata. A solução do problema econômico da sociedade é, neste aspecto, sempre uma viagem de exploração ao desconhecido, uma tentativa de descobrir novas formas de fazer as coisas melhor do que foram feitas antes.

Em outros termos, o problema alocativo não se refere a fins e meios dados. Estes devem ser descobertos. Hayek coloca "dados" em itálico porque economistas inteligentes com

---

58. p. 96
59. p. 100
60. 1980, p. 101

frequência recaem no erro de transferir características do modelo para a realidade estudada, o que gera a ilusão de que fatores como custo seriam conhecidos pelas firmas, independente das instituições que definem direitos de propriedade. Nesse ambiente simplificado, um mercado é classificado como não competitivo conforme o preço cobrado se desvie, em termos percentuais, do custo marginal de produção.

Mas, se o conhecimento dos agentes (e dos reguladores!) for falível, saber o que produzir faz parte das coisas na verdade desconhecidas, que serão descobertas pelo processo competitivo, caso não se proíba que que esse ocorra.

A história da regulação revela muitos casos nos quais se buscou modificar a realidade da competição para se adequar com a descrição feita pelo modelo da competição perfeita. Nesse modelo, o produto é homogêneo. Faria sentido regulações que impõe essa homogeneidade? Estaríamos em um mundo com uma alocação mais próxima do ideal? Para Hayek tal proposta bloqueia o processo de descoberta ao impedir tentativas de descoberta. Para Hayek quanto mais "imperfeitas" (na verdade, complexas) forem as condições objetivas de um mercado, mais o processo competitivo é necessário e mais a competição se afasta do modelo competitivo tradicional. No mercado de um produto padronizado, ao contrário, no qual o conhecimento é mais difundido e certo do que em mercados mais complexos, existiria menor necessidade de um processo competitivo de descoberta.

Evolução e descoberta

A nossa sequência de artigos termina com *A Competição como um Processo de Descoberta*, uma palestra proferida em 1968 e publicada dez anos depois. Nesse artigo, veremos que o conhecimento não só é disperso, como também falível: a competição no mercado leva a um processo de correção de erros, modelo descrito em termos evolucionários.

Se a competição é um processo de descoberta, parte-se de uma situação inicial de ignorância dos dados. A competição, para Hayek, deve ser justificada precisamente porque não sabemos de antemão os fatos que determinam as ações dos competidores. Se os dados fossem previamente conhecidos, a competição seria inútil e desinteressante. A mesma coisa ocorre com testes ou competições esportivas: não tem sentido realizá-los se se conhece de antemão o resultado do jogo.

Dessa observação Hayek deriva duas conclusões fundamentais: **a)** a competição tem valor somente porque seus resultados são desconhecidos e diferentes daqueles que se poderia imaginar antes do processo competitivo e **b)** deve haver desapontamento de algumas expectativas para que os efeitos benéficos da competição ocorram. Vejamos mais de perto essas conclusões.

Da primeira afirmativa, Hayek deriva importantes conclusões metodológicas. Pode-se concluir que, nos casos interessantes, é impossível testar empiricamente a validade da teoria da competição. No caso interessante − no qual não sabemos o que será descoberto − é impossível avaliar quão eficaz seria a competição como processo de descoberta, pois não podemos avaliar hoje algo que não conhecemos e será descoberto amanhã. Por outro lado, numa situação artificial, em que já conhecemos o que foi descoberto, o teste da teoria subestima a realização da descoberta por considerá-la como dada.

Se não sabemos o que será descoberto, a teoria da competição não pode gerar previsões acuradas sobre o que ocorrerá. O mesmo ocorre com discussões metodológicas: não faz sentido rejeitar o modelo de crescimento do conhecimento por variação e seleção pelo fato de que ele é incapaz de prever que teorias prevalecerão ou de estabelecer que certa hipótese foi refutada. Em ambos os casos, pode-se no máximo realizar *previsões de padrões* (*pattern predictions*), tais como estudamos no capítulo anterior. No mercado e na ciência, tudo o que podemos almejar é descrever características gerais dos processos de aprendizado.

Com esta comparação entre ciência e mercado, Hayek ilustra a tese que enunciamos no primeiro capítulo sobre o tema unificador do programa de pesquisa do autor. Para Hayek, a competição no mercado e o processo do crescimento do conhecimento na ciência são métodos semelhantes de descoberta. O que se descobre, porém, é diferente em sua natureza: fatos genéricos, na ciência e fatos sobre situações particulares de tempo e lugar, nos mercados. Esse paralelismo surge naturalmente se tivermos em mente o problema do conhecimento de Hayek, que trata da relação entre "dados" subjetivos e realidades subjacentes do mercado. Em ambos os casos existem pessoas (cientistas, empresários) procurando entender o mundo.

A competição no mercado seria então um processo de descoberta de fatos concernentes a situações particulares de tempo e lugar. Para estudar a natureza desse processo competitivo, Hayek utiliza a distinção entre cataláxia e o conceito original de economia, a forma como na Grécia antiga se referia à administração do patrimônio familiar. A economia seria "uma organização ou arranjo no qual alguém deliberadamente aloca recursos a uma ordem única de fins", enquanto a cataláxia se refere a uma ordem espontânea na qual ocorre a interação entre indivíduos com suas escalas de prioridades diversas.

Para Hayek, não se pode avaliar uma cataláxia segundo os critérios com que se avalia uma economia, pois em uma cataláxia não se alocam recursos conforme uma escala de valores única. Enquanto numa economia o conhecimento do organizador é o relevante e os demais membros seguem o plano do primeiro, numa cataláxia utiliza-se o conhecimento disperso de todos os agentes, segundo seus propósitos diversos. A competição numa cataláxia, portanto, não pode ser avaliada conforme critérios de optimalidade: não se pode dizer que a cataláxia tenha um propósito. Em seu lugar, Hayek propõe como critério de avaliação a eficácia com que os membros da cataláxia realizam seus objetivos. Nas palavras de Hayek (1978:258), "as chances para qualquer indivíduo escolhido aleatoriamente atinja seus fins tão efetivamente quanto possível". Ou ainda, a competição na cataláxia aumenta a coordenação entre as atividades dos seus membros.

Chegamos agora à conclusão (b) – referente a frustração das expectativas. Para Hayek, a competição não leva a um estado de equilíbrio, no qual tudo já foi descoberto e a competição cessa. O processo competitivo, ao contrário, leva a uma ordem espontânea de mercado, no qual existe um mecanismo de correção de erros e de ajustes, como no exemplo do estanho. O mercado, como já tinha identificado Adam Smith com sua metáfora da mão invisível, seria para Hayek um sistema auto-organizável que leva à um padrão de coordenação das atividades individuais. A frustração de algumas expectativas no processo competitivo e a correção destes erros constituem um mecanismo de retroalimentação negativa que leva a uma posterior convergência das expectativas. Essa convergência surge do processo de correção de erros. O processo se inicia, contudo, do conhecimento divergente e provavelmente errôneo dos agentes.

A crítica ao planejamento central socialista

No conjunto de quatro artigos estudados acima, a competição foi caracterizada como um mecanismo de correção do conhecimento falível dos agentes. Disso resulta a emergência de uma ordem espontânea na qual se manifesta certo grau de coordenação de planos e adaptação a mudanças.

Esse retrato sobre o funcionamento dos mercados foi motivado por dois debates teóricos nos quais Hayek se envolveu. O primeiro deles se refere ao planejamento central socialista. Seria possível alocar recursos escassos a fins alternativos na ausência de mercados? A segunda fonte de inspiração foram as reflexões sobre a fundamentação de teorias dos ciclos em termos da ação individual ocorrida nas décadas de 1920 e 1930 do século XX. Na macroeconomia contemporânea, fala-se de microfundamentação da teoria. Seria possível conciliar o conceito de equilíbrio com os distúrbios que ocorrem durante o ciclo de alternância entre aquecimento e crise econômica? O primeiro debate trataremos nesta seção. O segundo, deixaremos para o próximo capítulo.

Cronologicamente, a controvérsia sobre o cálculo econômico no socialismo antecede e inspira a articulação hayekiana de suas ideias sobre o funcionamento dos mercados e a competição, em termos de uma teoria de processo. Mas como esta última fundamenta a discussão sobre o socialismo, a exposição da postura de Hayek sobre esse último tema é facilitada se adotarmos ordem de exposição escolhida. Em essência, para o autor, a busca por uma alocação racional de recursos no socialismo a partir do uso da teoria da competição perfeita ignoraria aspectos da competição em mercados reais que não são tratados pela teoria da competição. A tentativa de replicar o modelo no mundo real seria responsável pelo erro de considerar como dado aquilo que na verdade é fruto da competição vista como um processo de rivalidade empresarial.

O socialismo de mercado

Novamente, é necessário situar historicamente o debate[61] antes de abordar a crítica de Hayek ao conceito de "socialismo de mercado", cujos modelos propõem o uso de sistemas artificiais de preços, ou seja, preços que não são formados em mercados reais.

Autores socialistas historicamente tomam a estrutura da produção como dada. As primeiras sugestões de socialismo tratam da gestão e partilha de resultados ou em comunidades pequenas ou de empreendimentos já existentes. Tampouco Marx, que classifica essas análises como utópicas, investiga o funcionamento do sistema econômico socialista, algo que seria apenas revelado ao longo do processo de transformação econômica da sociedade, cujas leis históricas pretende descortinar com suas teorias. Como essas teorias, no que se refere a seu aspecto econômico, são derivadas de um modelo macroeconômico agregado, herdado de David Ricardo, as questões relativas ao que, quanto, onde, como e quando produzir parecem problemas triviais, dos quais apenas os "economistas vulgares" se ocupariam.

No mundo imaginado por Marx e Engels, as categorias analíticas criadas pelos economistas, como valor, custo, lucro, juro, salário e assim por diante, seriam aplicáveis apenas

---

61. Para uma história completa do debate, desde seus precursores no século XIX até os modelos que contemplam assimetria de informação no final do século XX, consulte Barbieri (2013).

ao período que corresponde ao que ele chama de modo de produção capitalista. Seriam irrelevantes no socialismo do futuro, no qual desapareceriam propriedade privada de bens de capital, mercados e preços.

A passagem do tempo, porém, tornou real a tomada de poder por parte de socialistas, que continuavam sem saber como proceder em termos econômicos. Lenin, às vésperas de seu golpe de estado, acreditava que a produção poderia ser organizada segundo os moldes do correio e que capitalistas não exerceriam qualquer função econômica, uma vez que a gestão de empreendimentos se reduziria ao registro e controle de processos físicos.

A transformação da teoria econômica a partir da revolução marginalista, porém, modificou a forma como entendemos o objeto de investigação dessa disciplina. Como relatamos em nosso esboço dessa evolução no primeiro capítulo, a capacidade de gerar riqueza passou a ser entendida em termos do problema da escolha sobre o que fazer quando os meios não são bastantes para atender todos os fins imaginados, ou seja, quando há escassez.

A menos que acreditemos em um cenário retirado do universo Star Trek, no qual podemos obter qualquer coisa a partir de máquinas replicadoras, que materializam instantaneamente as xícaras de chá Earl Grey do Capitão Picard, o problema econômico se faz presente em qualquer sistema econômico. Por mais que o referido personagem diga que a economia do futuro seja diferente, que as pessoas de sua época, mais evoluídas, não mais buscariam riqueza, os seres humanos ainda não são imortais e o tempo portanto continua escasso. O personagem de fato sempre corre para buscar algum objetivo ainda não alcançado. Mas, se não existe escassez em seu universo, por que uma ameaça externa não seria enfrentada por um número mil vezes maior de espaçonaves? Assim, nem na ficção científica é possível imaginar um cenário coerente no qual o problema econômico fundamental não se manifeste.

O socialismo, em particular, também deve lidar com a escolha diante da escassez. Isso, por sua vez, implica que categorias como valor, custo de oportunidade e ganho são universais, como mostramos quando nos referimos a Wieser e Böhm-Bawerk no primeiro capítulo. O problema da similitude formal entre economias socialistas e de mercado formulado por esses e outros autores marginalistas rejeitam a tese historicista presente no pensamento marxista.

Se o problema alocativo for universal, seria natural perguntar como ele seria tratado no socialismo. A partir de 1920 Ludwig von Mises na Áustria, Max Weber na Alemanha e Boris Brutzkus na Rússia formularam a tese de que o socialismo não seria possível economicamente, uma vez que a abolição da propriedade privada sobre bens de capital implica na inexistência de mercados para esses bens, sem os quais não teríamos um processo de formação de preços que reflitam as avaliações descentralizadas dos agentes sobre usos alternativos dos recursos, preços esses que possibilitam nos mercados a realização do cálculo econômico, ou comparação entre valores e custos de diferentes empreendimentos.

O desafio proposto por Mises reflete o referencial analítico austríaco. Dentre as infinitas possibilidades de combinação de recursos ao longo do tempo, qual delas um empresário deveria seguir, tendo em vista sua estimativa sobre a utilidade futura daquilo que ele ofertaria quando o projeto maturar, quanto a sociedade estaria disposta a esperar e quais são as demais coisas úteis que poderiam ser feitas com os recursos comprometidos com o projeto. Segundo Mises, embora preços sejam imperfeitos, pois não consideram fatores como a utilidade de coisas não transacionadas, ainda assim é possível realizar estimativas de receita esperada, de custos associados a várias alternativas técnicas e como as pessoas comparam bens presentes e futuros. Esses valores constituem o que ele denomina cálculo econômico nos mercados, que trazem algum grau de racionalidade às escolhas tendo em vista o problema alocativo em um ambiente em constante mudança. Pois bem, pergunta Mises, o que no socialismo substituiria a atividade empresarial? Como, sem mercados e preços, escolhas alocativas seriam feitas que refletissem custos? Embora prometa trazer racionalidade ao sistema econômico, o socialismo na verdade traria seu oposto, pois as decisões seriam tomadas como se estivessem a navegar sem a bússola do sistema de preço em um mar enevoado de possibilidades cambiantes.

Socialistas de formação marxista não prestaram muito atenção ao desafio. Como o problema alocativo não é central nessa tradição, a produção não é problematizada e a estrutura do capital é dada. Mises se deparou nos anos 1920 com propostas de substituição de cálculo monetário por medidas em energia ou quantidade de trabalho, que na verdade não constituem resposta ao problema.

Na década seguinte, porém, economistas familiarizados com a teoria moderna aceitaram o desafio. Embora reconheçam o problema alocativo, esses economistas rejeitam a tese de que um sistema de preços dependa de mercados reais, propondo então modelos de "socialismo de mercado" nos quais preços puramente contábeis seriam usados nas decisões alocativas, mas sem que os agentes fiquem ricos ou pobres como resultados dessas decisões.

Esses modelos, porém, não fizeram referência ao problema tal como exposto por Mises. Pelo contrário, buscaram replicar no socialismo um estado de coisas equivalente à noção de equilíbrio eficiente, tal como existiria no modelo de competição perfeita.

Um desses economistas, Henry Dickinson chega a afirmar[62] que a bela teoria econômica desenvolvida por autores como Böhm-Bawerk, Wieser, Marshall e Cassel não seria uma descrição dos imperfeitos mercados reais, mas "uma visão profética de uma economia socialista do futuro".

Como uma ironia, o futuro do socialismo passaria então a depender do realismo da teoria da competição perfeita, no sentido de que embora ainda não represente o mundo real, seria capaz de fazê-lo no futuro. Este desenvolvimento ilustra perfeitamente a discussão do capítulo passado sobre como interpretar em termos metodológicos teorias sobre fenômenos complexos em contraste com os erros do cientismo, em particular a confusão entre conhecimento dos agentes e do analista.

A sucessão de modelos de socialismo de mercado apresenta um padrão interessante. Cada modelo proposto substitui aspectos particulares dos mercados reais por esquemas inspirados pela teoria, ao passo que as críticas salientam aqueles elementos do mundo real que ficaram de fora dos modelos, aspectos estes que são de algum modo incorporados no próximo. A repetição desse processo, porém, leva a modelos cada vez mais descentralizados, que dificilmente poderiam ser classificados como socialistas por seus defensores. Apresentaremos um resumo bem breve das tentativas de resposta ao argumento de Mises.

A primeira tentativa de resposta ao desafio misesiano é conhecido como a solução matemática. Dickinson, seu defensor, acredita que a complexidade do sistema econômico seria uma

---

62. 1933, p. 247

ilusão provocada pela existência de segredos industriais presentes nas economias de mercado, que desapareceria quando não houver mais competição.

Segundo essa proposta, um órgão de planejamento central deve coletar informações sobre os fundamentos da economia – preferências, disponibilidade de recursos e possibilidades técnicas de produção. Essas informações obteriam ampla publicidade. Os dados estatísticos obtidos pelo órgão seriam utilizados para alimentar as equações descritas pela teoria de equilíbrio geral, que descrevem o comportamento dos consumidores, das firmas, da igualdade entre preço e custo e entre demanda e oferta. Não mais na imaginação abstrata do teórico, mas agora na realidade, teríamos acesso a essas equações. Com base nelas, poderíamos utilizar a matemática para encontrar um conjunto de preços e quantidades de equilíbrio que guiariam as ordens do planejador central.

A segunda tentativa, associada aos nomes de Fred Taylor e Oskar Lange, dispensa a coleta centralizada de dados e a solução matemática em favor de processos de ajustes de preços por tentativas e erros. Nessa classe de proposta, o órgão de planejamento central funcionaria como a figura imaginária do leiloeiro walrasiano da teoria do equilíbrio geral, que ajusta os preços das mercadorias conforme ocorra excesso de demanda ou oferta por esses bens. Partindo de uma lista arbitrária de preços, o planejador pergunta às firmas quanto elas demandariam de cada fator e quanto ofertariam de seus produtos. Esses valores seriam computados e os preços reajustados de acordo. Que diretrizes as firmas seguiriam? Segundo Lange, as firmas escolhem quanto produzir e quanto usar de insumos de modo a minimizar o custo médio de produção dos bens, assim como ocorre no equilíbrio em competição perfeita. Para Lange, os mercados seriam como computadores primitivos que promovem o encontro entre demanda e oferta. Quanto poupar e investir e que inovações implementar, por outro lado, ainda ficariam a cargo do órgão de planejamento central. Para ele, o fato de que firmas não precisam proteger seus investimentos passados faria com que a inovação fosse maior sob centralização do que em mercados livres.

Abba Lerner não propõe um esquema particular, mas corrige o modelo anterior. Para alcançarmos eficiência alocativa, não importa minimização de custos médios. A regra que deveria ser utilizada exige apenas que o preço dos produtos seja igual ao seu curso marginal, assim como descrevemos em nosso resumo da teoria econômica no início do capítulo. Para esse autor, o reconhecimento do argumento da similitude formal equivale a dizer que também o socialismo é viável, independentemente das instituições. Considerações sobre incentivos seriam considerações meramente sociológicas, não econômicas. Também para esse autor uma direção centralizada seria mais racional: um general no alto da colina enxerga mais do que o soldado raso na luta corpo a corpo.

O terceiro esquema proposto, associado a Evan Durbin, descentraliza ainda mais o socialismo de mercado, abdicando da fixação central dos preços. Estes seriam determinados pelos cartéis responsáveis por cada segmento econômico, em qualquer momento que as condições econômicas se alterem. Esses cartéis continuariam a fixar preços segundo regras estabelecidas centralmente. Durbin prefere minimização de custos médios à regra que iguala preço ao custo marginal, pois deveriam existir incentivos à não ocorrência de déficits. Lerner discorda disso: aceitar que incentivos importam seria equivalente a ceder ao argumento de Mises.

Esses foram os modelos da fase inglesa do debate, que ficou dormente por algumas décadas. A teoria econômica, nesse meio termo, voltou a incorporar a discussão de incentivos, a partir de diversas perspectivas, incluindo a teoria da assimetria de informação. Nos anos 1990 surgiram novas propostas de socialismo de mercado que passaram a incorporar incentivos. Nessas propostas, o socialismo passa a acomodar desde bolsas de valores quanto aglomerados de firmas interligadas e associados a um banco, algo inspirado pelo modelo dos *keiretsu* japoneses. Nessas propostas, a gerência das firmas é sujeita a incentivos para obedecer aos interesses do grupo, não deles próprios, sob pena de demissão ou redução do valor das ações. Porém, tampouco nesses modelos os agentes poderiam enriquecer: ações seriam redistribuídas e a renda financeira não poderia ser gasta em nada que não fossem bens de consumo, entre outros esquemas. As instituições seriam "desenhadas" para alinhar incentivos, de modo que os agentes se esforcem em vez de fazer corpo mole. Isso, por sua vez, nos leva de volta à crítica mais comum ao socialismo encontrada no século dezenove antes da revolução marginalista.

Por fim, considerações críticas a esses modelos foram feitas a partir do ponto de vista dos defensores da teoria da escolha pública, que investiga o comportamento dos agentes na esfera política também supondo que políticos e funcionários públicos também são auto-interessados e respondem a incentivos. Para esses críticos, gestores jamais seguiriam linhas supostamente técnicas de ação se estas contrariassem os interesses e perspectivas daqueles que comandam um sistema econômico centralizado. No capítulo cinco veremos como Hayek trata dessas questões em seu *O Caminho da Servidão*.

A crítica de Hayek

A ideia de socialismo de mercado discutida acima foi criticada em Londres por Hayek e Lionel Robbins, além, é claro, pelo próprio Mises em alguns de seus escritos posteriores.

Os três autores reagiram da mesma maneira: a teoria utilizada para explicar o funcionamento dos mercados não basta para substituir ou controlar o fenômeno competitivo em toda sua riqueza. Podemos aqui falar na existência de uma assimetria entre ,por um lado, explicação e ,por outro, previsão e controle quando tratamos de fenômenos complexos. Hipóteses explanatórias são gerais, sem especificar os detalhes que seriam necessários para o controle do fenômeno.

Mises, por exemplo, observa que a teoria da competição não fornece nenhum guia para a ação fora do equilíbrio, ambiente no qual o problema é originariamente exposto. Para ele, o ponto central do argumento se refere aos mercados de capital, nos quais ocorre divergência a respeito do futuro de diferentes projetos. Em *Ação Humana*, Mises[63] direciona aos economistas modernos a mesma crítica que fizera a Lenin:

> O erro fundamental implícito nesta ou em propostas semelhantes é o de contemplar a realidade econômica do ângulo de um funcionário subalterno cujo horizonte não ultrapassa tarefas menores. Consideram a estrutura da produção industrial e a alocação de capital aos vários setores de produção como algo rígido, e não se dão conta da necessidade de alterar essa estrutura a fim de ajustá-la às mudanças de condições.

Ao contrário de Mises no início do debate, Robbins e Hayek dialogam nessa nova fase com economistas marginalistas.

---

63. 2010a, p. 805.

Isso, naturalmente, afeta a forma como os argumentos são expostos. O que antes do debate era visto como duas formas de apresentar a mesma teoria, agora divide economistas em campos opostos. Das incompreensões mútuas sobre o que está sendo dito, articula-se de fato as diferenças teóricas entre os pontos de vista de processo e de equilíbrio.

Hayek participa do debate de diferentes maneiras. Edita uma coletânea de artigos sobre o assunto, que é publicada em 1935 como *Planejamento Econômico Coletivista*. Essa obra reúne dois ensaios do próprio Hayek, além de outros quatro artigos sobre o tema, incluindo a tradução do artigo original de Mises. Além desse volume, prefacia e publica no mesmo ano uma tradução do livro de Boris Brutzkus. Alguns anos mais tarde, quando além da proposta matemática, também aquela baseada em tentativas e erros é publicada, Hayek escreve outro artigo crítico[64].

O primeiro artigo de Hayek, *A Natureza e História do Problema*, é a primeira das diversas histórias do debate, introduzindo o tema em inglês. O texto inicia com a observação de que o desejo de moldar conscientemente a economia não foi acompanhado pela discussão de como isso seria feito em termos econômicos. Antes de Mises, o socialismo era discutido principalmente em termos psicológicos e éticos: as pessoas realmente fariam aquilo que é o justo? O problema alocativo, porém, não era percebido, como se a produção fosse uma questão meramente tecnológica. Hayek nota que "tentar obter o maior resultado a partir de meios dados" aparenta descrever tanto a abordagem técnica quanto a econômica[65].

---

64. Os três artigos foram reproduzidos em Hayek (1980).

65. 1980, p. 121

Hans Mayer, o economista que obteve em vez de Mises uma posição na Universidade de Viena, distinguia a natureza dos problemas técnico e econômico: o primeiro envolve a escolha de múltiplos meios contemplando um único fim, ao passo que o segundo requer repartir meios escassos quando os fins são múltiplos, argumento repetido por Robbins (1932) em seu tratado metodológico. O fato de que escolhas superiores tecnicamente são barradas por escolhas economicamente superiores é fonte constante de irritação para o racionalista ingênuo, fato porém facilmente explicável quando considerarmos que um insumo raro deve ser alocado para seu uso mais valorizado. Hayek, de fato, nota que "...para a maioria o engenheiro é a pessoa que de fato faz as coisas e o economista o indivíduo odioso que, a partir de sua escrivaninha, explica porque os esforços bem-intencionados do primeiro são frustrados"[66].

Hayek narra em seguida como a postura anti-teórica presente no historicismo alemão e em particular a influência marxista sobre o pensamento socialista eclipsaram a consideração pelo exame da economia do socialismo. Examinar a natureza do socialismo, para Marx, seria algo "anticientífico". Os economistas, a despeito disso, mostraram que o problema da escolha econômica também se manifesta no socialismo, o que nos leva à tese de Mises, Weber e Brutzkus sobre a impossibilidade do cálculo econômico na ausência de preços de mercado.

Em *O Estado do Debate*, Hayek critica o socialismo de mercado, cujas propostas ainda estavam em processo de elaboração. Em vez de enfatizar as diferenças teóricas entre sua perspectiva austríaca de processo com a abordagem pura de equilíbrio, diferenças essas que foram explicitadas precisamente a partir

---

66. 1980, p. 124.

desse debate, Hayek oferece objeções à tentativa de solução matemática do problema que, para os defensores do socialismo, pareceram ser de natureza meramente prática. Articular as diferenças entre abordagens é algo que Hayek faz nos artigos que mencionamos no início deste capítulo.

Lembrando: na "solução matemática" um órgão de planejamento central coleta informações sobre preferências, tecnologias e recursos e essas informações alimentam as equações da teoria do equilíbrio geral, gerando preços e alocação de recursos, sem que se discuta explicitamente com que frequência esse tipo de cálculo deveria ser repetido.

A objeção mais óbvia ao modelo diz respeito à quantidade enorme de informações necessárias, se considerarmos que as grandezas inventariadas não seriam em absoluto homogêneas. Quanto às preferências, o planejador não poderia agregar classes de bens fisicamente semelhantes, mas considerar um *continuum* de diferenciações que fornecem a base para adaptações constantes nos mercados reais. Tampouco o conhecimento técnico seria homogêneo, diferindo localmente. Além disso, nota Hayek, boa parte do conhecimento disperso é de natureza tácita, como por exemplo habilidades adaptativas das firmas, o que impede sua transmissão a um órgão central[67].

Hayek discute também a transmissão de informações entre centro e periferia do sistema hierárquico e os atrasos envolvidos, em comparação com um sistema descentralizado de ajustes. Além da heterogeneidade do mundo, que inviabiliza a coleta de dados, mesmo numa economia simples, com quantidades modestas de bens, pessoas e técnicas, seria necessário alimentar um número gigantesco de equações descritas pela teoria. Depois

---

67. 1935, p. 210.

desse esforço imenso de coleta de dados, os preços gerados pela solução do sistema linear de equações se tornariam obsoletos no instante que forem obtidos: as mudanças não cessam e ainda existe atraso na comunicação das instruções para a firma.

O modelo aparentemente mais descentralizado de ajustes nos preços por tentativas e erros sugerido por Fred Taylor, por sua vez, não poderia contar com preços herdados das economias de mercado, pois a mudança radical nas instituições com certeza representa alterações significativas nos dados da economia, como por exemplo as rendas individuais. Hayek duvida ainda da possibilidade de convergência a um equilíbrio tendo em vista que ajustes de preços particulares sempre implicariam em alterações nos outros mercados. Aqui, independentemente dos desenvolvimentos posteriores sobre existência, unicidade e estabilidade do equilíbrio geral, a questão repousa na frequência com a qual reajustes nos preços seriam requeridos. Hayek exige uma quantidade de ajustes apenas compatível com a alternativa institucional descentralizada com a qual a comparação é feita, isto é, com mercados reais e não em termos de obtenção de uma alocação ótima de Pareto.

A introdução de precificação descentralizada também foi criticada, antes de que Durbin publicasse sua proposta. Seja na forma de monopólios setoriais, seja na possibilidade de firmas competindo em cada setor, não seria possível tornar operacionais regras que ditem que preços deveriam ser estabelecidos tendo em vista os valores dos custos marginais ou médios de produção de um bem. Nesse ponto, aparece de forma mais explícita a tese hayekiana de que a teoria de equilíbrio competitivo supõe conhecidas informações que seriam na verdade fruto do processo. Para Hayek, "Fazer com que um monopolista cobre o preço que prevaleceria sob a concorrência, ou um preço que seja igual ao custo necessário, é impossível, porque o custo competitivo ou necessário não pode ser conhecido a menos que haja concorrência"[68].

Nesse ponto, Hayek formula exemplos que fogem do cenário de equilíbrio competitivo, pois nesses cenários a natureza subjetiva dos custos se torna explícita. Em uma situação sujeita a mudanças contínuas, se um processo produtivo não é repetido devido à especificidade do capital, o custo de oportunidade de uma decisão depende das avaliações subjetivas do decisor sobre qual seria o custo. Como saber então se as regras sobre custos foram cumpridas? A competição real entre firmas envolve desacordo, que na competição real se manifesta nos mercados de capitais, assim afirmara Mises. Fora do equilíbrio existem opiniões contrastantes sobre o valor gerado em alternativas e portanto o custo de oportunidade de uma escolha pode ser diferente para cada agente[69]. Para Hayek, a introdução de competição entre várias firmas em um mesmo setor nesse tipo de socialismo de mercado envolveria os mesmos custos do que soluções centralizadas se o sistema de lucros e prejuízos tiver que ser substituído por controles baseados em regras inauditáveis sobre a natureza dos custos.

O terceiro texto de Hayek sobre o assunto que mencionaremos, *A Solução Competitiva*, surge alguns anos mais tarde em resposta à proposta de solução por tentativas e erros feita por Oskar Lange. Nesse artigo, Hayek rejeita a afirmação feita por Lange de que ele e Robbins teriam apresentado objeções de natureza apenas práticas contra o socialismo. Na interpretação

---

68. 1935, p. 22.

69. Buchanan (1993) explora as consequências derivadas da natureza subjetiva dos custos. Ver também os ensaios reunidos por Buchanan e Thirlby (1981).

alternativa de Hayek, teriam sido os socialistas de mercado que teriam, na prática, recuado do ideal de planejamento central.

Os problemas metodológicos derivados da confusão entre o conhecimento teórico do economista e o conhecimento prático do agente que estudamos no capítulo dois nos leva aqui à curiosa afirmação segundo a qual o socialismo seria viável na teoria, mas talvez não na prática. Enunciar o problema da similitude formal entre sistemas não equivale, para Hayek, que o problema do socialismo admita solução teórica. Exceto em um sentido puramente subjetivo, mostrar que toda decisão tem um custo não implica que esse custo seja reconhecido e determinado. As observações críticas de Hayek não contestariam aspectos lógicos da teoria dos preços, mas sua relevância para tratar do problema tal como proposto por Mises. Essas considerações levam então o autor a discutir de forma mais explícita as diferenças entre as abordagens.

Em um mundo com dados constantes não seria difícil imaginar uma configuração de preços que não precisa ser revisada constantemente. Dickinson e Lange se preocupariam excessivamente com o equilíbrio estacionário, o que os teria afastado do problema relevante. Nas palavras de Hayek, "o problema prático não é se um método específico resultaria em um equilíbrio hipotético, mas qual método assegurará o ajustamento mais rápido e completo às condições em mudança diária em diferentes locais e diferentes indústrias"[70].

Uma série de objeções são elencadas, todas elas relativas a situações que escapam da situação existente em um equilíbrio competitivo. Hayek nota que os dois autores são ambíguos sobre a frequência necessária dos ajustes, refletindo a crença

---

70. 1980, p. 188.

na natureza estática do problema. Ajustes em mercados reais, por outro lado, ocorrem continuamente, sem os atrasos inerentes à comunicação ao longo de rede hierarquizada. A complexidade do espaço de bens possíveis, que são sujeitos a experimentação nos mercados, também desaparece quando se agrega mercadorias sob categorias agregadas arbitrárias. Dada a natureza do conceito de custos, mesmo administradores altamente motivados não seriam capazes de seguir as regras ditadas pelo modelo. Curvas de custo não seriam dadas de forma pronta: como minimizá-los depende, nos mercados, da experimentação com alternativas. Empresários acreditam que podem, em ambiente em mudança, arriscar e encontrar formas mais baratas de produzir. Essas hipóteses são testadas, por exemplo, com o auxílio de experimentação com preços proibida pelos modelos. Gerentes com conhecimento local, pergunta o autor, deveriam mesmo agir como tomadores de preço? Ou seja, deveriam ser proibidos de agir segundo seus pontos de vista, diferentes das crenças dos demais? Não poderiam estocar um insumo que acreditam que se tornará mais escasso no futuro próximo?

Aparece aqui novamente a concepção de competição como um processo de descoberta. Segundo[71]:

> O que se esquece aqui é que o método que, em determinadas condições, é o mais barato é algo que tem de ser descoberto, e a ser descoberto de novo, por vezes, quase diariamente, pelo empresário, e que, apesar do forte incentivo, não são de forma alguma os empresários estabelecidos, os responsáveis pela fábrica existente, que descobrirão qual é o melhor método.

---

71. Hayek, 1940, p. 196.

Em um breve artigo escrito nos anos 1980 sobre o modelo de Lange, Hayek afirma[72] que empresários não trabalham com funções de produção abstratas descritas pela teoria, isto é, equações descrevendo a quantidade máxima que se pode obter de um bem a partir de qualquer combinação de insumos, "... mas aprenderá com a experiência como, em qualquer momento, as variações nas qualidades ou nas quantidades relativas dos diferentes fatores de produção que utiliza afetarão a sua produção". Mais uma vez nos deparamos com a confusão entre conhecimento abstrato do teórico e o conhecimento prático do agente que Hayek critica em seus escritos metodológicos.

Isso nos leva de volta a opinião de Mises, para quem o cerne da questão repousa nos mercados de capital. Também para Hayek essa seria a maior fraqueza do modelo de Lange, que de fato supõe um órgão centralizado de gerência de inovações. Não escapa portanto da objeção de que seu autor suponha planejadores oniscientes. Cada melhora dependeria de convencer os planejadores sobre a viabilidade dos novos métodos.

Para os austríacos, em contraste, a essência da competição consiste em que os empresários sejam não tomadores de preços, mas críticos dos preços vigentes. Isso, por fim, retoma o modelo falibilista de crescimento do conhecimento que descrevemos no capítulo anterior, o qual afirma que progresso requer diversidade e crítica. Seria possível em uma estrutura centralizada experimentar soluções que contrariem as teses nutridas pelos dirigentes supremos? Dificilmente. Mas, se sim, o que restaria na proposta de planejamento central?

---

72. 2022, p. 449

CAPÍTULO 4

Flutuações econômicas: moeda e capital

"O que deveríamos ter aprendido é que a política monetária é, provavelmente, muito mais uma causa do que uma cura das depressões, pois é muito mais fácil, por ceder ao clamor pelo dinheiro barato, causar as distorções da produção que tornam inevitável uma reação posterior, do que ajudar a economia a livrar-se das consequências do estímulo exagerado em determinadas direções. A instabilidade no passado da economia de mercado é consequência de o dinheiro, o mais importante regulador do mecanismo de mercado, ter sido ele mesmo excluído da regulação pelo processo de mercado".

Desestatização do Dinheiro

O capítulo anterior tratou da coordenação de planos nos mercados. Embora os austríacos enfatizem o processo, a ação empresarial, o equilíbrio é um conceito importante para entendermos o aprendizado, ou a forma como os planos individuais se adaptam às mudanças econômicas: não basta imaginar um futuro, as ações devem ser de algum modo congruentes com as preferências alheias, recursos e possibilidades técnicas. Entendido como uma ferramenta para explicar a economia, não para a controlar, o equilíbrio é importante para descrever a natureza dos ajustes que devem ser feitos caso nenhuma nova mudança ocorra.

Neste capítulo, estudaremos outro aspecto da ênfase austríaca no fator tempo. Trata-se do capital, cuja presença aumenta significativamente a complexidade do problema alocativo. A consideração pela forma como a produção se distribui ao longo do tempo abre espaço para o fenômeno de descoordenação de planos que se manifesta ao longo das flutuações econômicas. Para Hayek, os ciclos econômicos seriam explicáveis por distúrbios de origem monetária. Aumentos na quantidade de dinheiro afetam preços relativos, que por sua vez influenciam a produção, estimulando certos setores de forma insustentável, o que provoca as recessões que ocorrem na sequência. Esses fenômenos fazem parte das teses "macroeconômicas" desenvolvidas pelo autor, que constitui o tema deste capítulo.

A introdução do elemento temporal requer que tratemos mais de perto a moeda e o capital. No início da carreira de Hayek, em meio aos distúrbios provocados pela Primeira Guerra Mundial e o financiamento de seus gastos, os economistas discutiam qual seriam as instituições monetárias mais adequadas durante a reconstrução das economias. O inflacionismo ou "nacionalismo monetário" associado ao enfraquecimento do padrão-ouro convivia com propostas de política monetária voltadas à estabilização do nível de preços. Ao tratar desses temas, Hayek defende a tese de que políticas monetárias de estabilização não seriam "neutras", alterando apenas o nível de preços, mas afetariam as direções tomadas pela atividade produtiva. Hayek desenvolve a partir disso a teoria austríaca dos ciclos econômicos (TACE), esboçada anteriormente por Mises.

O elemento característico da TACE é sua fundamentação na teoria austríaca do capital, que investiga a estrutura temporal da produção. A explicação dos ciclos será dada em termos das distorções nessa estrutura provocada por fatores monetários, em particular a expansão do crédito.

Se distúrbios monetários causam as crises, torna-se crucial o estudo da moeda. Sendo assim, depois de se dedicar na segunda metade de sua carreira ao estudo da evolução das instituições, Hayek propõe a adoção de normas que promovam a competição entre moedas, em substituição ao caráter monopolista dos arranjos monetários vigentes. Surge disso sua inovadora proposta de desnacionalização do dinheiro. A introdução da competição no sistema monetário, por sua vez, fornece uma base teórica para a discussão contemporânea das criptomoedas.

Hayek escreve extensamente ao longo de sua vida sobre moeda, capital e ciclos, incluindo suas polêmicas com defensores de explanações rivais, notadamente as de Keynes, tanto em um plano teórico quanto em discussões sobre políticas econômicas específicas. A chegada nos anos 1970 do "longo prazo" no que se refere às consequências das políticas keynesianas, ou seja, a inflação aliada à estagnação e ao déficit público crônico, de fato levou Hayek a retomar os temas macroeconômicos estudados no início de sua carreira. Como nosso interesse repousa mais nas teorias de Hayek do que na análise de conjuntura econômica, neste capítulo nos concentraremos na exposição da teoria dos ciclos e na proposta de um sistema monetário descentralizado.

Já descrevemos como em uma economia os recursos continuamente se deslocam de um uso para outro, mediante alterações nos preços, conforme ocorram mudanças. Por se tratar de um fenômeno complexo, não poderíamos esperar que o crescimento econômico, expresso por um aumento no nível agregado de atividades, experimente uma taxa constante de variação. Pelo contrário, a evolução da economia ao longo do tempo envolve flutuações. Estas podem ser provocadas por uma sucessão de circunstâncias não necessariamente relacionadas, como inovações tecnológicas, quebras de safras ou crises políticas. Entretanto, podemos ainda conceber a ocorrência de ciclos econômicos. Estes são flutuações provocadas por fatores que explicam a alternância entre períodos de aquecimento e crises.

O conceito de ciclo não requer uma periodicidade constante, como acreditam alguns críticos das teorias sobre o fenômeno. No passado, o peso na economia da atividade agrícola poderia concebivelmente dar origem a ciclos regulares de onze anos, associados às manchas solares que afetam as safras, tal como sugerido por Jevons, um dos pioneiros da revolução marginalista. Schumpeter, inspirado pelos trabalhos no século dezenove do economista francês Clément Juglar, identifica ondas cíclicas de diferentes comprimentos, associados a diferentes causas.

No entanto, é possível imaginar que recessões sejam explicáveis por fatores contidos na fase de expansão prévia, sem que isso implique em uma sucessão de ondas que apresentem amplitude, comprimento ou frequência regulares. Imagine jogarmos uma pedra no centro de uma piscina, causando o familiar padrão de anéis concêntricos. Conforme as ondas chegam na borda, elas refletem de volta e podemos ainda visualizar a sobreposição das ondas nas duas direções. Mas, se atirarmos sucessivas pedras a intervalos regulares, rapidamente a superfície da água não apresentará um padrão simples reconhecível, embora ainda o fenômeno seja provocado por um fator bem identificável.

Nas teorias de ciclo econômico, do mesmo modo, a causa básica pode se repetir com tanta frequência que não teríamos mais um ciclo facilmente discernível, mas talvez apenas uma economia estagnada por longos períodos, devido às distorções acumuladas durante o processo. Mas, se lembrarmos de nossas observações sobre fenômenos complexos, é legítimo imaginar um ciclo isolado para que possamos examinar, em termos da teoria pura, suas características básicas. Uma teoria dos ciclos pode então ser seguida de trabalhos aplicados, que procuram entender episódios concretos de flutuações registradas pela história econômica.

Vejamos então qual seria a causa básica dos ciclos econômicos segundo a teoria desenvolvida por Hayek. Para esse economista, os ciclos se originam no sistema monetário, que dão início a um período de expansão insustentável do investimento, cujos projetos mais tarde se revelam incompatíveis entre si, durante as recessões. Fenômenos como uma expansão de crédito gera uma redução na taxa de juros, provocando uma distorção na estrutura do capital, em favor de processos com mais etapas, que exigiriam adiamento do consumo. Esse adiamento, porém, não é compatível com as preferências dos trabalhadores contratados durante a expansão, que preferirão maior consumo presente. Temos assim uma distorção de preços, a taxa de juros, que dá início à descoordenação de planos: o maior investimento requer a troca de consumo presente por consumo futuro, ou seja, poupança. Mas os projetos foram financiados por crédito e não por poupança genuína. Se as atividades forem síncronas, isto é, todas feitas ao mesmo tempo, a falta de recursos para financiar os investimentos talvez se manifestasse instantaneamente, na forma de preços mais elevados dos bens complementares que faltam. Nesse caso, teríamos apenas inflação. Mas no centro da explicação temos a teoria austríaca do capital. Como existe rigidez na produção e os investimentos requerem tempo para maturar, apenas ao longo de sua implementação se percebe a escassez dos bens de capital complementares, necessários para concluir os projetos. A crise consiste na liquidação ou reestruturação dos empreendimentos que se revelaram inviáveis.

Façamos uma pausa. Para quem examina a explicação pela primeira vez, ela parece bastante complicada. Para quem conhece outras teorias, tampouco ela soa natural, pois seu elemento central é a teoria do capital, tema praticamente desconhecido pelo economista contemporâneo. Recuemos então para o plano das metáforas, a fim de gerar uma visão geral intuitiva. Em seguida, iremos visitar mais de perto os elementos da explanação e por fim daremos a palavra ao próprio Hayek, por meio da exposição a partir de seus textos.

Imagine as firmas e seus projetos como um conjunto de organismos unicelulares cuja população expande linearmente. A população cresce via reprodução, mas esse crescimento é limitado por um número alto de mutações, que resulta em muitos organismos incapazes de sobreviver. Ou, no nosso caso, muitos projetos que não são economicamente viáveis, o que provoca fechamento das firmas. Quais seriam os efeitos de uma suspensão temporária dos mecanismos seletivos? Como estamos falando de metáforas, pense na morte, com sua túnica e foice, saindo de férias. Inicialmente experimentaríamos um aumento maior em nossa mancha no microscópio, seguido de um declínio quando os recursos acabam e os organismos incompatíveis com a vida perecem, quando acabam as férias. Nos ciclos, do mesmo modo, a expansão de crédito equivale ao enfraquecimento do mecanismo seletivo fornecido pelo sistema de preços, tal como encontramos na teoria de processo de mercado: projetos originalmente inviáveis obtêm financiamento, mas em algum momento a incompatibilidade entre esses projetos e o restante da economia se revela.

Historicamente, a descoordenação de planos assume múltiplas formas, como cidades fantasmas na China contemporânea, taxistas com doutorado em física no Leste Europeu na década de 1990, empresas *dot-com* altamente endividadas e sem um único cliente na mesma época nos Estados Unidos ou, mais tarde no mesmo país, bacharéis em literatura inglesa fritando hambúrgueres ou ainda enormes aeroportos, obras de infraestrutura e estádios esportivos abandonados em países pobres. A imagem do ciclo é sempre a de projetos ambiciosos, acompanhados pela promessa de que seus benefícios transbordariam para outros setores, convivendo lado a lado com a miséria resultante da falta de bens de capital necessários para satisfazer necessidades básicas, mais urgentes.

Volte agora para nossa ilha deserta. Nela, seu habitante pesca dois peixes por dia com uma lança, o único bem de capital existente. Depois de poupar alguns cocos, ele imagina um processo mais indireto de produção, que requer o cultivo de plantas fibrosas para fazer fios e com estes uma rede, juntamente com ferramentas para construir uma canoa. Quando esse processo mais indireto (com mais etapas) maturar, a pesca diária passaria para dez peixes por dia. Isso descreveria o crescimento econômico, se existirem efetivamente os cocos poupados. A escolha consiste em abdicar do consumo presente (poupança) em favor de investimento, resultando em mais consumo futuro.

Imagine agora que por algum motivo o número de cocos necessários para o sustento enquanto a rede e o barco são produzidos se revela menor do que se planejava. Talvez eles tenham se estragado ou foram roubados por macacos. Nesse caso, a febril atividade produtiva inicial é sucedida por uma crise. Se o problema for logo percebido, o plano é simplesmente abandonado. Mas, se isso ocorrer no meio do projeto, além de não ser possível completar o projeto, bens de capital serão perdidos. Se esse capital for pouco específico, a crise será menor, pois boa parte poderá ser reaproveitada: cordas viram parte de um arco e flecha e a madeira do barco vira um abrigo, coisas que valem menos do que no projeto original. Se o capital for heterogêneo e distribuído em momentos diferentes no tempo, a perda se torna mais importante.

Nessa história, a ilusão sobre o tamanho do estoque de cocos lembra os efeitos da expansão de crédito e a mudança na estrutura do capital representa o aumento do número de etapas até se obter mais peixes. Na teoria austríaca dos ciclos, o problema é gerado por instituições bancárias propícias à expansão do crédito. Esta gera a descoordenação entre as decisões intertemporais de produção e consumo. Embora o ciclo tenha origem monetária, no crédito, a TACE descreve alterações na estrutura real da produção. Nela, a moeda não é neutra: dá origem a um *boom* insustentável, seguido por uma crise.

Embora o problema tenha natureza macroeconômica, pois a moeda afeta diversos mercados, a explanação é eminentemente microeconômica: segundo a teoria, preços relativos foram distorcidos, de modo que os agentes não mais sabem, mediante o uso do sistema de preços, se seus projetos específicos são ou não viáveis. A explanação trata de expectativas empresariais a respeito de situações concretas, relativas à viabilidade de cada plano, não expectativas sobre níveis de preços e salários, como imaginam alguns críticos que não estudaram a teoria. Os distúrbios ocorrem nos mercados de bens de capital e não nos mercados de trabalho como em boa parte das teorias alternativas[73].

---

73. Garrison (2000).

Na seção seguinte, os elementos-chave da TACE, credito e capital, são discutidos em mais detalhes, para que possamos apresentar na sequência como eles se relacionam na teoria como um todo.

Elementos da macroeconomia austríaca

A compreensão da TACE até recentemente exigia a leitura dos textos originais de inúmeros autores, como Wicksell, Mises, Strigl, Hayek, Robbins, Harberler e Rothbard. Isso se alterou a partir de Garrison (2000). Com o auxílio de alguns diagramas, o livro desse autor apresenta a teoria de forma didática, contribuindo bastante para sua divulgação. No espírito da abordagem de Garrison, vamos listar alguns elementos da teoria econômica necessários para a exposição da teoria dos ciclos.

Iniciamos pela moeda e sua relação com o aumento generalizado de preços, fenômeno conhecido como inflação. Pensadores de diferentes civilizações e épocas, como por exemplo o astrônomo Nicolau Copérnico, perceberam as conexões entre os dois fenômenos. Governos gastam mais do que arrecadam em impostos e procuram obter mais recursos via empréstimos e aumento na quantidade de dinheiro.

Invoquemos novamente a ilha. Nela, existe apenas um coqueiro, que produz quatro cocos por semana. Existem duas moedas de um real, que são utilizadas para adquirir os cocos. O preço P de cada um é igual a cinquenta centavos. O que ocorreria se o estoque de moeda M dobrar e passarem a existir quatro moedas? Esperaríamos que cada coco passasse a custar um real. O nível de preços dobra. E se, em vez de aumentar a quantidade de moedas, cada uma das duas originalmente existentes forem utilizadas duas vezes por semana cada? Esse aumento na "velocidade de circulação da moeda" V equivaleria ao uso do dobro de moedas usadas uma vez cada. Nesse caso, o preço de cada coco também seria um real. Finalmente, e se o coqueiro gerasse o dobro de cocos, ou seja, se tivéssemos o dobro de transações T, com as mesmas duas moedas originais? Teríamos nesse caso deflação, ou seja, o preço do coco cairia de cinquenta para vinte e cinco centavos. Essas relações são capturadas pela equação de trocas $MV = PT$ proposta pelo economista americano Irving Fisher.

Certifique-se que cada um dos cenários descritos acima obedece à equação. Depois disso, examinando a expressão, ela indica que, se aumentarmos a quantidade M de moeda, o nível de preços P aumenta, mantendo as demais variáveis constantes. Essa equação nos permite enunciar o núcleo da "teoria quantitativa da moeda": aumentos persistentes nos preços têm causa monetária, em geral associada à necessidade de financiamento de estados perdulários.

A relação proposta entre moeda e preços, embora possua um núcleo de verdade, é expressa diretamente como relações entre variáveis agregadas, sem considerações sobre o comportamento dos agentes. É comum invocarmos a metáfora proposta por Milton Friedman, segundo a qual dinheiro recém-criado é jogado por um helicóptero. Todos recebem novas notas bancárias que caem sobre suas cabeças de modo uniforme, sem distorções em preços ou produção causadas pelos caminhos que esse novo dinheiro percorre.

Mas os austríacos estão interessados justamente nessas distorções. Para estudá-las, temos que recordar a origem do fenômeno dos juros. Quando citamos Böhm-Bawerk no primeiro capítulo, associamos o fenômeno à preferência temporal: queremos algo bom o quanto antes e adiamos coisas desagradáveis. Preferimos ganhar na loteria agora, não na velhice e, em geral, deixamos o estudo para a véspera das provas. Tendo em vista essa "impaciência", juro é a compensação que se oferece para que você abdique de utilizar seus recursos hoje, em troca de uma compensação futura.

O mesmo Fisher representa a ideia no diagrama do modelo de competição perfeita que vimos no capítulo anterior, agora com a quantidade se referindo ao total dos recursos a serem emprestados.

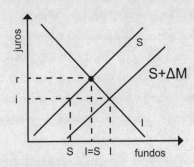

No lugar do preço, temos a taxa de juros cobrada nessas transações. Quanto maior for a taxa de juros r, maior será a oferta de poupança (S) e menos empresários estarão dispostos a demandar recursos para financiar seus investimentos (I). Com juros baixos i, muitos gostariam de investir, mas poucos estariam dispostos a poupar. No centro do diagrama temos o ponto que representa a coordenação de planos no mercado de fundos emprestáveis, prevalecendo a taxa de juros r, que tornam compatíveis entre si as decisões dos investidores e poupadores. O investimento será igual à poupança (S = I).

Para podermos sofisticar um pouco a teoria quantitativa da moeda, devemos mencionar algumas ideias do economista sueco Knut Wicksell. A taxa de juros de equilíbrio r no diagrama acima é chamada por esse autor de "taxa natural de juros". O termo "natural" se refere às relações entre demanda e oferta determinadas por fatores reais, na ausência de variações significativas no estoque de moeda. Essa taxa de juros r equilibraria poupança e investimento se supormos ausência de distúrbios de origem monetária. Para Hayek, porém, qualquer sistema monetário envolveria distúrbios. Não se trata, portanto, de uma taxa observável nos mercados. A taxa pode ser interpretada como a situação na qual esses distúrbios são pequenos. Essa taxa deve ser então comparada com aquela que existiria se, além de decisões sobre poupança, a oferta de fundos refletisse também a expansão de crédito. Dinheiro novo, um variação na quantidade de moeda, no esquema representado por ΔM, é introduzido no sistema bancário, gerando uma maior oferta de fundos, o que faz com que a taxa de juros de equilíbrio observável nos mercados seja i, não r.

A expansão de crédito reduz a taxa de juros de mercado, tornando mais fácil a obtenção de empréstimos para financiar projetos de investimento. O modo como aumentos na quantidade de moeda geram aumentos de preços é conhecido como o mecanismo de transmissão da moeda para preços descrito por Wicksell. A taxa menor de juros i redunda em maior investimento planejado. Empresários demandam então mais bens de capital. Os bens de capital têm seus preços aumentados antes dos bens de consumo, até que os aumentos sucessivos se espalhem por todo o sistema. A nova moeda resulta em preços mais elevados, tal como descrito pela equação de trocas.

Mas, no início do século XX boa parte dos economistas acreditava que um nível de preços constante seria sinal de ausência de distúrbios monetários. Hayek, no entanto, não compartilhava dessa crença. Para entendermos como a moeda tem efeitos reais sobre a economia, é importante voltarmos à teoria do capital de Menger e Böhm-Bawerk.

Imagine que um bem de primeira ordem (bens de consumo), como um pão na padaria, seja obtido por fatores como o uso de um forno, o trabalho do padeiro, e massa de pão, entre outros insumos (bens de ordem elevada). Essa massa, por sua vez, resultou da combinação entre a farinha de trigo, água, fermento, trabalho e assim por diante. A farinha combina o trigo, um moinho e trabalho. O trigo vem da terra, irrigação, sementes, tratores, e assim sucessivamente, reunindo um número gigantesco de fatores, que representamos como afluentes de um rio em nosso primeiro capítulo.

É extremamente difícil representar a estrutura temporal do capital. Se usarmos a linguagem utilizada na *Teoria Pura do Capital* de Hayek, o processo de obtenção do pão descrito acima foi modelado como o caso que envolve *inputs* contínuos e *output* pontual. Recursos naturais e trabalho são adicionados em cada etapa, representados pelos pequenos retângulos da figura, que se juntam ao capital circulante, as barras maiores, até surgir o bem de consumo final, o pão. Para os austríacos, o capital é representado de fato como tortas semiassadas, ainda no forno ou bem em processamento.

Poderíamos representar a produção de modo mais simples, com *input* pontual, como um vinho que precisa maturar, gerando um *output* também pontual depois de alguns anos. Ou poderíamos tornar o produto final um bem durável, consumido ao longo do tempo. Ou ainda representar a coisa como se fosse um rio, como fizemos no primeiro capítulo ou mesmo representá-la no computador como uma rede, envolvendo nós e conexões.

Para nossos propósitos, adotaremos uma representação simplificada em quatro etapas, que termina com o pão na padaria.

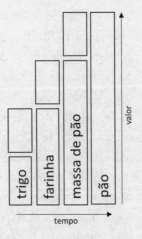

Na figura, a dimensão horizontal representa as etapas e a dimensão vertical o valor do produto. Se considerarmos várias etapas, essa figura discreta pode ser representada como um triângulo contínuo, como na próxima figura.

Para a maioria dos economistas, essa representação não é útil, pois é suposto que a atividade produtiva é *perfeitamente síncrona*. Se considerarmos um instante específico, existem plantações de trigo, farinha sendo moída, massas sendo batidas e pães assando nas padarias, o produto final. Tudo se passa como se o tempo fosse irrelevante. Suponha, como outro exemplo, que árvores de eucalipto demorem oito anos para maturar. Divida sua fazenda em oito partes: se o primeiro lote de terra contiver sementes recém-plantadas, o próximo mudas com um ano, o outro árvores com dois, até chegar nas árvores maduras, teríamos um processo produtivo instantâneo, com sementes entrando em uma ponta e troncos serrados na outra, sem que seja necessário mencionar a duração do processo. Considerar quatro vezes o valor do trigo ou oito vezes o valor da madeira equivaleria ao erro de contagem múltipla do mesmo bem gerado no final.

Para os austríacos, porém, isso só faria sentido em um equilíbrio no qual as atividades são sempre repetidas, ano após ano. Mas, se houver crescimento econômico ou ainda crises a hipótese de sincronia não se aplica mais: se queremos naquela fazenda o dobro de madeira, seria necessário esperar oito anos. A essência da perspectiva austríaca consiste na descrição de descoordenações originárias de rigidez na produção. Se quisermos algo, os recursos não se transformam e migram instantaneamente se eles forem heterogêneos e seus elementos distribuídos em uma estrutura temporal da produção.

Em *Preços e Produção*, Hayek adotará uma representação simplificada da estrutura temporal da produção, que ficou conhecida como os "triângulos de Hayek". Embora seja uma simplificação, ela basta para representar a existência de rigidez. No texto original, o triângulo deve ser girado noventa graus no sentido horário. Aqui, adotaremos a versão mais usada da figura, que também aparece no texto de Garrison (2000).

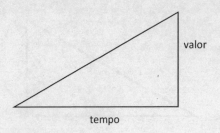

Como poderíamos representar nessa figura a ideia de Böhm-Bawerk sobre o caráter progressivamente mais complexo da estrutura do capital? Lembrando do pescador em nossa ilha, na representação discreta do triângulo teríamos apenas duas barras: a lança e o trabalho na barra da esquerda e o peixe na barra final, à direita. Se seu projeto de investimento fosse completado, teríamos agora algo com sete etapas, (terra limpa, sementes, fios, cordas, rede, barco, peixe), com a última barra mais alta, representando o valor dos dez peixes que seriam obtidos.

Podemos representar esses casos por triângulos em vez de barras. Originalmente, teríamos o triângulo de Hayek pontilhado da figura, que se transforma no triângulo tracejado. Perceba que na dimensão horizontal teríamos mais etapas, um fenômeno denominado "aprofundamento do capital", acompanhado por uma redução no consumo de peixe (lado vertical menor do triângulo): em vez de comer dois peixes, durante o investimento pesca-se apenas um. O triângulo maior, por sua vez, representa o "alargamento do capital" ou uso mais intenso de recursos em cada uma das sete novas etapas. No final, temos o cateto vertical do triângulo maior representando o valor dos dez peixes, a partir do uso de uma estrutura mais sofisticada do capital, com mais etapas.

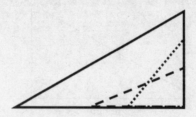

A inclinação da hipotenusa em relação à horizontal, por sua vez, representa o acréscimo de valor que ocorre em cada etapa, equivalente aos juros obtidos pelo investimento em cada etapa. Por fim, devemos observar que tratamos do triângulo como um projeto único do pescador apenas para simplificar a exposição. Cada projeto na verdade é uma pequena peça no quebra-cabeça da estrutura temporal da produção dos bens, que envolve inúmeros empreendimentos.

Chegamos agora ao terceiro e último elemento necessário para expor a TACE. O valor da produção gerada (ou da renda obtida) é finita, dando origem portanto a escolhas. Sob o ponto de vista das famílias, ignorando a existência de governos, a renda é dividida entre dois usos: consumo e poupança. Digamos, do salário de dez mil, oito mil é consumido e o resto poupado. Sob o ponto de vista das firmas, a produção se divide entre geração de bens de consumo e investimento. Deveriam as firmas se concentrarem na produção de bens disponíveis agora ou reservar recursos para implementar máquinas que aumentariam a produção de bens no futuro?

As duas decisões, dos consumidores e dos produtores, são feitas sem que as pessoas se conheçam ou conversem entre si. O que aconteceria se alguém guardasse recursos para a velhice, mas não existisse ninguém que queira usar esse recurso hoje? Isso significa que as decisões precisam ser coordenadas entre si no mercado de fundos emprestáveis, como vimos no primeiro diagrama desta seção. O que pretendemos poupar para o futuro tem que ser compatível com o que reservamos para produzir para o futuro. O que pretendemos gastar hoje deve ser compatível com o que é produzido hoje. Por fim, a soma dos recursos que pretendemos dedicar ao presente e ao futuro não podem somar mais do que cem por cento.

Os três elementos examinados acima aparecerão na próxima seção, dedicada à exposição da TACE. Isso será feito a partir do exame de alguns trabalhos de Hayek, abordados de forma cronológica, para que possamos apreciar o desenvolvimento da teoria.

A Teoria Austríaca dos Ciclos Econômicos

Na segunda década do século XX, Hayek reunia condições favoráveis para a elaboração de uma teoria sobre os ciclos. Vejamos. O período era marcado por distúrbios econômicos. O autor conheceu na América uma abordagem empírica sobre o assunto, mas sua formação como economista o direcionava à busca por uma abordagem teórica. Dirigiu na Áustria um instituto voltado ao tema, onde pôde examinar as diferentes explanações sobre as causas das flutuações econômicas. Por fim, trabalhou com Mises, um especialista em moeda formado na tradição austríaca e que enfatiza a teoria do capital.

Essas circunstâncias resultaram em uma teoria fundamentada na noção de equilíbrio, com ciclos iniciados por fenômenos monetários, mas constituídos por distúrbios na estrutura do capital. Devemos destacar três elementos da explicação: equilíbrio, moeda e capital. Para Hayek, uma teoria sobre o ciclo, por tratar de descoordenação de planos, deve logicamente partir da coordenação suposta pela teoria de equilíbrio. Do contrário, suporia o que pretende explicar, como a existência de setores com capacidade ociosa. Já a partir da década de 1920, Hayek propõe uma macroeconomia microfundamentada na ação dos agentes, assim como a teoria moderna, em contraste com doutrinas que postulam relações causais diretas entre conceitos agregados. Em particular, o autor teve que reviver uma vertente de teoria monetária preocupada com os efeitos de alterações em preços relativos, em contraste com a abordagem agregada suposta pela teoria quantitativa da moeda, interessada apenas no nível geral de preços. Por fim, a teoria privilegia a teoria austríaca do capital, que permite identificar a existência de rigidez na produção, responsável pela descoordenação de planos ao longo das fases do ciclo.

Nossa exposição da teoria deve tratar desses três aspectos. Vamos partir do equilíbrio em uma "economia natural", ou seja, em uma situação tratável pela teoria pura de equilíbrio, que descreve como as ações individuais se ajustam na ausência de distúrbios monetários. Em seguida, devemos abordar distúrbios de origem monetária. Por fim, descrever como variações em preços relativos provocam distorções na estrutura do capital nas expansões e contrações econômicas.

Para cumprir nossa tarefa de exposição, tiraremos vantagem do fato de que diferentes textos de Hayek, dispostos em ordem cronológica de publicação, enfatizam sucessivamente cada um desses tópicos, nessa ordem.

Equilíbrio, moeda e ciclo

No artigo *Equilíbrio Intertemporal de Preços e Movimentos no Valor do Dinheiro*, encontramos em 1928 o germe da teoria dos ciclos proposta pelo autor, como consequência de um relaxamento da hipótese de perfeita sincronia das atividades econômicas. Esse artigo ilustra ainda como a análise de Hayek é fundamentada na noção de equilíbrio, mas adaptada para condições dinâmicas.

Lembre-se da questão da eliminação do tempo na teoria do capital, ilustrada pelos exemplos sobre extração de madeira do eucalipto e a existência de etapas para produção de pão: se todas as atividades ocorrerem ao mesmo tempo, tudo se passa como se a produção fosse instantânea. Ocorre que na teoria do consumidor o tempo também desaparece, mediante o mesmo tipo de consideração. A utilidade de um prato de macarrão variaria significativamente se considerarmos o consumidor ao meio-dia, com fome, ou às três da tarde, saciado.

Podemos resolver esse problema estabelecendo que a demanda relevante por comida é expressa em termos de quantidade diária. Mas existem necessidades que se repetem a cada semana, mês (gerando problemas quando o salário termina antes de seu final), ano ou até mais. Certas frutas são obtidas apenas em alguns meses. O preço do panetone é maior em dezembro, menor nas promoções de janeiro e assume valor intermediário no resto do ano. Mas se considerarmos períodos de sazonalidade mais longos e definirmos a demanda de acordo, teríamos que supor demanda e oferta por períodos de décadas! Nesse caso, faria pouco sentido falar em preço de equilíbrio no período, como se tudo o que ocorre ao longo do mesmo pudesse ser ignorado.

Hayek inicia seu artigo afirmando que "Toda atividade econômica ocorre ao longo do tempo"[74]. Isso requer que na teoria pura de equilíbrio o conceito de preço único prevalecente no período seja substituído pela noção de "padrão temporal de preços", envolvendo preços diferentes em momentos diferentes de uma mercadoria fisicamente idêntica[75]. Considere os desequilíbrios no mercado de panetones se tivéssemos um único preço médio durante o ano. Existiriam filas de compradores em dezembro, incapazes de adquirir o bem e também excesso de produtos vencidos nas prateleiras no restante do ano. O sistema de preços deixaria de gerar os incentivos para que os produtores modifiquem a oferta conforme a demanda ao longo do ano.

Hayek utiliza exemplos de seu tempo, como a existência de preços noturnos da passagem de bonde mais caros do que as tarifas diurnas, ou preços dos ovos variando conforme a "temporada de desova". Esses exemplos de sazonalidade ilustram

---

74. 1999a, p. 186
75. p. 189

a primeira das categorias de mudanças que dão origem a padrões temporais de preços. A segunda categoria, a mais importante, abriga casos nos quais os agentes conhecem a tendência de uma variável ao longo do tempo. Imagine o período mais dinâmico da evolução da computação, quando a expectativa era de produtos melhores e mais baratos no futuro. Esse é o caso geral de economias em crescimento. Nesse caso, o padrão esperado é de redução de preços, conforme os custos unitários de um certo bem diminuam, no equilíbrio competitivo. O terceiro caso trata de mudanças ocorridas em um único momento, quando uma patente expira, por exemplo.

Em todos esses casos, a noção de equilíbrio, quando ocorre compatibilidade de planos, requer a existência de preços diferentes para um mesmo bem em momentos diferentes, assim como esperamos que mercadorias em locais diferentes tenham preços diferindo conforme o frete. O progresso técnico requer preços em declínio, pois se fossem constantes, os produtores adiariam a produção e não atenderiam necessidades presentes urgentes.

O que o autor chama de equilíbrio em economias de escambo, ou em uma economia natural, ou ainda "equilíbrio estático", em contraste com uma economia na qual ocorrem distúrbios monetários, requer então uma adaptação. Teríamos um equilíbrio não quando as condições de produção ou necessidades se revelam constantes, mas apenas quando os agentes conhecem o seu padrão futuro de mudanças. A antevisão perfeita da situação futura corresponde assim à coordenação de planos em equilíbrio, tal como estudamos no capítulo anterior.

Por que precisaríamos dessa noção abstrata de equilíbrio, agora ampliada para a noção de estrutura temporal de preços? A teoria de equilíbrio seria necessária porque "apenas com seu auxílio é possível efetuar um retrato resumido de diferentes tendências de movimento que operam em cada sistema econômico, em cada ponto no tempo"[76].

Uma teoria de ciclos, no entanto, não pode se limitar ao uso da teoria de equilíbrio, pois esta descreve apenas processos de ajuste em direção ao mesmo. Nesse caso, a teoria poderia apenas tratar de flutuações interpretadas como reações a choques externos, como mudanças tecnológicas ou nas preferências por lazer. Temos esse tipo de explanação na moderna teoria dos ciclos reais. Mas, para Hayek, o elemento capaz de afastar a economia do equilíbrio, de modo a gerar um padrão de sucessão de aquecimento e recessão associados a um ciclo seria a moeda, quando sua oferta é regulada com o propósito de estabilizar o nível de preços. Esse será o nosso próximo tópico. No artigo em questão, algo análogo ocorre sob a hipótese de preços intertemporais constantes.

Em todo exemplo que listamos, se os preços não puderem variar conforme requer a noção de equilíbrio intertemporal, nos deparamos com má alocação de recursos: a oferta não se ajusta aos usos mais urgentes. Em uma economia em crescimento, em particular, devemos ter preços declinantes das mercadorias cujo custo se reduz. Hayek conclui que "uma diferença entre os níveis de todos ou pelo menos a maioria dos preços prevalecentes em diferentes momentos no tempo pode também ser necessária, de modo que, sob certas condições, os movimentos do chamado 'nível geral de preços' desempenham uma função definida"[77]. Mas, considerando a expressão básica da teoria quantitativa da moeda (MV=PT), um aumento na produção com nível constante (e não declinante) de preços requer aumento no

---

76. p. 190.
77. p. 204.

estoque de moda. Nesse caso, o mesmo efeito distorcivo presente na desconsideração do padrão intertemporal (declinante) de preços será aplicado por Hayek, agora na interpretação do que ocorreria com as economias durante os anos 1920.

Isso nos leva ao próximo passo, que detalha o aspecto monetário da TACE, discutido no primeiro livro publicado pelo autor, a *Teoria Monetária e o Ciclo Econômico*, publicado no ano da quebra da bolsa norte-americana.

Como todo bom erudito, Hayek não se coloca retoricamente como um grande inovador, que traz pela primeira vez luz a um deserto intelectual. Antes de descrever suas contribuições, oferece um panorama do desenvolvimento dos problemas científicos até então. Seu primeiro livro lista e analisa diversas explicações existentes sobre as causas do ciclo, mostrando em que medida suas próprias opiniões se originam ou coincidem com essas teorias e em outros casos diferem delas. No primeiro capítulo de seu segundo livro, por seu turno, Hayek revela seu conhecimento sobre a teoria monetária inglesa do século XIX que poucos economistas ingleses rivalizariam.

O primeiro aspecto a destacar de seu livro sobre as teorias do ciclo é de cunho metodológico. A abordagem estatística que Hayek encontra na América é rejeitada em favor da busca por uma teoria dedutiva. O desejo de examinar fatos despidos de preconceitos teóricos seria uma busca tola, pois os dados dependem de concepções prévias, que também guiam os problemas a serem estudados. O "homem prático" também parte de teorias, mas que não conhece explicitamente e portanto não as analisa. As observações históricas seriam ainda compatíveis com diferentes explanações teóricas. Estas últimas se relacionam com os dados apenas de modo negativo, na forma de previsões inconsistentes com as observações. É interessante notar quanto essas crenças metodológicas expressas em 1929 são consistentes com as opiniões do autor sobre filosofia da ciência estudadas em nosso segundo capítulo.

De todo modo, o problema investigado por Hayek o leva a classificar as teorias existentes sobre os ciclos em duas categorias: as não-monetárias (ou reais) e as teorias monetárias. As reais são ainda divididas conformem tratem de fatores exógenos, que causam distúrbios ocasionais no nível total de atividade ou lidem com causas endógenas, que geram o padrão de sucessão entre prosperidade e recessão. As da primeira subdivisão, como por exemplo a variação da atividade econômica tributável aos efeitos de uma pandemia, não interessam ao autor. Como vimos, a teoria de equilíbrio daria conta dos ajustes em direção a um novo equilíbrio. As da segunda subdivisão, porém, são rejeitadas, assim como as explanações monetárias que se preocupam exclusivamente com os efeitos da moeda no nível geral de preços. No lugar dessas teorias, Hayek defende que flutuações monetárias, mesmo se o nível de preços for constante, fornecem uma causa suficiente para dar conta do fenômeno do ciclo.

Como nosso objetivo é tratar das ideias de Hayek e não de outros economistas, nos limitaremos a descrever os dois tipos básicos de explanação e seus problemas, sem detalhar as obras específicas dos teóricos examinados, como Mitchell, Robertson, Spiethoff, Cassel ou Pigou.

As teorias reais são divididas por Hayek em três categorias[78]. A primeira reúne explanações derivadas da técnica de produção. Em particular, a duração maior de projetos envolvendo bens de capital faria com que variações na demanda gerem aumentos maiores da produção de bens de produção ou bens de ordem

---

78. 2012a, p. 83

mais elevada, na terminologia da teoria austríaca do capital. A descoordenação surge devido a empresários que não conhecem os planos dos demais e adotam projetos incompatíveis com eles, gerando processos cumulativos de erros de uma etapa a outra. A segunda categoria envolve descoordenação derivada de variações súbitas no montante poupado e investido. A terceira agrupa explanações que invocam causas psicológicas que provocam erros de previsão por parte dos empresários sobre o cenário econômico futuro.

Para Hayek, de uma forma ou outra, as explanações reais apelam para o desconhecimento dos agentes sobre o estado das economias, exatamente como as queixas mais ingênuas sobre a "falta de planejamento" do sistema econômico descentralizado[79]. Vimos no capítulo anterior que o sistema de preços tem a função exatamente de coordenar as ações de agentes cujo conhecimento é local e falível. Pois bem, uma explicação real deveria então especificar desde o princípio quando certos mercados funcionariam ou deixariam de funcionar, em vez de supor equilíbrio ou ausência dele quando for conveniente. Sem isso, não teríamos efetivamente nenhuma explanação teórica, apenas manipulação *ad hoc* de hipóteses. Hayek se pergunta "por que as forças que tendem a restaurar o equilíbrio se tornam temporariamente inefetivas e por que elas passam a agir novamente apenas quando é muito tarde?"[80]. Somente mediante respostas a essas questões teríamos efetivamente fatores candidatos à causa dos ciclos.

Para o autor, as teorias reais dos ciclos descrevem com frequência padrões de fenômenos de fato observados nos ciclos.

---

79. p. 94
80. 2012a, p. 86

No entanto, tais explanações tacitamente suporiam "existência de crédito que, dentro de limites razoáveis, está sempre à disposição do empresário a preço invariável"[81].

Ao tratar da "elasticidade do crédito", Hayek introduz o elemento monetário na sua análise. Fatores reais por si só não explicariam desvios crescentes entre oferta e demanda, não corrigidos no sistema de preços. A introdução da moeda, pelo contrário, implicaria em um relaxamento das relações entre variáveis existentes no equilíbrio. Quando a quantidade de moeda varia, as transações com outras mercadorias continuam possíveis com esse valor maior. Moeda seria algo como uma "junta solta" nas relações econômicas[82]. Especificamente, em um sistema monetário elástico se desfaz a relação entre poupança e criação de capital real.

Nesse ponto, poderíamos imaginar que Hayek passasse a defender as teorias monetárias dos ciclos. Estas, porém, são rejeitadas porque se limitam a considerar os efeitos da expansão monetária no nível geral de preços. Enquanto este último for constante, acreditam seus defensores, não teríamos distúrbios de origem monetária na economia.

Mas, como vimos no artigo anterior, o equilíbrio intertemporal em uma economia em crescimento ocorre com preços declinantes. Se o crescimento real da produção for acompanhado por um crescimento na quantidade de moeda, o nível de preços se mantém estável, mas ainda assim a taxa de mercado de juros seria inferior à taxa natural e distúrbios de origem monetária ocorrem se de fato considerarmos que **a)** o dinheiro não é injetado de modo uniforme pela economia,

---

81. p. 95

82. Hayek (2011, p. 452) utiliza a expressão inglesa *loose joint* para se referir a isso.

b) os preços se alteram em momentos diferentes e **c**) exista algum grau de rigidez temporal na produção.

Hayek desenvolve uma macroeconomia fundamentada em explanações microeconômicas e desagregadas, na qual a maneira como novo dinheiro entra na economia afeta preços relativos e estes por sua vez afetam a estrutura temporal da produção[83]:

> O ponto de verdadeiro interesse para a teoria do Ciclo Econômico é a existência de certos desvios nas relações individuais de preços que ocorrem porque mudanças no volume de dinheiro aparecem em certos pontos individuais, desvios em relação à posição necessária para manter todo o sistema em equilíbrio. Qualquer perturbação do equilíbrio de preços conduz necessariamente a mudanças na estrutura de produção, que devem, portanto, ser consideradas como consequências da mudança monetária e nunca como pressupostos adicionais separados. A natureza das alterações na composição do estoque existente de bens, causadas por tais alterações monetárias, depende, naturalmente, do ponto em que o dinheiro é injetado no sistema econômico.

Devemos ainda destacar que a explanação hayekiana é endógena: a elasticidade da moeda seria algo inerente ao sistema monetário atual e não algo tributável apenas ao expansionismo defendido por autoridades monetárias, por mais que estas de fato procurem expandir o crédito e tal expansão seja a principal fonte de distúrbio monetário existente.

O objetivo desse primeiro livro de Hayek foi argumentar que uma teoria completa de ciclos pode ser construída na direção sugerida. A partir dos trabalhos de Wicksell e Mises,

---

83. 2012a, p. 113.

investigar a descoordenação na estrutura do capital provocada pela redução da taxa de juros de mercado. O texto não se aventura a completar essa tarefa, o que requereria apresentar uma representação teórica do capital. Podemos especular que isso é devido à dificuldade de representar a complexa estrutura temporal da produção. Apenas em seu segundo livro Hayek introduzirá o modelo simplificado dessa estrutura do capital, na forma de seus triângulos.

Capital e ciclo

O terceiro elemento da TACE que devemos examinar é a estrutura do capital. Quando apresentou sua teoria dos ciclos em quatro palestras na London School of Economics em 1931, Hayek optou pelo modelo de processos produtivos do tipo *input contínuo-output pontual*, representados de maneira simplificada por seus triângulos.

Uma alternativa aos triângulos é a descrição verbal da estrutura do capital. Hayek tentará os dois caminhos: o modelo simplificado em *Preços e Produção* de 1931 e a descrição verbal da estrutura em *Lucro, Juro e Investimento* de 1939, tentativas essas complementadas pela busca por uma representação mais sofisticada em *A Teoria Pura do Capital*, de 1945. Boa parte dos artigos escritos por Hayek nos anos 1930 também buscarão enfatizar a estrutura do capital.

Entretanto, a teoria austríaca do capital, por mais que seja o elemento central da explanação sobre as causas das flutuações, foi responsável pela maioria das incompreensões em relação ao entendimento desta última. Isso ocorreu não apenas porque a ideia não era conhecida: até hoje críticas da TACE ignoram completamente esse seu elemento central. Ocorre que esse elemento entra em choque com a concepção dominante sobre o assunto, segundo a qual o capital é representado como um fundo homogêneo. A hipótese de sincronização perfeita da produção, de fato, é compatível com interpretações agregadas do estoque de capital, possibilitando sua representação formal por um k maiúsculo. Sendo assim, apenas seu volume total importa e as relações estruturais entre seus elementos desaparece.

Mas, como revelam as teses metodológicas de Hayek estudadas no nosso segundo capítulo, uma teoria não deve obedecer a restrições formalistas se o pesquisador acredita que em estruturas complexas repousa o cerne da questão, como será o caso da estrutura do capital para a TACE. Vejamos então como os triângulos de Hayck entram em cena.

A primeira palestra reproduzida em *Preços e Produção*, como já notamos, consiste em um exame da teoria monetária, que é dividida em quatro abordagens. A primeira trata da relação agregada entre moeda e preços, tal como descrita pela teoria quantitativa da moeda que esboçamos anteriormente. Na segunda, em oposição, aumentos na quantidade de moeda apresentam efeitos distintos conforme o ponto do sistema econômico no qual a nova moeda é injetada. Um dos pioneiros da ciência econômica, Richard Cantillon, trata das alterações em preços relativos provocadas por essas injeções. Se o novo dinheiro financia a construção civil, os preços e salários aumentam primeiro nas empreiteiras, fornecedores de cimento e demais empresas do setor, depois se alteram os preços dos serviços dos fornecedores desses ramos e assim sucessivamente, até finalmente chegar ao professor de matemática do ensino fundamental. O "efeito Cantillon" de que nos fala Hayek pode novamente ser representado por uma pedra jogada na superfície de um lago, afetando preços e produção em etapas sucessivas. Se a moeda deixa de ser injetada, os preços relativos se alteram novamente. Nessa abordagem, preços afetam a produção. A terceira abordagem trata da relação entre moeda e juros. Hayek identifica como um de seus exponentes um autor inglês do século XIX pouco conhecido, Henry Thornton. Por fim, a quarta abordagem é representada pela tradição de Wicksell e Mises que já discutimos.

A quarta e última palestra de *Preços e Produção*, depois de apresentada a teoria dos ciclos, trata das vantagens e desvantagens das instituições monetárias presentes, que permitem uma moeda "elástica". Como já tratamos dos aspectos monetários da teoria, vamos passar para as palestras dois e três, que tratam da estrutura do capital.

Na segunda palestra encontramos os famosos triângulos.

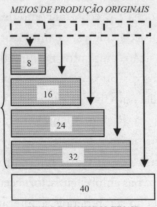

Na figura original, as etapas do processo produtivo estão representadas na vertical e o valor da produção na horizontal, o inverso do que encontramos no diagrama utilizado por Garrison.

Reproduzimos aqui apenas um dos diagramas desenhados por Hayek, representando um processo em cinco etapas. O processo gera em seu fim uma quantidade de produto final valendo quarenta unidades monetárias, a metade do valor hachurado, que representa o valor dos bens de capital usados durante o processo. A proporção entre bens de consumo e de produção é 40:80. Em cada etapa, meios originais de produção – trabalho e matérias primas – são adicionados, sendo representados por quadrados tracejados.

A figura é o ponto de partida para dois processos distintos. O primeiro trata de crescimento genuíno, induzido por aumento de poupança. Esta é canalizada para investimentos sob a hipótese de quantidade constante de moeda. Em um diagrama análogo, porém mais alto e achatado, teríamos agora sete etapas e um valor menor dos bens de consumo no primeiro momento. Digamos que um quarto da renda foi poupada, de modo que o produto final valha agora trinta unidades monetárias. Se distribuirmos as outras noventa unidades pelas seis barras hachuradas, teríamos $25.7 nos bens de segunda ordem, $21.4 nos de terceira e assim por diante, com os mesmos $120 agora dispostos segundo a nova proporção 30:90 entre bens de consumo e de produção. Essa redução inicial do consumo é coordenada com o aumento do valor investido ao longo da estrutura do capital. Mais tarde, esse aprofundamento do capital resulta em um alargamento e teremos um consumo futuro maior, com cada barra mais larga. Na seção anterior, representamos esse processo por uma mudança inicial na inclinação da hipotenusa do triângulo, seguida da formação de um triângulo maior. Nessa história, as ações são todas coordenadas: as pessoas deixam de consumir e as firmas investem em estrutura de capital mais produtiva, rendendo maior produção e consumo no futuro. Os poupadores recebem o principal investido e o juro dele obtido a partir da economia mais produtiva.

Essa situação é comparada com outra na qual, em vez de poupança genuína, novo crédito é criado e direcionado aos produtores. Termos agora um acréscimo de $40, gerando um novo valor total dos bens equivalente a $160, não mais $120. Nesse caso, teríamos novamente uma estrutura com mais etapas, mas com o consumo mantido em $40. Ao contrário do caso anterior, onde os poupadores recebiam no futuro os juros de suas escolhas voluntárias, teríamos aqui o fenômeno da poupança forçada. Os consumidores não pretendem reduzir seu consumo, mas os recursos reais migraram mesmo assim da produção de bens de consumo presente para processos mais longos. Considerando a estrutura temporal da produção, ocorre pressão para aumento simultâneo do consumo e do investimento, de modo incompatível com a quantidade de recursos disponíveis. Os consumidores inicialmente receberão assim menos produtos pela mesma quantidade de dinheiro.

Não temos nesse caso, portanto, um equilíbrio intertemporal. Conforme trabalhadores recebem salários, demandam bens de consumo na proporção original – não estão dispostos a esperar ou adiar o consumo. Projetos mais longos, por seu turno, que dependam dessa espera que não se materializa, se deparam com a falta de bens de capital complementares necessários para que sejam terminados.

Inicialmente, a expansão de crédito eleva o preço dos bens de capital em relação ao preço dos bens de consumo. Conforme o tempo revela a incompatibilidade de planos, porém, temos uma série de ajustes nos preços, cujo padrão dependerá do formato da estrutura do capital. Os consumidores demandam mais bens finais, que se tornam escassos e mais caros. Bens de capital não específicos passam a ser disputados nos estágios mais distantes do consumo, piorando a perda de valor dos ativos já comprometidos com processos mais longos. No final do processo, processos mais longos são liquidados e ocorre uma reversão para uma estrutura do capital mais curta, envolvendo perda de capital específico nos projetos mais longos. A descrição do ciclo é portanto a descrição de como planos não são coordenados ao longo do tempo.

Na terceira palestra, Hayek detalha um aspecto do funcionamento do sistema de preços ao longo do processo de transição para uma estrutura mais aprofundada do capital. Na figura acima, quando a poupança era menor, a diferença entre cada barra sucessiva é maior do que na estrutura alongada, quando o triângulo de Hayek se torna mais pontudo. A inclinação da hipotenusa se relaciona dessa maneira com os juros, que deve ser compatibilizado com a diferença entre o valor do capital em cada estágio do processo: originalmente, quando a discrepância entre valores é maior, temos uma taxa de juros maior e este se reduz mediante um aumento da poupança, permitindo um menor acréscimo de valor entre etapas.

Vamos recapitular agora as etapas do ciclo. A expansão se inicia a partir da expansão de crédito levada a cabo no sistema bancário. Tal expansão diminui a taxa de juros de mercado abaixo daquela determinada pela taxa natural, isto é, pelos fatores que afetam poupança e investimento planejados. O novo dinheiro aumenta o número de projetos iniciados, em especial nas fases mais distantes do consumo. Ocorre então aumento de emprego e produção e os ativos são valorizados. Conforme as pessoas contratadas recebem renda, pretendem gastá-la conforme padrão de preferências temporal original. Mas esse gasto planejado com bens de consumo é incompatível com o volume de investimento. A distorção não se revela nas primeiras etapas do processo de aprofundamento da estrutura do capital. Conforme os projetos se aproximam da maturação, a escassez de bens de capital complementares se revela, na forma de custos maiores. Os projetos se revelam inviáveis, devido à heterogeneidade da estrutura do capital. Inicia-se um processo inflacionário. A não lucratividade revelada dos projetos afeta o valor real dos ativos dos bancos e das firmas. As mudanças nos preços induzem, na recessão, o retorno a uma estrutura mais curta, com projetos muito ambiciosos abandonados e parte do capital realocado.

A teoria exposta acima é inaceitável política e metodologicamente. Considerando inicialmente seus aspectos políticos, atribui a responsabilidade por boa parte das flutuações às políticas monetárias expansionistas favorecidas pelos políticos. Além disso, os remédios comumente propostos por eles como aumento de gastos e expansão do crédito piorariam o cenário de incompatibilidade entre a necessidade de bens de consumo presente e de bens de capital necessários para completar os projetos inacabados. A verdadeira escolha ocorre entre permitir o ajuste rápido da estrutura do capital e adiar esse ajuste, tornando o problema mais agudo.

A reação usual diante das crises é a expansão dos gastos públicos e da moeda. A diferença de opiniões sobre a eficácia dessas políticas expansionistas pode ser entendida se considerarmos o conceito de capacidade ociosa, cuja importância declina significativamente se o capital for visto como uma estrutura. A tarefa envolvida em completar um copo d'água pela metade é mais fácil do que completar um quebra-cabeça inacabado. O capital não envolve apenas máquinas existentes, mas inclui bens e serviços complementares aos primeiros. Para Hayek[84]:

---

84. 2012b, p. 259.

A impressão de que a estrutura de capital já existente nos permitiria aumentar a produção quase indefinidamente é uma ilusão. [...] os meios de produção duráveis não representam todo o capital necessário para um aumento da produção e [...] para que as fábricas existentes pudessem ser utilizadas em toda a sua capacidade, seria necessário investir uma grande quantidade de outros meios de produção em processos longos que só dariam frutos num futuro comparativamente distante. A existência de capacidade não utilizada não é, portanto, de forma alguma uma prova de que existe um excesso de capital e de que o consumo é insuficiente: pelo contrário, é um sintoma de que não somos capazes de utilizar plenamente a planta fixa porque a demanda presente por bens de consumo é demasiada urgente para nos permitir investir os atuais serviços produtivos nos longos processos para os quais (em consequência de "desvios de capital") o equipamento durável necessário está disponível.

Em termos metodológicos, Hayek propõe uma explanação envolvendo modificações de estruturas (de preços e do capital), que não são facilmente representáveis formalmente ou que permitam o estabelecimento de relações entre variáveis agregadas, passíveis de teste econométrico. Importam os caminhos tomados pelo novo dinheiro na estrutura do capital, cuja morfologia se altera através de mudanças em preços relativos de todos os bens e serviços.

As reações à teoria dos ciclos proposta por Hayek refletem essas dificuldades políticas e metodológicas, em especial no que diz respeito à teoria austríaca do capital. Não é surpresa portanto constatar que os esforços teóricos do autor na década e meia que se seguem à publicação de *Preços e Produção* enfatizam exatamente o capital. Alguns desses textos fazem parte do terceiro livro do autor sobre os ciclos, o *Lucros, Juros e Investimento*, publicado originalmente em 1939[85]. Logo no início dessa obra, Hayek declara que evitará o uso da terminologia própria da teoria do capital[86]. Porém, o livro consiste em um esforço do autor de expor precisamente tal teoria ao público inglês.

Em um de seus capítulos, Hayek descarta a representação triangular da estrutura do capital em favor de um esboço da teoria que se atém aos seus aspectos fundamentais[87]. Para quem deseja ler um único texto curto sobre a TACE, recomendamos esse capítulo. Nele, ganha destaque a discussão sobre expectativas de preços e sua relação com o conceito de equilíbrio. Os efeitos dos distúrbios monetários na estrutura temporal da produção, por sua vez, são denominados "investimentos distorcidos" (*malinvestments*), em contraste com o "sobreinvestimento" (*overinvestments*), utilizado anteriormente para caracterizar a teoria.

Escrito em 1933, já encontramos nesse texto a discussão do conceito de equilíbrio que dará origem ao *Economia e Conhecimento*, o artigo seminal do autor sobre processo de mercado discutido no capítulo anterior. Observando que o conceito de equilíbrio é pouco claro quando se refere à interação de muitas pessoas ao longo do tempo, Hayek argumenta que devemos investigar as condições necessárias para a emergência do equilíbrio se quisermos uma interpretação realista dessa tendência suposta pela teoria de equilíbrio[88].

---

85. Os ensaios reunidos em Hayek (1975) estão distribuídos entre vários volumes das obras reunidas de Hayek publicada pela editora da Universidade de Chicago.

86. 1975, p. 7.

87. 1999b.

88. 1999b, p. 234.

Identificando equilíbrio com antevisão perfeita sobre condições futuras, incluindo o comportamento dos demais agentes, Hayek distingue, no contexto dos ciclos, constelações de preços que inevitavelmente gerariam desapontamento de expectativas com outras configurações compatíveis com a harmonia entre as ações[89].

Uma estrutura compatível da produção é descrita em termos gerais, como a coincidência entre os planos empresariais sobre das datas de frutificação de seus planos de investimento e o padrão temporal planejado de gastos dos consumidores.

Já no cenário de incompatibilidade de planos, a realização de prejuízos nas crises econômicas é representada como uma situação que envolve uma concentração de erros empresariais na mesma direção, em diferentes setores da economia. Para o autor, não seria convincente explicar a concentração de erros na mesma direção a partir de "infeções psicológicas", mas por distúrbios no sistema de preços, que afetam o mecanismo de correção de erros de expectativas.

A origem dos distúrbios e também suas consequências são também descritas em termos gerais: distúrbios ocorrem quando a oferta de capital em forma monetária não coincide com a quantidade de poupança corrente. O conflito entre as intenções dos empresários e dos consumidores geram frustrações das expectativas sobre o comportamento dos demais agentes. Essa descrição geral é complementada pela descrição básica do modelo: a taxa de juros de mercado se torna inferior à taxa que torna os planos compatíveis, aumentando investimentos planejados, aplicados em projetos mais longos. Sem os incentivos para aumento de poupança, o conflito surge quando a demanda

---

89. p. 235

por consumo presente se revela incompatível com o padrão de investimento induzido pela expansão do crédito, o que gera aumento de preço dos bens de consumo. O outro aspecto do conflito se manifesta com a falta dos bens de capital complementares necessários para projetos mais longos, cujos preços se elevam, reduzindo a lucratividade desses projetos. Esses projetos superdimensionados, se observados em isolamento, aparentam indicar excesso de capital, o que sugere aumento de crédito ao consumidor como remédio. Se olharmos a incompatibilidade de planos manifesta no sistema como um todo, derivada do fato de que capital não é um fundo homogêneo que pode instantaneamente alterar seus usos, o diagnóstico se inverte. Nas palavras de Hayek, "este fenômeno de escassez de capital que torna impossível a utilização do equipamento de capital existente parece-me o ponto central da verdadeira explicação das crises"[90].

No ensaio que dá nome ao livro, Hayek pretende ainda responder a algumas críticas feitas à teoria[91]. Entre elas, a afirmação de que a explanação de Hayek suporia pleno emprego e preços flexíveis, em especial salários e juros. A primeira objeção nós já encontramos algumas vezes: uma teoria dos ciclos não pode logicamente partir daquilo que pretende explicar sem incorrer na falácia de petição de princípio e, como acabamos de observar, a consideração pela heterogeneidade do capital implica que plantas subutilizadas podem ser sinal de escassez e não abundância de capital.

Quanto à segunda objeção, por acreditar que distúrbios monetários geram investimentos distorcidos, ou seja, fenômenos

---

90. 1999b, p. 240.
91. 2012c.

reais, a incompatibilidade de planos se manifestaria mesmo na presença de preços rígidos. A estes Hayek contrapõe o fenômeno de rigidez na produção descrito em sua teoria.

Na nova exposição, Hayek supõe então explicitamente a existência de desemprego de recursos e mão de obra, salários rígidos para baixo, imobilidade de trabalho entre setores no curto prazo, capital específico aos propósitos planejados inicialmente e taxa de juros nominal constante.

O autor pretende demostrar que as mesmas forças descritas na exposição original se manifestam diante desse novo conjunto de hipóteses, independente de quão realistas ou não elas possam ser. Nesse novo cenário, a análise da fase de recuperação da crise será descrita por ajustes na taxa de lucro e não na taxa de juros, como antes.

No final da expansão, vimos que os preços dos bens de consumo sobem conforme os consumidores recebem renda e demandam bens na proporção original. Essa demanda, no entanto, não geraria demanda por mais investimentos nos processos mais longos inacabados. Como agora os juros não podem aumentar, o ajuste passa a ser feito em termos de variações na lucratividade das firmas, segundo o mecanismo que Hayek denomina "Efeito Ricardo".

Explorando uma relação notada por David Ricardo, Hayek argumenta que o aumento nos preços dos bens de consumo reduz o salário real pago pelas firmas, isto é, a proporção entre o valor do produto vendido e dos salários pagos. Essa redução nos salários reais aumenta o lucro das firmas, que substituem capital por mão de obra, provocando um encurtamento na estrutura temporal da produção na medida que projetos mais curtos experimentam lucratividade aumentada em maior proporção, em comparação com projetos mais longos.

Nos demais artigos do livro, o elemento central sempre será o capital e seu caráter heterogêneo, seja aplicável às dificuldades de representar uma estrutura complexa através de um único valor do estoque de capital ou às diferentes relações possíveis entre consumo e investimento tendo em vista a heterogeneidade do capital. Nem sempre investimento reage na mesma direção do consumo, como mostra o conceito de aprofundamento do capital. Se o capital for uma estrutura e não um agregado uniforme, a expansão do investimento não necessariamente reduz a lucratividade de novos projetos. É natural pensar que doses adicionais de adubo têm cada vez menos efeito, considerando adubo um recurso homogêneo. Mas se imaginarmos projetos complementares, podemos ter o efeito inverso: um projeto complementar pode elevar a lucratividade do outro.

Esse tipo de efeito não convenceu muitos economistas. Considerar o capital como uma estrutura, de fato, implica nas consequências políticas e metodológicas destacadas acima, de modo que os esforços de convencimento de Hayek nessa nova obra não surtiram os efeitos desejados pelo autor.

Seja qual for a versão da teoria que utilizarmos, não é possível discernir um padrão bem determinado de variações nos preços ao longo das fases do ciclo. Isso ocorre devido aos diversos modos de representação da estrutura do capital, que implicam em diferentes durações dos projetos ou graus de substitubilidade entre os bens de capital. A ideia básica, porém, é a mesma. Não conseguimos dobrar o número de programadores de computadores da noite para o dia e estádios de futebol não se transformam facilmente em fábricas. A dinâmica do modelo depende também da duração do processo de ajuste em direção ao equilíbrio e também de quanto os governos subsidiam projetos inviáveis. Em cada ciclo econômico observado, temos ainda diferentes setores nos quais o novo crédito foi inicialmente destinado. A teoria comporta assim uma grande variedade de cenários.

A despeito da variedade de cenários possíveis contemplados, existem elementos constantes na teoria austríaca dos ciclos. Estes são iniciados por distúrbios monetários, em geral provocados pela expansão de crédito. Esta atinge diferentes setores em momentos distintos, gerando distorções em preços relativos, que por sua vez induzem má alocação intertemporal de recursos. A fase de expansão é sempre caracterizada por um excesso de investimentos, que durante a crise subsequente se revelam inviáveis. A incompatibilidade entre esses planos de investimento requer a realocação de capital para outros usos durante a fase de recuperação, acompanhada pela perda de valor de certos ativos, em comparação com a lucratividade originalmente esperada. Por fim, no fim do ciclo temos a escolha entre permitir que o sistema de preços atue durante o processo de ajuste na estrutura do capital, liquidando a "bolha" gerada no início do processo ou, como alternativa, intensificar os estímulos que geraram o problema em primeiro lugar. Essa última opção, politicamente mais popular, apenas adia a solução do problema, pois intensifica as distorções existentes e introduz algumas novas. Nesse cenário, em vez de "bolhas", teríamos "verrugas", que encolhem, mas não desaparecem.

A competição monetária

Hayek foi um economista longevo. No início do século XX, viveu o processo de expansão do estado em diferentes estágios no Continente, na Inglaterra e na América. Tendo lutado na Primeira Guerra Mundial, testemunhou na sua juventude o advento dos regimes totalitários e na maturidade o domínio do intervencionismo. Em sua velhice, porém, presenciou a reversão parcial dessa tendência, inicialmente com a perda de credibilidade da macroeconomia keynesiana a partir dos anos 1970 e, mais tarde, com a queda do Muro de Berlim e o fim do regime soviético.

Considerando tal longevidade, não é surpresa notar que Hayek tenha defendido diferentes instituições e políticas monetárias ao longo desse período, sempre buscando proteger a moeda dos abusos governamentais. Inicialmente foi defensor do padrão-ouro, instituição que impunha limites à capacidade de governos expandir o estoque de moeda, o que gera inflação e os distúrbios na estrutura do capital descritos na seção anterior. Lembre-se como o autor argumentava que expansões monetárias em períodos de expansão da produção real, tal como nos anos 1920, poderiam distorcer padrões intertemporais de preços, gerando efeitos reais mesmo se o nível geral de preços fosse constante. Mas o que se tornaria constante nas décadas seguintes era a expectativa de um mundo marcado pela inflação.

Embora fosse inicialmente contrário às políticas de estabilização do nível de preços, suas preferências se tornaram politicamente irrelevantes diante do enfraquecimento do padrão ouro, que abriu as portas para uma corrida inflacionária entre países. Governos nacionais rivalizavam em termos de emissão de suas moedas, resultando em inflação. Na época, ganha impulso o financiamento de gastos públicos por emissões monetárias. Também o desgaste político gerado pela rejeição das demandas por salários nominais mais altos era evitado pela elevação do nível de preços. A desvalorização cambial, por sua vez, atendia aos interesses das firmas exportadoras. Hayek se opunha então ao que chamava no final dos anos 1930 de "nacionalismo monetário". Defendia a política de taxas fixas de câmbio entre diferentes moedas, mantendo assim algum controle da expansão monetária nos países.

Já nos anos 1970 Hayek pôde observar as consequências de longo prazo do inflacionismo que combatera, quando a inflação passa a conviver com o desemprego. Vimos no capítulo dois como em seu discurso por ocasião do recebimento do Prêmio Nobel o autor critica metodologicamente a macroeconomia keynesiana agregada do período, em favor de uma perspectiva microeconômica, que enfatiza o impacto de alterações em preços relativos na produção de diferentes bens. Em particular, é rejeitada a crença de que políticas monetárias expansionistas seriam capazes de gerar pleno emprego na economia como um todo, assim como anteriormente o autor rejeitara a tese da neutralidade da moeda, segundo a qual a moeda não afetaria a produção real. Além dessas duas perspectivas, ou seja, moeda neutra ou estimuladora, Hayek apresenta uma terceira, compatível com sua teoria dos ciclos, que afirma que a moeda causa distorções na produção. Em *Desemprego e Política Monetária*, Hayek declara que[92]:

> O primeiro dever de qualquer economista que mereça este nome parece-me ser o de acentuar, em todas as oportunidades, o fato de que o desemprego de hoje é a consequência direta e inevitável das chamadas políticas de pleno emprego que, nos últimos vinte e cinco anos, vêm sendo seguidas.

A inflação continuada, ao gerar a expectativa de preços em elevação, exigiria doses progressivamente maiores de expansão da moeda para que o efeito temporário no emprego seja sentido. No longo prazo, em especial quando a inflação cessa, surge o

---

92. 1985, p. 73.

desemprego provocado pelas distorções intersetoriais provocadas pelas mudanças nos preços relativos induzidos pela inflação. Esta seria responsável pela má alocação de mão-de-obra entre setores. Hayek cita a indexação de preços existente no Brasil para argumentar que tal medida apenas atenua alguns efeitos nocivos da inflação, pois a má alocação da mão-de-obra, a consequência mais importante da inflação, continua operando[93].

O ceticismo em relação à capacidade de governos e bancos centrais imporem restrições efetivas ao seu poder de expansão monetária levou Hayek, na década de 1970, a conceber um sistema monetário efetivamente descentralizado, na qual a competição entre moedas substituiria o monopólio estatal da provisão do dinheiro. Essa ideia inovadora é inicialmente apresentada em *Escolha em Moeda* e elaborada em *Desestatização do Dinheiro*.

É curioso notar que a proposta de investigação teórica dessa possibilidade provoca irritação e até indignação por parte da maioria das pessoas para as quais a ideia é apresentada. Esse tipo de reação se relaciona com causas filosóficas, políticas e econômicas.

Em termos metodológicos, a economia positiva, se não quiser se confinar a uma postura estritamente conservadora, não deve se limitar a descrever os efeitos das instituições existentes, mas também deve incluir o estudo das consequências de arranjos institucionais alternativos[94], independente de considerações normativas sobre sua desejabilidade. Segundo Hayek, a ausência

---

93. p. 41.

94. Hayek (1982, p. 16) classifica como um erro a crença de que "a ciência se ocupa exclusivamente com o que existe e não como o que poderia ser". As proposições científicas na forma "se x, então y" seriam realmente interessantes se, no lugar do x, tivermos condições diferentes das atuais.

de informações históricas sobre a escolha de moedas requer que utilizemos de todo modo os experimentos mentais usuais utilizados pela teoria, supondo nosso conhecimento do comportamento humano e das formas como as pessoas reagem a incentivos[95].

A reação emocional contra a ideia de abolição do monopólio estatal da moeda, de todo modo, embora revele sua inviabilidade prática no momento que foi concebida, não inibiu Hayek de investigar o tema[96]:

> Colocá-la em prática pode, realmente, ainda ser totalmente inviável – pelo menos enquanto o público não estiver mentalmente preparado e enquanto aceitar, sem crítica, o dogma da necessidade da prerrogativa governamental, – mas esse fato não deve ser tomado como empecilho para a exploração intelectual dos fascinantes aspectos teóricos que o programa suscita.

Em termos políticos, a proposta naturalmente procura reestabelecer freios institucionais contra o uso discricionário da moeda por parte dos governos. De fato, Hayek declara que "a nossa única esperança de um dinheiro estável é, de fato, encontrar agora uma forma de proteger o dinheiro da política"[97]. Na mesma página, brinca com a famosa máxima de Keynes, modificada pela introdução do pressuposto de auto-interesse na esfera pública, ou seja, supondo que políticos gostam de ser eleitos: "O político, agindo com base numa máxima keynesiana modificada de que no longo prazo estaremos todos fora do poder, não se importa se a sua cura bem-sucedida do desemprego irá inevitavelmente produzir mais desemprego no futuro".

---

95. 1986, p. 38.
96. 1986, pg. 17-18.
97. 1999c, p. 120.

Em termos econômicos, a ideia de usar as teorias de competição e monopólio para analisar a qualidade da oferta de moeda é bastante original. Devido ao zelo pela manutenção do monopólio estatal desse serviço, exemplos históricos de convívio entre moedas são bastante limitados, como ocorre em cidades turísticas de fronteira. A análise puramente conjectural sobre o tema inevitavelmente nos remete ao conceito de competição como mecanismo de descoberta que estudamos no capítulo anterior. De fato, para Hayek, "podemos acalentar o sonho de que, como sempre, a competição leve a descobertas de possibilidades até agora insuspeitadas sobre a moeda"[98]. O fato de que a moderna discussão em torno das criptomoedas parte da discussão hayekiana é testemunho disso, independente delas se tornarem de fato moeda ou das regulações que intencionam impedir que isso ocorra.

A proposta hayekiana de reforma radical do sistema monetário, de todo modo, é uma excelente forma de introduzir o próximo capítulo, que trata da economia institucional hayekiana. Faria sentido o fatalismo institucional, que acredita que as instituições vigentes sejam as únicas possíveis ou ainda as únicas possíveis sob certo sistema econômico? Como seria a análise de sistemas econômicos comparados empregada pelo autor? Como as propostas de reforma monetária e constitucional propostas pelo autor se encaixam em sua perspectiva evolucionária? Antes de passar para essas questões, vamos esboçar sua análise de competição monetária.

Hayek inicia a discussão com uma proposta de curto prazo: os países europeus assinariam um tratado que estabeleceria a liberdade, em qualquer país signatário, de uso das moedas

---

98. 1986, p. 126

nacionais dos demais países, além de permitir na mesma área o livre exercício da atividade bancária, ou seja, bancos de um país membro poderiam operar nos demais. A liberdade de uso de moeda de outras localidades imporia limites à expansão de uma moeda local. Essa proposta, que introduz um grau maior de competição entre moedas, seria preferível do que o estabelecimento de uma moeda centralizada, o que de fato ocorreu com a criação do Euro a partir de 1999.

O mesmo princípio é estendido em uma proposta alternativa, que abole o monopólio estatal sobre a emissão de moeda, abrindo caminho para moedas emitidas por bancos privados. A ideia básica é simples: sob monopólio estamos sujeitos a produtos piores e mais caros. No caso, a qualidade do produto se refere à estabilidade de alguma moeda particular. Hayek especula que "o dinheiro é a única coisa que a competição não barateia, pois sua capacidade de atração reside na preservação de seu valor alto"[99].

Como geralmente ocorre nos demais estudos empreendidos pelo autor, encontramos uma introdução da história do tema. Essa história abarca vários temas, como o estabelecimento na Antiguidade e Idade Média do monopólio governamental de cunhagem de metais monetários, o funcionamento da taxa de senhoriagem, cobrada para cobrir os custos dessa atividade, da prática de redução da quantidade de metal em novas cunhagens, do surgimento do papel-moeda e de como a emissão monetária financiou a expansão do estado moderno.

Dessa história de abuso do poder de monopólio, o autor conclui que "quando se estuda a história do dinheiro, não se pode deixar de indagar por que as pessoas suportam,

---

99. 1986, p. 89.

há mais de 2000 anos, que o governo exerça um poder exclusivo que tem sido regularmente usado para explorá-las e defraudá-las"[100].

Um sistema monetário competitivo, em contraste, poderia fornecer serviços melhores. A demanda por tais serviços é derivada da análise das funções da moeda: esta funciona como um meio de trocas (usa-se moeda no lugar do escambo), reserva de valor (a moeda permite gastos em momentos posteriores e é usado em transações no mercado de fundos emprestáveis) e unidade de conta (cálculo de ganhos e perdas de um projeto em termos monetários). A possibilidade de realização de "cálculo econômico" que discutimos no capítulo anterior, especula Hayek, seria a questão definidora da qualidade de uma moeda em competição.

Uma moeda fictícia, o ducado suíço privado, ofereceria notas bancárias com sua marca protegida – o "ducado" – que seriam resgatáveis em termos de outras moedas conhecidas a certas taxas mínimas. O emissor, além desse compromisso, buscaria manter constante o valor do ducado em termos do valor de uma cesta determinada de bens. Públicos diferentes poderiam demandar diferentes tipos de mercadorias em termos das quais gostaria de ter seu dinheiro estável, como o valor de certas matérias-primas ou de bens de consumo final.

Os bancos emissores concorrentes regulariam o estoque de suas moedas através do mesmo tipo de operações encontradas nas políticas monetárias aplicáveis aos dinheiros nacionais, como a compra ou venda de títulos e variações nas taxas de juros cobradas pelos mesmos. A imprensa divulgaria informações sobre as variações nas taxas de câmbio entre moedas, o que

---

100. p. 25.

faria com que cada emissor buscasse cumprir o que promete aos seus clientes sobre as características de sua moeda.

O modelo básico de competição proposto por Hayek é acompanhado por uma série de questões. Uma delas diz respeito aos temores comuns contra a ideia, como por exemplo o medo de que moedas ruins expulsariam moedas boas (a lei de Gresham, válida apenas quando a taxa de câmbio é fixa entre duas moedas). Outro ponto se refere à inutilidade da equação de trocas da teoria quantitativa da moeda para lidar com várias moedas competindo e interagindo entre si.

Também são discutidos problemas de transição (desaparecimento súbito de moedas governamentais inflacionárias), possibilidade de domínio de uma ou poucas moedas em um local (existência de concorrência apenas em potencial), pressão dos governos e de banqueiros que se beneficiam das instituições atuais (regulações impedindo livre mercado de moedas) e a possibilidade de bancos não emissores parasitarem certas moedas emitindo títulos lastreados nestas.

Em termos institucionais, a proposta envolve a discussão da competição bancária (*free banking*), além do entendimento de que governos perderiam a capacidade de realizar políticas monetárias. A ideia envolve muitas questões, pois na verdade equivale à separação entre estado e dinheiro. Imagine o que implicaria a não obrigação de sancionar via expansão monetária os aumentos de preços requeridos por grupos politicamente organizados.

Não é possível, por questões de espaço, tratar de cada um desses temas. De qualquer forma, a criativa proposta de Hayek inaugura uma nova linha de pesquisa em economia monetária que dá origem a diversas questões interessantes.

Por fim, o espírito da proposta aponta para a natureza das normas compatíveis com a concepção de liberalismo nutrida por Hayek[101]:

> Um dinheiro bom, tal como as boas leis, deve funcionar sem levar em consideração os efeitos que as decisões do emissor terão sobre grupos ou indivíduos conhecidos. É concebível que um ditador benevolente possa não fazer caso desses efeitos, mas um governo democrático que dependa de vários interesses específicos não poderá desprezá-los.

À primeira vista, essa avaliação aparenta tratar de falhas de governo derivadas do auto-interesse dos políticos e grupos que se beneficiam de leis que estabelecem e protegem monopólios à custa da população em geral. Mas, na verdade, o principal dano causado pelo dinheiro ruim diz respeito ao enfraquecimento do sistema de preços como um mecanismo necessário para a coordenação de planos, uma forma de aumentar as chances de que as expectativas dos agentes sejam confirmadas durante o processo de mercado. A economia institucional de Hayek, que enfatiza a impessoalidade das normas, também se encaixa no programa de pesquisa que busca compreender como o conhecimento falível dos agentes é corrigido ao longo do tempo, de modo a aumentar o potencial de descobertas de novas e criativas formas de atender os objetivos de cada um.

---

101. 1986, p. 115.

CAPÍTULO 5

Instituições:
as ordens espontâneas

"Na verdade, o que certamente estará morta no longo prazo se nos concentrarmos nos resultados imediatos será a liberdade. Uma sociedade nomocrática deve limitar a coerção apenas à aplicação de regras que servem uma ordem de longo prazo".

Lei, Legislação e Liberdade

O programa de pesquisa hayekiano, definido pelo problema da coordenação de planos de agentes com conhecimento limitado, não se restringe a assuntos comumente associados à teoria econômica, como nas teorias sobre competição, planejamento central, capital, moeda e ciclos vistas nos capítulos anteriores, mas se estende à coordenação mediada pelas instituições em geral e pela atividade política em particular.

Esboços biográficos do autor invariavelmente notam que no pós-guerra o economista teria trocado a teoria econômica por temas pertencentes a outras ciências sociais. O próprio Hayek (1994) relata cansaço com seus esforços no desenvolvimento da teoria do capital, além de desagrado pelos rumos da disciplina e a oportunidade de, em Chicago, abordar temas diversos. Mas, a despeito disso, pode-se em certo sentido discordar desse modo de colocar a questão. Embora de fato os trabalhos de Hayek se tornaram progressivamente mais interdisciplinares, incluindo discussões jurídicas, políticas, filosóficas e até mesmo oriundas da biologia evolucionária, a avaliação de que isso não seria economia reflete em algum grau o que se considerava parte dessa ciência na primeira metade do século XX. Nesse período, marcado pela valorização do formalismo e da análise empírica, questões sobre instituições eram em geral excluídas do escopo da disciplina. Por outro lado, a tradição econômica do século anterior, da qual Hayek é herdeiro, sempre foi interdisciplinar. Em *O Dilema da Especialização*[102], Hayek afirma que "...ninguém pode ser um grande economista se for apenas um economista" e que um especialista estrito representa um perigo. O referencial analítico hayekiano, em contraste, inclui discussões sobre filosofia, ideologias políticas, natureza humana, evolução de normas e formas de governo, que sempre estiveram presentes nos textos dos economistas do passado. Mas ninguém diria, por exemplo, que Marx teria se afastado da economia por desenvolver referencial multidisciplinar ou ainda Douglas North, por estudar instituições. Do mesmo modo, o que Hayek constrói em sua carreira madura é com efeito uma vertente de economia institucional, centrada na discussão sobre sistemas econômicos comparados.

Se um economista estritamente técnico ou especializado for um perigo, como quer Hayek, por outro lado um cientista social que ignora os resultados da ciência econômica constitui perigo ainda maior, pois este comumente ignora as restrições à vontade política impostas por regularidades descritas por essa disciplina. Já a análise institucional e política de Hayek é

---

102. 1967, p. 123.

fortemente embasada na teoria econômica e em particular no referencial analítico da escola austríaca. Essa análise é marcada sobretudo pelo estudo das consequências não intencionais, muitas vezes indesejáveis, da ação humana. Esse ponto de vista, por sua vez, sugere irmos além do exame das boas intenções que alimentam as ideologias, rejeitando maniqueísmos próprios de quem se fantasia monopolista das causas justas. Na perspectiva hayekiana, os males do mundo não são tributáveis aos inimigos dessas causas, sendo em vez disso consequências de políticas equivocadas motivadas por doutrinas errôneas defendidas por pessoas bem-intencionadas. Isso novamente requer, agora no campo dos fenômenos sociais, o estudo das ideias, do mundo externo a elas e da relação entre ideias e o mundo, ou seja, o desenvolvimento de explanações sobre aprendizado que encontramos na teoria de processo de mercado, agora no contexto das normas sociais. Ideias motivam ações políticas e mudanças institucionais, que por sua vez trazem consigo consequências não intencionais que influenciam o funcionamento do sistema econômico. Essas consequências, por seu turno, alteram visões de mundo, em um ciclo de mudanças institucionais que pode promover ou inibir o aumento da complexidade do sistema econômico.

A política informada pela economia cultivada pelo autor requer que as inconsistências existentes entre fins almejados e meios sugeridos, entre programas informados por ideologias e seus resultados concretos, sejam explicadas em termos de diferentes perspectivas sobre a natureza do conhecimento humano. Assim como teses de Hayek sobre o funcionamento dos mercados giram em torno das limitações do conhecimento, também sua análise de instituições e sistemas econômicos depende crucialmente do estudo das condições propícias ao aprendizado em sociedade. Hayek desenvolve uma interpretação liberal do mundo que se baseia no falibilismo, favorecendo instituições descentralizadas e existência de regras impessoais, que proporcionam experimentação, o uso de diferentes soluções locais, o convívio de posturas diferentes e a presença de mecanismos de correção de erros. Em contraste, tirania política e miséria econômica são explicadas em termos de formas particulares de arrogância intelectual e instinto coletivista que levam à descoordenação sob arranjos institucionais centralizados.

A ideia de que tanto as conquistas da humanidade quanto os males do mundo não são necessariamente fruto de desígnios de atores ou grupos virtuosos ou malignos ou ainda esclarecidos ou ignorantes, mas sim frutos não intencionais da ação humana requer a distinção, central na obra de Hayek, entre ordens criadas conscientemente e ordens espontâneas. A complexidade destas últimas, por sua vez, pode aumentar se for possível contornar os limites do conhecimento através do uso de mecanismos descentralizados de aprendizado. Na economia institucional do autor, esses mecanismos assumem a forma de explanações evolucionárias. Hayek investiga o surgimento e desenvolvimento de normas que resultam em diferentes graus de compatibilidade com o desenvolvimento econômico das sociedades.

Quando Hayek se debruçou sobre esse desdobramento de seu programa de pesquisa, o desenvolvimento de um institucionalismo não hostil à teoria econômica não era parte da agenda dos economistas. Sendo assim, o autor novamente conduziu suas pesquisas em relativo isolamento. Não é surpresa que o principal autor da vertente do neoinstitucionalismo que trata da relação entre instituições e prosperidade, Douglas North (1990), sofra de fato influências de Hayek. Desde o Nobel conferido a North, lentamente a importância das instituições voltou a ser reconhecida, como atesta a popularidade do livro de Acemoglu e Robinson (2012). Ainda assim, a versão do institucionalismo desenvolvida pelos austríacos, de Menger a Lachmann, passando por Hayek, continua relativamente negligenciada, merecendo maior atenção, não apenas pelo seu pioneirismo, mas sobretudo devido às suas características singulares.

O institucionalismo hayekiano é importante por diferentes motivos. Ele complementa a análise econômica da ação proposital com o estudo do comportamento baseado em regras sujeitas a um processo evolutivo. Além disso, estuda o desempenho de diferentes arranjos institucionais sob o ponto de vista da coordenação das ações de agentes em ambientes progressivamente mais complexos, tendo em vista o caráter falível do conhecimento. Sua doutrina política é importante por restabelecer uma interpretação liberal de sistemas econômicos comparados, que difere da interpretação marxista. Essa última, que goza de virtual unanimidade a partir do século XX, identifica economias concretas com o conceito de modo de produção capitalista. Na alternativa austríaca, contrária ao historicismo, as economias de qualquer época e local são vistas como exemplos de um sistema misto, intervencionista ou neomercantilista, cujos sucessos e fracassos podem ser discutidos em termos do grau prevalecente de descentralização do poder e impessoalidade das normas de conduta. Conforme se tornam mais evidentes as deficiências inerentes ao uso do conceito de "capitalismo" derivado da concepção econômica plutológica, ganha importância uma análise de sistemas comparados tal como aquela presente na obra de Hayek, compatível com a catalática moderna.

Se a investigação de um possível sistema monetário descentralizado proposta por Hayek choca a maioria das pessoas, maior ainda é a reação diante uma análise de sistemas econômicos que rejeita o principal dogma contemporâneo, o conceito de "capitalismo" e a crença de que a realidade é descrita por esse conceito. A consideração pela teoria econômica moderna, em contraste, sugere a substituição do conceito de "modos de produção" por "modos de alocação" no que se refere ao estudo das implicações de diferentes arranjos institucionais em termos do problema econômico fundamental, a escolha diante da escassez.

Visitaremos os escritos hayekianos sobre sistemas econômicos comparados a partir de alguns de seus principais artigos e livros sobre o assunto, em ordem cronológica de publicação destes últimos, que revelam o desenvolvimento do pensamento do autor na área.

O primeiro desses livros, sua obra mais conhecida, o *Caminho da Servidão*, argumenta na época da Segunda Guerra Mundial que a demanda por planejamento central da economia, então popular na Inglaterra, se levada adiante implicaria no surgimento de um regime totalitário, tal como o soviético na Rússia ou o nacional-socialista na Alemanha. O argumento consiste em mostrar que o controle central de meios implica no controle dos fins e, embora a maioria das pessoas possa concordar com a ideia de centralização como um instrumento desejável, jamais concordaria sobre quais fins concretos deveriam ser perseguidos, em especial quando estes deixam de ser valores expressos de forma abstrata e se tornam objetos de escolhas alocativas. A obra é importante por mostrar como o poder não é ferramenta neutra, à espera apenas de dirigentes bondosos ou legítimos que o exerçam, sendo as tragédias ocorridas sob regimes totalitários consequência não intencional de aspirações bem-intencionadas que favorecem o controle central das atividades econômicas. Nesse livro, Hayek explora algumas das complexas relações entre as liberdades econômica, política e de pensamento.

No segundo livro, *A Constituição da Liberdade*, seu autor parte do problema de identificar quais seriam as normas que gerariam o máximo de liberdade, fundamentando o valor desta última em termos falibilistas, o que implica na rejeição de instituições que envolvam proibições de desafiar monopólios. Em seguida, discute a evolução histórica e descoberta de regras formais e informais que contribuíram, em diferentes países, para a construção de uma sociedade relativamente liberal. Por fim, examina o grau de compatibilidade entre liberdade e as normas próprias do então emergente estado de bem-estar (*welfare state*). A obra é importante por esboçar uma perspectiva evolucionária sobre normas compatíveis com uma sociedade livre, em contraste com a crença na capacidade de criação de um sistema acabado de regras derivadas de algum sistema intelectual. Sob uma perspectiva liberal, uma questão crucial derivada dessa perspectiva indagaria se seria possível planejar centralmente uma sociedade livre ou se isso envolve algum tipo de contradição.

O terceiro livro, publicado em três volumes, *Lei, Legislação e Liberdade*, elabora as teses do livro anterior sobre a importância da ação guiada por normas impessoais. No primeiro tomo, desenvolve os conceitos de ordens espontâneas e ordens criadas conscientemente, associa esses dois tipos de ordens a duas visões sobre racionalidade, uma evolutiva e outra construtivista e relaciona a prosperidade à emergência de regras impessoais e abstratas, essenciais como guias para a ação em situações que não podemos antecipar, em contraste com comandos específicos voltados a fins particulares. No segundo volume, utiliza os conceitos do primeiro para criticar as crenças associadas ao conceito de justiça social e, no terceiro, propõe reformas institucionais compatíveis com o primeiro tipo de normas. Esse livro, continuação do anterior, é importante por explorar os conceitos de emergência de ordem ou auto-organização nos fenômenos sociais.

Em seu último livro, *A Arrogância Fatal*, Hayek explica a tenacidade do ideal socialista em termos de dois fatores apresentados no livro anterior: uma moral tribal, herdada por evolução cultural, que se rebela contra normas abstratas e impessoais presentes em sociedades mais complexas e uma visão equivocada de racionalismo que não leva à sério os limites do conhecimento e, portanto, dos mecanismos descentralizados de correção de erros. Em contraposição, normas compatíveis com o progresso humano seriam fruto de um processo de evolução de normas, situadas "entre a razão e o instinto". Impulsos coletivistas fazem com que as normas compatíveis com a civilização sejam rejeitadas e não compreendidas. Essa obra é importante por desenvolver fundamentos explicitamente evolutivos e falibilistas para a doutrina política do autor.

Em conjunto, os quatro livros representam um desenvolvimento gradual das ideias do autor sobre o assunto, de modo que essas obras serão expostas na sequência de sua publicação, evitando na exposição de cada uma delas aprofundar tópicos explorados nos livros subsequentes.

A indivisibilidade da liberdade

A obra mais conhecida de Hayek – *O Caminho da Servidão* – não trata de fato de suas contribuições técnicas à ciência econômica, tais como o desenvolvimento das teorias austríacas sobre o processo de mercado ou ciclo econômico, mas de questões políticas associadas ao crescimento do estado. Logo no início do prefácio, Hayek declara que se trata de um livro político[103]. Os argumentos utilizados no texto, contudo, não se restringem à filosofia política liberal, utilizando ainda elementos oriundos da Filosofia, da História e da própria Economia para tratar de conexões entre fenômenos econômicos e políticos. Concretamente, trata de uma questão relativa às relações entre diferentes aspectos da liberdade, que indaga se é possível conciliar liberdade política e de pensamento com ausência de liberdade econômica.

Em termos históricos, a obra foi publicada na Inglaterra em 1944, no final da Segunda Guerra Mundial, tendo como propósito convencer os ingleses de que o planejamento central, bandeira politicamente popular naquele país, não seria compatível com a liberdade individual e com instituições democráticas, resultando, pelo contrário, em sistemas totalitários, tal como o fascismo e o nazismo contra os quais os ingleses lutavam. Como migrante austríaco, Hayek se coloca na posição de mostrar como o clima intelectual no mundo germânico desde Bismark, favorável a ideologias coletivistas, gerou um processo gradual que favoreceu politicamente ideologias totalitárias.

Ainda em 1944 o título foi publicado também nos Estados Unidos, lá alcançando grande sucesso, em especial após a aparição, no ano seguinte, de versão condensada no *Reader's Digest*. A despeito desse sucesso de vendas e do apoio de intelectuais como J. M. Keynes, a obra foi objeto de várias críticas desfavoráveis, que classificavam o autor como reacionário e inimigo do progresso e da noção de planejamento, além de alguém que teria afirmado que qualquer intervenção governamental levaria necessariamente ao socialismo ou ainda que esse movimento seria inevitável, a despeito de Hayek afirmar,

---

103. 2007, p. 37.

logo na introdução do texto, de que não faria sentido escrever livro contra algo inevitável[104].

O estranhamento em relação à tese central do livro pode ser entendido se levarmos em conta que Hayek oferecera uma interpretação dos eventos baseada no liberalismo clássico, perspectiva bastante diferente do pensamento político em voga no período. Este último empresta do marxismo algumas de suas crenças fundamentais, como o historicismo, que nega a validade universal da teoria econômica e o materialismo, presente na definição clássica de economia como a ciência que estuda a produção e distribuição de riqueza material. Esses elementos, em conjunto com outros, resultam na interpretação da história como sucessão determinista de modos de produção. Em particular, um confronto entre trabalhadores e proprietários de capital imprimiria uma direção determinada à história, rumo ao socialismo. Por mais que na Inglaterra o marxismo ortodoxo ceda lugar, no pensamento político, a alternativas mais aparentadas ao fabianismo e na teoria econômica, ao marginalismo, ainda assim era comum o diagnóstico de inspiração marxista segundo o qual a guerra seria consequência da crise do "capitalismo" e o fascismo e o nazismo reações contra esse progresso em direção ao socialismo, que por sua vez envolveria o uso do planejamento central das economias.

Hayek, por outro lado, liderou na década anterior o debate a respeito da crítica de Mises ao planejamento central. Sob o ponto de vista da teoria econômica moderna, o problema alocativo é universal, ou seja, presente em qualquer sistema econômico e qualquer época. A estrutura da produção, além disso, não seria fixa e não se resumiria a um dado técnico, sendo

---

104. 2007, p. 59.

dependente dos usos alternativos dos recursos. O socialismo, por fim, seria um ideal inalcançável, por se tratar de algo impossível: como vimos, sem propriedade privada e processo de formação de preços não existe maneira de alocar recursos escassos de forma racional. Sendo economicamente inviável, o socialismo se manifesta apenas no mundo das ideias e nas consequências não intencionais de instituições centralizadoras que inspira.

Tendo em vista essa discussão, a versão hayekiana sobre os eventos da época não pode ser interpretada em termos de um conjunto de conceitos incompatíveis com suas crenças. O termo "capitalismo", de fato, é em geral utilizado entre aspas em *O Caminho da Servidão*, exceto quando o autor retrata a opinião de alguém que acredita em tal conceito. Em seu lugar, encontramos o contraste entre individualismo e coletivismo nos planos das ideias e das políticas governamentais e, no que diz respeito às consequências deste contraste, sociedades situadas em diferentes pontos entre os extremos de liberdade e totalitarismo.

Acima de tudo, na análise política informada pela economia desenvolvida por Hayek, não importam as intenções, isto é, quão boas estas sejam, mas sim as consequências das políticas defendidas. A discussão migra, desse modo, dos fins para os meios.

Em um ambiente iliberal, a política trata do confronto dificilmente conciliável entre diferentes valores e também entre a verdade e a superstição. Quando certas convicções políticas são identificadas com a defesa dos próprios fins, o ideólogo se crê monopolista destes, falando em "o" partido do trabalho ou da ecologia, por exemplo. Nesse caso, o antagonista na melhor das hipóteses é retratado como alguém indiferente ao problema, devido à sua ignorância ou, com mais frequência, um inimigo da sociedade que deve ser calado e eliminado.

Em um ambiente tolerante, em contraste, a política trata do diálogo entre teorias rivais a respeito de como os mesmos fins poderiam ser atingidos. Não é por ironia então que Hayek dedica seu livro "aos socialistas de todos os partidos"[105]. Estes não representariam interesses sinistros, mas apenas a defesa de diagnósticos por ele considerados equivocados.

Para Hayek, a análise relevante a ser considerada não envolve o contraste entre os conceitos de capitalismo e socialismo, mas sim a distinção entre individualismo, que trata cada pessoa como um valor em si mesmo, o que por sua vez sugere limites para a ação coletiva permissível e o coletivismo, que submete os indivíduos a políticas inspiradas por conceitos referentes a grupos, como classes ou raças, cujos conflitos justificariam a violência contra indivíduos concretos. Para o autor, a ação política motivada por conceitos coletivistas, na prática, traria como consequência a reintrodução de monopólios que geraram os privilégios e exploração em épocas passadas.

A mensagem principal do livro, segundo a qual a substituição da competição nos mercados pelo planejamento central levaria a um regime totalitário, por mais que os ingleses desejem que esse planejamento permaneça sob controle democrático e o governo respeite liberdades individuais, ilustra a centralidade na obra do conceito de consequências não intencionais. Nas palavras de Hayek, "seria possível imaginar tragédia maior do que, em nosso esforço de moldar conscientemente nosso futuro de acordo com altos ideais, devemos de fato produzir inconscientemente o oposto do que temos buscado?"[106].

---

105. 2007, p. 36.
106. p. 60.

Para ilustrar essa mensagem, Hayek compara o clima intelectual britânico na época da guerra com aquele existente na Alemanha vinte e cinco anos antes, ambos caracterizados pela demanda de substituição da competição nos mercados por um plano centralmente dirigido pelo estado. O autor mostra como essa demanda, no caso alemão, resultou no nacional-socialismo. Essa transformação é narrada por meio do exame das origens intelectuais socialistas e antiliberais presentes na obra de sucessivas gerações de autores que inspiraram o nazismo, explorando a centralidade da aversão ao liberalismo presente nos escritos desses autores. Aqui mencionaremos apenas o contraste, encontrado em Werner Sombart, entre o espírito do comerciante inglês, egoísta e preocupado com seus próprios ganhos materiais e o herói germânico, motivado pelo interesse coletivo da nação.

Talvez por se tratar de um livro sobre política, dirigido a um público mais amplo, Hayek escolheu não mencionar no texto teorias econômicas e controvérsias acadêmicas que se relacionam com sua tese central do texto. Mas o suporte teórico está presente de todo modo, mesmo que de forma indireta. Ao discutir as relações entre planejamento central e totalitarismo, por exemplo, o autor poderia invocar o debate do cálculo econômico no socialismo para explicar as razões do fracasso do plano central e a necessidade de uso de violência para a manutenção do poder. Embora relevante, isso teria sem dúvida limitado o alcance da obra, que ficaria restrita à pequena parcela de economistas familiarizados com a questão. O tema surge de modo indireto, porém, quando o autor contrasta fins abstratos, manifestos como objetivos de políticas públicas, cuja execução inspira a demanda por planejamento central, com a inevitável escolha sobre quanto sacrificar de cada fim quando temos que escolher entre eles.

A argumentação ao longo de todo o livro é baseada nesse ponto central, que contrasta o sentido absoluto ou isolado do conceito de valor com o conceito de valor na margem associado à escolha, tal como estudado pela teoria econômica. Deixemos a cargo do próprio Hayek a exposição desse argumento, que aparece já em 1938 em *Liberdade e Sistema Econômico*, artigo que consiste em uma prévia de *O Caminho da Servidão*[107]:

> O ponto principal é muito simples: o planejamento econômico central, considerado necessário para organizar a atividade econômica em linhas mais racionais e eficientes, pressupõe um acordo muito mais completo sobre a importância relativa dos diferentes fins do que realmente existe e, consequentemente, para poder planejar, a autoridade de planejamento deve impor ao povo o código detalhado de valores faltante.

Como ninguém pode vislumbrar mais do que uma pequena fração das necessidades concretas em cada circunstância particular de tempo e local, como também exposto em *Os Usos do Conhecimento na Sociedade*, publicado no mesmo período, as escalas de valores individuais são parciais, diferentes umas das outras e inconsistentes.

O ponto em questão não se refere aos problemas de agregação de preferências sobre políticas públicas rivais submetidas à comparação por algum mecanismo de escolha coletiva, como poderia imaginar o economista moderno, acostumado a reduzir todo argumento alheio ao referencial analítico que conhece. O problema subjacente novamente é a questão do cálculo econômico sob planejamento central, que pretende substituir a diversidade de opiniões empresariais sobre diferentes usos do

---

107. 1997, p. 182.

capital por alguma concepção única. Politicamente isso implica que se deve escolher, no limite, entre instituições liberais, nas quais as escolhas são descentralizadas e não é necessário acordo sobre a importância de fins rivais, e instituições centralizadoras, que requerem escolhas coletivas baseadas em alguma concepção única sobre o valor dos fundamentos da economia (preferências, recursos, tecnologias) em cada circunstância particular.

Enquanto na primeira as escolhas públicas são restritas aos poucos assuntos nos quais seria possível encontrar algum acordo aceitável, na segunda nos colocamos em situação com reduzida probabilidade de concordância e consequente aumento de conflitos. O favorecimento do planejamento central seria então, metaforicamente falando, como se um grupo heterogêneo de pessoas combinasse realizar uma viagem juntas sem concordar com o destino desejado[108]. Devemos enfatizar que é até possível convencer a maioria a defender algum valor ou *slogan* abstrato, mas a ideia de planejamento central requer a transição das opiniões genéricas para valores relativos a escolhas concretas, que com frequência contrariam as primeiras.

A expansão dos assuntos sujeitos à decisão coletiva para além daquilo que possa existir concordância implica em redução da liberdade individual. A ação voluntária envolvendo pessoas com causas comuns ou pelo menos não diretamente inconsistentes é progressivamente substituída por comando, sujeitando cada um a obrigações com as quais não concorda. Com isso, parcela progressivamente maior das ações individuais assume caráter político, com implicações sobre o bem-estar dos demais. Sob um sistema de saúde coletivizado, por exemplo, a decisão sobre que dieta seguir deixa de ser uma decisão pessoal,

---

108. 2007, p. 103.

dado que todos arcam com os custos de eventuais tratamentos. Conforme o controle central de meios é expandido, reduz-se ainda a possibilidade de ação livre no que tange aos demais aspectos da vida, pela progressiva dependência em relação ao setor controlado pelo estado. Para Hayek, quem controla os meios efetivamente controla os fins[109]. Dificilmente, por exemplo, poderíamos esperar jornalismo independente se o governo controlar a oferta de papel ou se for anunciante importante.

A tese segundo a qual o controle dos meios implica em controle dos fins tem para o autor um significado amplo, na medida em que a distinção entre fins econômicos e não econômicos é em última análise artificial[110]. Como ensina a teoria econômica moderna, "econômico" é atributo de qualquer fim desde que escassez relativa, isto é, insuficiência de recursos para atender todas as necessidades imaginadas, imponha a necessidade de se escolher entre alternativas. A verdadeira questão envolve saber se as escolhas são feitas pelos indivíduos ou por alguma autoridade e, neste último caso, o controle central de parcela significativa dos meios determina indiretamente que fins devem ser perseguidos[111]. Não faria sentido, portanto, demandar controle e dirigismo na esfera comumente classificada como "econômica" e ao mesmo tempo contar com liberdade nos assuntos políticos: o planejamento central da economia implica em autoritarismo.

Examinemos uma forma particular de como o controle central de meios se mostra inconsistente com a democracia. O entusiasta pelo uso do planejamento central como ferramenta para se atingir certo propósito necessariamente se frustra

---

109. p. 103.

110. p. 125.

111. p. 127.

quando os recursos demandados para tal forem disputados por defensores de outros projetos submetidos ao parlamento. Para Hayek, apenas um passo separa o idealista dedicado à uma única causa do fanático, quando o inevitável "conflito escondido" entre objetivos isolados entra em cena nas decisões coletivas[112]. Como consequência da frustração pela impossibilidade de atender plenamente cada intenção ou projeto particular, manifesta-se com frequência entre os entusiastas do controle central o desprezo pelo parlamento e o desejo de substituição das regras paralisantes da democracia pela ação efetiva de homens fortes ou líderes e também dos *experts*, que deveriam ser libertos de interferência "irracional" da política. Além da demanda por ditadores, o coletivismo gera uma estrutura de incentivos que favorece pessoas inclinadas a exercer poder ditatorial.

Hayek nega dessa forma a popular tese segundo a qual a tirania presente nos regimes totalitários pode ser tributada à maldade de seus dirigentes, de modo que o poder centralizado seria ferramenta neutra, que poderia algum dia ser utilizada corretamente, caso fosse dirigida pelas pessoas certas, representantes dos interesses das classes apropriadas ou mesmo povos acostumados com a democracia e tolerância. Encontramos aqui a mesma defesa liberal, encontrada em Popper (1987), de regras negativas, relativas à limitação de possíveis abusos do poder por parte dos líderes, em oposição a regras positivas de liberdade de ação de um possível líder ideal.

No período que o livro foi escrito, notório pelo advento do fenômeno totalitário, diversos autores lidaram com o problema da emergência de tiranos em regimes originalmente inspirados por causas nobres. Orwell descreve a traição dos

---

112. p. 99.

ideais da revolução dos bichos promovida pelo líder dos porcos[113], personagem que representa Stalin. Koestler (1940), por sua vez, descreve a substituição de uma geração original de revolucionários idealistas e intelectuais por outra, composta por carrascos frios e obedientes, que possam conduzir a repressão requerida pelo comando central.

Hayek explica o mesmo fenômeno a partir da existência de forças seletivas que fazem com que os piores cheguem ao poder em regimes totalitários. Para ele, o planejamento central requer certas qualidades éticas por parte do aspirante a ocupar posições na hierarquia central. A moral que inspira inicialmente os movimentos coletivistas seria sobremodo diferente da moral requerida para pôr em marcha a planificação central da economia. A implementação de planos centrais requer homens resolutos que buscam levar adiante o projeto a qualquer custo sob hierarquia partidária de cunho militarista. O "homem de sistema" criticado por Adam Smith (1984), que trata a sociedade como se fosse um enxadrista diante de um tabuleiro, logo é forçado ou a reconhecer que, no xadrez da sociedade humana, os indivíduos têm movimentos próprios, diferentes do modelo imaginado ou senão coagi-los a se comportar conforme o mesmo. Do mesmo modo, o ditador coletivista, para Hayek, é forçado a descartar a moral tradicional ou reconhecer o inevitável fracasso de seu plano[114]. A tensão entre idealismo e maquiavelismo seria assim inerente aos regimes coletivistas.

A reduzida probabilidade de acordo sobre fins sob planejamento central resulta, portanto, não em um plano que comandaria a aceitação da maioria, mas na emergência

---

113. 2000 [1945].
114. p. 158.

de líderes capazes de mobilizar o maior grupo possível de pessoas dispostas aceitar a direção centralizada. Três fatores seletivos são apresentados nesse processo evolutivo. Em primeiro lugar, quanto mais inteligente e educado o indivíduo, maior a diversidade de gostos e opiniões, o que reduz a chance de formação de grupo homogêneo com causa comum que apoie certo pretendente à liderança. Em seguida, as pessoas com menos convicções próprias e mais crédulas podem aceitar mais facilmente sistemas prontos de valores gerados por demagogos. Por fim, seria mais fácil reunir suporte em torno de causas negativas, como a luta contra um inimigo comum imaginado pelas ideologias coletivistas, como os *kulaks* na Rússia ou os judeus na Alemanha, na primeira metade do século XX. O centralismo institucional implica assim na presença de forças seletivas que fazem com que os piores obtenham o poder.

O ponto central da obra, segundo o qual "a liberdade individual não pode ser conciliada com a supremacia de um único propósito ao qual toda a sociedade deve estar inteira e permanentemente subordinada"[115], é ainda aplicado na discussão das relações entre países. O princípio do planejamento central, em escala internacional, adiciona novas restrições ao problema de encontrar ordenamento de objetivos concretos com os quais os envolvidos concordem. Nesse contexto estendido, com grupos mais heterogêneos ainda, faz menos sentido ainda falar em "interesse dos trabalhadores" e mais remota ainda seria a esperança de controle democrático do plano central da economia global. Esse controle envolveria a concessão de benefícios a certas regiões, que seriam arcados por habitantes de outras partes do planeta, necessidade que resultaria em disputas por poder derivadas

---

115. p. 213.

dos conflitos envolvidos na transformação de indivíduos em ferramentas do planejamento central. No plano internacional, a substituição de relações comerciais por relações entre governos implica em replicar a própria lógica que explica a agressividade voltada aos estrangeiros presente no nacional-socialismo. Centralismo internacional implica em guerra.

Além de minar liberdades políticas, a adoção do planejamento central resultaria ainda na negação do império das leis (*rule of law*). No plano legal, a substituição de múltiplos planos descentralizados por um central requereria o uso de poder arbitrário em substituição às regras abstratas e impessoais que coordenam ações desconhecidas e dependentes de condições particulares. Hayek utiliza como metáfora para representar esse contraste a comparação entre provisão de placas de sinalização de trânsito e ordens sobre que estrada as pessoas devam usar[116]. O comando central exige regras concretas, que determinam, digamos, quantos porcos devem ser criados em determinada situação. A isso se contrapõe o caráter abstrato das regras que dão origem à coordenação de planos descentralizados. Esse contraste entre regras concretas e abstratas diz respeito então ao tipo de conhecimento que pode ser transmitido e criado nessas duas formas de relações sociais.

Note que nos deparamos aqui com uma outra manifestação do programa de pesquisa hayekiano, que trata da coordenação de planos com conhecimento limitado. As formas como diferentes normas sociais e sistemas legais se relacionam com diferentes tipos de sistemas econômicos é um assunto central dos livros subsequentes de Hayek e adiamos sua discussão. Aqui, trataremos da relação entre conhecimento e liberdade que

---

116. p. 114.

aparece em *O Caminho da Servidão*. Afinal, como o livro sugere que a liberdade não pode ser separada em departamentos independentes e que não existe algo como fins econômicos, é natural tratar do controle das ideias como corolário do controle da economia.

Não é de estranhar que Hayek siga em seu livro sobre política a tradição liberal de associar seu liberalismo a fundamentos falibilistas. Para ele, o crescimento da razão depende da existência de diferentes pontos de vista que interagem nos processos descentralizados de aprendizado[117]. Como não podemos prever quais são consequências de cada conjunto de ideias[118], ou seja, saber quais delas renderiam quais frutos, não é possível controlar o crescimento do conhecimento, a partir de uma perspectiva particular centralizada, sem limitar esse crescimento. O planejamento consciente do progresso seria, portanto, uma contradição, fruto da arrogância intelectual que motiva a demanda por controle consciente dos processos sociais[119].

A censura, propaganda e instrumentalização política do conhecimento, típicas de regimes totalitários, são examinadas por Hayek tendo em vista sua doutrina sobre o modo de crescimento do conhecimento e o argumento central do livro. A não concordância sobre que fins particulares o plano central deve perseguir, ou seja, sobre como se comportar diante de cada *trade-off* inerente a qualquer plano particular, requer o uso intenso de propaganda para convencer todos a respeito dos valores na margem escolhidos pela direção central, para que se possa aceitar os custos das escolhas envolvidas.

---

117. p. 179.

118. Bartley (1990).

119. p. 180.

Assim como Orwell (2009), Hayek discute a necessidade de dar novos sentidos para as palavras (novilíngua), de fornecer uma doutrina oficial sobre eventos para propósitos do plano (a reescrita da história no ministério da verdade), a supressão de opiniões dissidentes, a onipresença da propaganda, de modo a fazer com que até mesmo os mais inteligentes acreditem nas versões oficiais dos eventos e, por fim, a rejeição de pensamento abstrato e formas de expressão cultural dissociados de utilidade política.

O Caminho da Servidão contém uma série de argumentos interessantes que seremos forçados a deixar de lado, como a tese de que a garantia de segurança absoluta para uns implica no aumento da variância do rendimento dos demais[120]. A presente exposição da obra escolheu retratar apenas as ideias relativas ao argumento principal, deixando de lado a discussão de propostas de políticas públicas concretas discutidas na época. Mas boa parte do que omitimos, assim como vários dos assuntos que apenas mencionamos, foram retomados nas obras subsequentes de Hayek, que desenvolvem sua economia institucional.

Antes de passarmos para essas obras, devemos fazer uma pausa para discutir a relevância do texto para além de seu contexto no pós-guerra. A argumentação é dirigida ao leitor inglês daquele período. Compara a ideologia em voga naquele país com o totalitarismo nacional-socialista na Alemanha, evitando discutir o exemplo soviético, por se tratar de aliado de guerra. Será que esse contexto ou a moderna substituição como ideal político do socialismo tradicional pelo *welfare state*, tal como documentada pelo próprio Hayek em seu livro subsequente, ou

---

120. p. 153.

ainda qualquer outra modificação ideológica ou institucional ocorrida desde então torna a obra obsoleta[121]?

Embora o livro aplique um argumento geral a um episódio histórico particular e pudéssemos talvez argumentar que a perda de dinamismo do *welfare state* trouxe consigo no início do século XXI a volta de aspirações socialistas, a relevância do argumento teórico original permanece inalterada. Independente do contexto político que se discuta, o livro trata das relações entre diferentes aspectos da liberdade. Estes não são independentes um dos outros. Em particular, algum grau de liberdade dita econômica é condição necessária para a liberdade política e de pensamento. O deslocamento da discussão dos fins para a relação entre estes e os meios, que por sua vez torna artificial a separação entre fins econômicos e não econômicos, nos leva ao argumento de que o controle dos meios implica no controle dos fins e esse último em servidão. Em conjunto com a tese austríaca sobre o cálculo econômico e consequente fracasso do planejamento central, a insistência no controle dos meios implica em conflito político e censura. Assim como nos mercados e na ciência, também na política a liberdade é necessária quando estivermos diante de limitações do conhecimento para resolver complexos problemas de coordenação.

Desde a crítica hayekiana à tese da separabilidade das liberdades, o pensamento político busca em vão conciliar centralização com liberdade, depositando suas esperanças em controle democrático do planejador. Em vez de propor algum modelo de ação coletiva que lide de modo satisfatório com o problema do conhecimento proposto por Hayek ou com o pressuposto de auto-interesse dos agentes envolvidos em escolhas

---

121. 2011, cap. 17.

públicas, preferem contornar o problema classificando a tese de que diferentes facetas da liberdade estão relacionadas como mero economicismo. Mas, além da ausência de discussão do argumento teórico, em termos históricos temos que a previsão de que a supressão da liberdade econômica induz declínio da liberdade política e de opinião continua sem contra-exemplos.

Os argumentos de Hayek desenvolvidos nessa importante obra, porém, não se limitam às formas puras de coletivismo. Afinal, o autor substitui a análise do "capitalismo" por modelos de alocação segundo instituições com diferentes graus de centralização, impessoalidade das leis ou formas de definir direitos de propriedade. A explicação sobre como os piores chegam ao poder parece descrever as eleições em boa parte dos países. O tamanho do estado moderno e seu poder regulatório tornam virtualmente impossível a existência de grandes firmas e veículos de comunicação independentes de governos.

Uma amostra da contínua relevância do livro é fornecida pela análise da ideologia contemporânea empreendida por Sowell (2021). Este último contrasta a "visão trágica" dos economistas, que desloca a discussão dos fins para os meios, enfatiza a existência de *trade-offs* ou concorrência entre diferentes fins e se interessa pela eficácia de diferentes meios, com a "visão dos ungidos", que ignora essas questões em favor de diagnóstico que divide as pessoas entre esclarecidos e ignorantes, devendo estes últimos serem despertos pelos primeiros para que surja vontade política e os problemas sejam completamente resolvidos, sem consideração por custos de oportunidade de planos concretos. A argumentação de Sowell, como o leitor pode reconhecer, é aplicação direta da tese de Hayek sobre valores abstratos que inspiram a demanda por planejamento central e valores na margem que se manifestam na competição por recursos públicos.

Embora seja inequivocadamente falsa a proposição segundo a qual Hayek teria afirmado que qualquer intervenção poria as sociedades no caminho da servidão, a gradual substituição da alocação descentralizada nos mercados por decisões coletivas colocam em marcha as forças por ele descritas, que se manifestam também no moderno *welfare state*, objeto de investigação dos próximos livros do autor.

Retomando o desenvolvimento do pensamento de Hayek, *O Caminho da Servidão* inaugura uma sequência de livros nos quais os mesmos temas surgem de maneira recorrente: causas das ideologias coletivistas, fundamentos falibilistas do liberalismo, conduta governada por regras em contraste com comandos discricionários, emergência da auto-organização no estudo da evolução das instituições, entre outros aspectos que compõe suas teses sobre política e sistemas econômicos comparados.

A evolução das instituições

Depois do exame das consequências não intencionais do coletivismo, Hayek se debruça sobre sistemas econômicos mais descentralizados, generalizando sua economia institucional.

Na teoria econômica, agentes racionais maximizadores coordenam suas ações através do sistema de preços. Mas, além dos preços, as normas sociais também contribuem para a coordenação das ações dos indivíduos e Hayek examinará a coordenação baseada em regras.

O exemplo mais simples de uma regra é o caminhar pelo lado direito da calçada. Mas outras normas, com impacto mais significativo em termos de proporcionar ambientes favoráveis ao progresso, não foram adotadas devido à compreensão racional sobre sua importância, como por exemplo o estabelecimento de garantias de direito de propriedade. Como tais normas são estabelecidas? Voltando a regras sobre o simples ato de caminhar. No metrô de São Paulo, as pessoas deixam livre o lado esquerdo da escada rolante para que pessoas com pressa passem, antes desse comportamento ser regulado pela empresa, através de placas de sinalização. Do mesmo modo, não é verdade que o funcionamento dos mercados requer o estabelecimento prévio de um conjunto completo de normas que regulem seu funcionamento. Esse é um modo pré-evolucionário de pensamento. Na verdade, as trocas e as regras coevoluem. Como descrever o processo de evolução institucional?

Ao longo de seus próximos livros, Hayek desenvolve uma abordagem progressivamente mais evolucionária sobre como surgem e se modificam as normas presentes nas sociedades. Para o autor, grupos que adotam regras favoráveis permanecem, se expandem e são copiados. Ao longo das próximas obras, estudaremos os efeitos de diferentes tipos de normas e os fatores que fazem com que sejam adotadas ou rejeitadas através dos tempos.

A constituição da liberdade

Se em *O Caminho da Servidão* Hayek critica o coletivismo, em *A Constituição da Liberdade*, publicado em 1960, ele volta sua atenção para o estudo de instituições compatíveis com o liberalismo. Um subproduto dessa investigação foi o desenvolvimento de um tipo de economia institucional que reestabelece a centralidade da ação baseada em regras, em época que marca o nadir desse tipo de investigação.

Como adota uma perspectiva evolucionista, a obra não trata de quais seriam as instituições ideais, segundo as preferências políticas do autor. Em vez disso, temos um estudo das perspectivas do liberalismo no contexto do estado de bem-estar social (*welfare state*): que instituições emergentes neste último sistema seriam mais ou menos compatíveis com as normas historicamente evoluídas que são adequadas ao funcionamento de uma sociedade livre? É importante salientar esse ponto desde o início, pois nele repousa boa parte dos problemas de interpretação da obra.

Hayek declara na introdução do livro que pretende abordar diferentes políticas econômicas através da exposição dos "princípios básicos de uma filosofia da liberdade"[122]. Novamente, tal tarefa requer abordagem multidisciplinar, que poucos teriam condições de empreender. O resultado foi um livro bastante erudito, repleto de notas de rodapé com citações em várias línguas de trabalhos sobre direito, história, filosofia, psicologia, política e economia, tendo esta última papel coordenador, por ser a disciplina normalmente voltada ao estudo de objetivos rivais.

Desta vez, porém, o direito assume um papel de destaque, pois a "filosofia da liberdade" para Hayek será centrada na existência de regras impessoais, tal como implicado pelo conceito de império das leis (*rule of law*). A justificativa da importância de normas impessoais, em contraste com decisões discricionárias, é por sua vez fundamentada por uma concepção filosófica falibilista, auxiliada ainda pelos estudos do autor a respeito da ordem sensorial no que diz respeito ao caráter abstrato das normas que se manifestam em ordens complexas.

Como a economia institucional de Hayek é parte integrante do programa de pesquisa desenvolvido pelo autor, a estrutura da obra naturalmente reflete características desse programa. Não se trata, mais uma vez, de um tratado que descreve o que Hayek considera uma sociedade ideal construída a partir de

---

122. 2011, p. 50.

algum código moral. Embora ciente de que a liberdade pode ser vista como um valor ético, o tratamento da liberdade como tal bloquearia a discussão com quem não compartilha dessa premissa[123]. Tampouco encontramos na obra uma abordagem que realize alguma "arquitetura" ou "desenho" de mecanismos institucionais, algo incongruente com o seu evolucionismo[124]. Na década seguinte, porém, o autor esboçará uma proposta de constituição que redesenha as instituições políticas vigentes e uma reformulação radical do sistema monetário, como vimos no capítulo prévio. Um dos pontos que devemos examinar é justamente a compatibilidade entre o evolucionismo e os desenhos de instituições sugeridos.

A desconsideração dos diferentes aspectos do programa de pesquisa de Hayek, a falta de clareza do autor sobre os objetivos do texto e a presença de paixões ideológicas suscitadas pelo objeto de estudo do livro contribuíram ainda para o surgimento de inúmeras interpretações equivocadas sobre o que foi escrito. Fragmentos do texto são com frequência utilizados para apoiar teses, incongruentes entre si, de que Hayek seria um liberal radical, um intervencionista defensor de programas de renda mínima e até mesmo um socialista. Esse fenômeno é tão frequente que merece comentário prévio, antes de nos debruçarmos sobre a tarefa de expor as teses contidas no livro.

Para que possamos avaliar essas críticas, é necessário antes esboçar brevemente o plano da obra. O livro é dividido em três partes. A primeira define liberdade, provê uma justificativa para a sua defesa, que implica na rejeição de instituições que estabeleçam monopólios e ainda explora algumas características

---

123. *Ibidem*, p. 52.
124. Ibidem, p. 51.

de uma sociedade livre, tendo em vista tal fundamentação. A segunda parte, condizente com sua visão de mundo falibilista e evolucionária, trata da emergência ou evolução das instituições que, em diferentes países, contribuíram para o desenvolvimento de sociedades livres, tais como o estado de direito e o constitucionalismo limitador do poder arbitrário. A terceira parte, por fim, examina as instituições no contexto do *welfare state*, cujo redistributivismo substitui o socialismo tradicional como força política dominante. Esse exame é feito em termos da compatibilidade de cada política considerada, em áreas como educação, tributação ou previdência, com o princípio de impessoalidade das normas, condição vista como necessária para a existência da liberdade.

Tendo em mente essa estrutura da obra e o conteúdo das teorias desenvolvidas pelo autor, boa parte das interpretações críticas se revela problemática. A terceira parte do livro, em particular, é intitulada "a liberdade no *welfare state*". Analisar em que medida certas ferramentas políticas próprias desse sistema econômico seriam compatíveis com a existência do império das leis não implica em absoluto que o autor seja defensor de tais políticas. Como o argumento é abstrato ou analítico, Hayek em geral restringe a análise à dimensão que se propõe a examinar. Ele inicialmente lista razões que justificariam cada política, discute em seguida se ela viola a impessoalidade das normas, argumenta que mesmo que não viole isso não implicaria em provisão estatal monopolística de serviços e, na sequência, examina tais políticas sob outros critérios.

Extraída desse roteiro, a primeira etapa dessa sequência pode sugerir, por exemplo, que o autor teria defendido a adoção de um programa de renda mínima disponível a todos e provida pelo estado, quando na verdade o autor afirma que um esquema de seguro para destituídos não é incompatível com o conceito de estado de direito e que, além disso, a provisão monopolista do serviço geraria problemas. A opinião do autor sobre cada política analisada, porém, em geral não é revelada no livro em questão. Na obra subsequente, por outro lado, argumenta-se que em uma sociedade liberal, na qual normas gerais restringem o poder discricionário de modo a proibir monopólios estatais da maioria dos serviços, havendo liberdade até mesmo de uso de moedas que competem entre si, um esquema de seguros resolveria facilmente o problema de estabelecer a garantia de provisão mínima a todos. Fora do contexto original da análise, a afirmação de que Hayek teria defendido uma expansão do *welfare state* através da adoção de mais um programa estatal é simplesmente falsa. Por outro lado, a tese de que o autor tenha feito concessões excessivas ao estatismo pode ser melhor fundamentada. Como veremos mais tarde, pode-se questionar o procedimento de avaliar a compatibilidade de normas com a liberdade apenas em termos da capacidade de que elas sejam expressas como regras impessoais. Certas regras impessoais podem ser inerentemente iliberais, como o próprio autor reconhece. Imagine proibições gerais impostas por uma teocracia. Além disso, certas regras podem ainda favorecer e dar origem a novas regras não impessoais, se considerarmos outros fatores envolvidos na situação. Normas centralizadoras, por exemplo, geram incentivos para o abandono da competição nos mercados em favor da busca por novos privilégios monopolísticos.

Embora a desconsideração sobre a estrutura do argumento de Hayek vicie boa parte das reações negativas ao texto, a falta de clareza do próprio Hayek sobre a organização do livro e sobre o significado de algumas de suas teses centrais com certeza contribuiu para o tipo de reação provocado pela obra. O próprio título do trabalho – *A Constituição da Liberdade* – não é discutido pelo autor. A expressão aparece uma única vez no texto[125], para caracterizar a constituição americana como uma proteção da população contra o poder arbitrário dos governantes. Hayek não comenta se por "constituição" no título da obra ele se refere a qual dos sentidos listados nos dicionários: uma carta magna, a forma como algo é composto por diferentes partes, o ato de estabelecer algo ou ainda ao estado geral de saúde de uma pessoa. Apenas no prefácio de seu livro subsequente Hayek nos revela que utiliza o termo nesse último sentido e que gostaria ainda de utilizar "a constituição da liberdade" como título de *Lei, Legislação e Liberdade*, se soubesse que nesta última obra se dedicaria à tarefa de propor um esboço de uma proposta de constituição, no sentido jurídico do termo[126].

De todo modo, essas informações ainda não deixam claro que, no texto em foco, o autor trata do processo de evolução ou descoberta de normas que *historicamente* resultaram na liberdade. Essa perspectiva evolutiva é consequência do fato de que Hayek contesta a capacidade de criar tais normas apenas pelo poder do raciocínio. Como o livro trata da liberdade ao longo do processo de evolução institucional, não faz sentido portanto interpretar o livro como se fosse descrição de algum sistema político ideal, derivado de alguma teoria ou conjunto de valores.

A ideia de que regras conducentes à liberdade devem ser descobertas e não derivadas de um sistema axiomático se revela já no primeiro capítulo do livro, quando Hayek coloca como objetivo investigar as condições que levariam à minimização da coerção[127], que não pode ser eliminada completamente. Isso ocorreria porque a única forma de impedir coerção é através

---

125. p. 270.

126. 1982, p. 3.

127. 2011, pp. 57, 59.

do uso de ameaça de coerção[128]. Depois de expor na *Constituição da Liberdade* a evolução histórica das normas compatíveis com a liberdade, em *Lei, Legislação e Liberdade* explorará em mais detalhes uma explanação teórica, de caráter evolutivo, sobre o processo de desenvolvimento de normas que resultarão, em diferentes graus, de proteção contra coerção.

Retornando à tarefa inicial de definir termos, Hayek, seguindo a tradição liberal, denomina liberdade o estado de coisas no qual a coerção é minimizada[129]. Definindo liberdade em termos negativos, como minimização da coerção, o autor se dedica à tarefa de distinguir essa definição de outros usos e sentidos atribuídos à palavra, fazendo o mesmo com a noção de coerção.

Liberdade, no sentido usado pelo autor, difere de uma série de outros conceitos associados ao termo, não sendo esses últimos meras facetas da liberdade que poderiam ser trocadas umas pelas outras. Em primeiro lugar, o conceito se distingue da liberdade de participação política, tal como expresso pela ideia de "liberdade dos antigos" proposta por Constant[130]. Tampouco se confunde com liberdade em relação ao domínio exercido por um país estrangeiro. Difere também da liberdade interior, que consiste na capacidade de se guiar por julgamento próprio e não segundo certos impulsos ou circunstâncias. Diverge ainda de algo que expresse fins desejáveis. A liberdade pode gerar algo indesejável, como riscos e inanição, por exemplo. O interesse de uma análise de sistema comparados recairá, com efeito, na relação entre liberdade e capacidade de atingir fins, não podendo portanto ser identificado como estes últimos.

---

128. p. 71.

129. 2011, p. 57.

130. 1874.

O equívoco mais relevante, por fim, é gerado pela tentativa de interpretar liberdade em sentido positivo, como ausência de restrições, habilidade de fazer o que se deseja ou com o número de alternativas disponíveis para serem escolhidas. Segundo Hayek isso nos leva ao sofisma que identifica liberdade com o seu oposto, o poder, esvaziando assim o conceito[131]. Como nota Machlup[132], o uso de um mesmo termo para denotar ausência de coerção e poder efetivo de realizar desejos nos impede de perguntar se a realização dessa capacidade depende de controle centralizado ou seu oposto. De fato, essa pergunta se refere ao próprio objeto de investigação em pauta.

Para Hayek, o sentido negativo de liberdade se torna mais nítido se contemplarmos os decretos de liberação de escravos na Grécia antiga, que conferiam ao escravo liberto *status* legal de membro protegido da sociedade, proteção contra prisão arbitrária, direito de escolha de ocupação e liberdade de deslocamento[133]. Essa lista constituiria, para o autor, condições essenciais da liberdade, acrescida do direito de propriedade privada de bens, que não consta nos decretos por ser um direito já conferido até mesmo aos escravos.

Coerção, por sua vez, é cuidadosamente definida como controle das circunstâncias de uma pessoa por outra, de modo que para evitar um mal maior, o primeiro é forçado a agir não segundo seus próprios planos, mas conforme os objetivos do segundo[134]; ou, de forma mais enxuta[135], ato de forçar outro homem a servir seu propósito pela ameaça de infringir dano.

---

131. 2011, p. 65.

132. 1969, p. 125-6.

133. p. 70.

134. p. 71.

135. p. 202.

Assim definida, a coerção, ao transformar a mente de uma pessoa em ferramenta de outra, impede o uso do poder mental de cada um da maneira mais útil possível. Isso, como o leitor pode facilmente constatar, se relaciona diretamente com o programa de pesquisa de Hayek e terá papel fundamental em sua economia institucional.

A longa definição dada acima tem como propósito evitar o esvaziamento do conceito de coerção. Para isso, o conceito de violência encontrado na definição se refere a um sentido concreto do termo. Coerção ocorre nas ameaças de violência por parte do estado, de conquistadores, bandos armados, *gangsters* oferecendo "proteção", chantagistas e monopolistas que controlam recursos vitais à sobrevivência, como um dono do único oásis no deserto. Monopolistas que não detenham alternativas únicas, como um pintor famoso que se recusa a retratar uma pessoa em particular ou um empregador no mercado de trabalho, não exercem coerção. Pelo contrário, o reconhecimento da propriedade privada é para Hayek condição essencial para a prevenção de coerção[136]: "O ponto importante é que a propriedade deve ser suficientemente dispersa de modo que o indivíduo não fique dependente de pessoas particulares que apenas elas poderiam fornecer o que precisa ou ainda empregá-la".

Definidos os conceitos no primeiro capítulo, o segundo estabelece fundamentos falibilistas para a defesa da liberdade. A argumentação faz uso do problema do conhecimento que estudamos por ocasião do desenvolvimento das contribuições hayekianas à teoria do processo de mercado, antecipando ainda a apreciação dos mercados como sendo um mecanismo de descoberta.

---

136. p. 208.

Assim como a divisão do trabalho exerce papel central na obra de Adam Smith, a divisão do conhecimento é fundamental para Hayek. Isso significa que, em sociedade, cada um se beneficia de conhecimento que não imagina que desconhece. Tendo em vista o problema da coordenação das ações, o desenvolvimento da civilização humana é identificado pelo autor com o próprio crescimento do conhecimento[137]. Aludindo ao seu trabalho em psicologia teórica, Hayek nota que a mente não pode prever seu próprio desenvolvimento[138]. Assim, o conhecimento formal adquirido por cada indivíduo é uma porção pequena do conhecimento prático a respeito das circunstâncias particulares com as quais nos deparamos e que não conseguimos prever. As pessoas se beneficiam ainda do conjunto de adaptações ambientais depuradas a partir da experiência passada, que assume a forma de instituições, hábitos, habilidades, atitudes emocionais e ferramentas dos quais dependem nossas decisões e que também constituem formas de conhecimento.

O crescimento do conhecimento que caracteriza o desenvolvimento da civilização implica em aumento da complexidade inerente à coordenação das ações, pois mais conhecimento no total implica em menor fração deste que pode ser absorvido por qualquer pessoa ou grupo em particular. Para Hayek, "quanto mais civilizados nos tornamos, mais relativamente ignorante deve ser cada indivíduo acerca dos fatos dos quais depende o funcionamento de sua civilização"[139].

Essa linha de raciocínio nos leva ao núcleo do programa de pesquisa de Hayek, que pode ser sumarizado pela ideia que

---

137. p. 77.

138. p. 75.

139. p. 78.

já reproduzimos no início deste livro[140]: "...a defesa da liberdade individual baseia-se principalmente no reconhecimento da inevitável ignorância de todos nós em relação a muitos dos fatores dos quais depende a realização de nossos fins e bem-estar".

Como destacamos ao longo deste livro, o liberalismo do autor é baseado em uma perspectiva falibilista: a complexidade crescente de um sistema pode contornar a restrição dada pelas limitações de nosso conhecimento apenas através do uso de mecanismos descentralizados de aprendizado por tentativas e erros.

De fato, tendo em vista a natureza do conhecimento relevante para a coordenação das atividades em sociedade, Hayek observa que embora toda doutrina política suponha agentes ignorantes, apenas os liberais incluem eles mesmos e também os mais inteligentes entre os ignorantes[141]. Instituições compatíveis com o desenvolvimento civilizacional devem assim fornecer formas de correção de erros, que possibilitam que os homens apreendam através do desapontamento de expectativas. Embora possa ferir nosso orgulho[142], a preservação da civilização dependeria, no sistema hayekiano, de privilegiar oportunidades para que ocorram acidentes, coisas não antecipadas.

A adoção de uma teoria falibilista sobre aprendizado por tentativas e erros implica em resultados raramente compreendidos, que se manifestam também em críticas comuns à filosofia de Popper ou à teoria de Darwin ou qualquer outra manifestação da epistemologia evolucionária[143]. Teorias sobre processos evolutivos são frequentemente acusadas de ausência

---

140. 2011, p. 80.

141. p. 82.

142. p. 81.

143. Radnitsky e Bartley (1987).

de conteúdo por não prever quais seriam exatamente os frutos desses processos. Essa classe de explanação é de fato abstrata no sentido de que descreve as condições favoráveis ao aprendizado, nada dizendo porém sobre quais seriam os frutos concretos desse aprendizado, algo que dependeria do conhecimento dos valores específicos de certas variáveis, algo que de fato ninguém possui completamente. Como nota Hayek, o valor da liberdade não depende de resultados antecipáveis, mas da fé de que seus benefícios superam os custos ou ainda, "é porque não sabemos como os indivíduos usarão sua liberdade que ela é tão importante"[144].

Seria isso equivalente a uma teoria vazia de conteúdo empírico e portanto não científica? Pelo contrário, como vimos na discussão sobre o uso da teoria econômica para planejar centralmente uma economia, a alternativa a isso seria incorrer em uma petição de princípio, que afirma que conhecemos aquilo que surge apenas como consequência do próprio processo competitivo que se ignora. Assim como Popper (1980) mostra logicamente que é impossível prever a evolução do conhecimento, pois isso envolveria saber hoje que ideias surgiriam apenas em momentos posteriores e a própria teoria da evolução das espécies de fato não especificar que organismos evoluirão no futuro, porque isso depende de incontáveis fatores, também Hayek nota que o avanço do conhecimento e da civilização consiste em uma "viagem ao desconhecido"[145]. Tendo ainda em vista a tese do *Caminho da Servidão* sobre a artificialidade da separação entre fins econômicos e não econômicos e a consequente tese sobre as relações entre as liberdades, bem como a inclusão das

---

144. p. 83.
145. p. 85.

instituições e condições locais como parte do conhecimento relevante, para Hayek tão importante quanto a liberdade de opinião é a liberdade de ação ou "liberdade econômica", que possibilita a emergência de novidades.

Na prática, o uso de uma teoria abstrata sobre aprendizado implica, em termos políticos, na rejeição de propostas que envolvam direitos exclusivos de oferta de algo ou concessão de poderes para impedir outros de tentarem fazer algo melhor. Embora não tenha pretensão de antecipar o que seria criado em ambiente livre, a doutrina do autor prevê que monopólios bloqueiam a inovação. Esse ponto é central no livro, que pode ser descrito como uma crítica falibilista aos monopólios legais. Nas palavras de Hayek[146]:

> O argumento pela liberdade não é um argumento contra a organização, que é um dos meios mais poderosos que a razão humana pode empregar, mas um argumento contra toda organização exclusiva, privilegiada, monopolista, contra o uso da coerção para impedir que outros tentem fazer melhor.

Mesmo que seja concebivelmente mais barata a oferta estatal de um bem público, por exemplo, isso não justificaria a imposição de barreiras legais à entrada. Tais barreiras impedem que a hipótese de que haveria economia de custos sob oferta coletiva seja desafiada por alguém que alegue conhecer solução melhor.

Em termos da evolução das ideias políticas, a fundamentação falibilista da liberdade é exposta em termos do contraste entre duas tradições, sendo uma delas associada ao racionalismo e a outra à tradição evolutiva. Na primeira dessas vertentes do pensamento liberal, as instituições compatíveis com a liberdade

---

146. 2011, p. 88.

seriam geradas pela razão consciente, como algo planejado a partir de algum sistema intelectual e que redunda em um plano de reformas que estabeleça instituições superiores. Essa tradição é associada pelo autor à França.

Mas, para o autor, a liberdade não surge naturalmente, nem é planejada. A segunda tradição de liberalismo, a qual Hayek se associa, privilegia processos de aprendizado por tentativas e erros que resultam na evolução de instituições ou tradições que empiricamente se revelaram compatíveis com a liberdade. Essa tradição é associada à Inglaterra.

O contraste sugerido acima exerce papel central na filosofia política do autor e será elaborado ao longo dos próximos livros sobre o tema. Em termos de nomenclatura, a obviamente inadequada oposição ao racionalismo, por um lado, será substituída[147], pelo contraste entre racionalismos construtivista e evolucionário. Por sua vez, a tentativa de associar o contraste com diferenças entre França e Inglaterra, motivada pelas incursões na história das ideias empreendida em *A Contra-Revolução da Ciência* e no ensaio *Individualismo: Verdadeiro e Falso*, em particular no que diz respeito ao pensamento cartesiano, não dá conta da origem inglesa do utilitarismo e ignora completamente a tradição smithiana dos economistas franceses do século XIX. Assim apresentada, a importante tese corre o risco de se perder devido a irrelevantes simpatias ou antipatias nacionais.

Porém, apresentada como uma diferença entre racionalismo francês e inglês, tal contraste basta para demarcar uma característica central do institucionalismo hayekiano, a saber, seu caráter evolutivo, que difere de parte considerável do pensamento liberal moderno. Autores associados à escola da escolha

---

147. Hayek, 1982, vol. 1, p. 29.

pública, por exemplo, atribuem em seus escritos um peso maior do que Hayek à escolha racional e à capacidade de desenho de instituições favoráveis ao desenvolvimento econômico. Dentro da própria tradição austríaca podemos notar o contraste entre Mises, confiante do poder de convencimento da razão no longo prazo, com o evolucionismo de Hayek, cético sobre a nossa capacidade de planejar coletivamente o progresso[148].

A preferência de Hayek pela tradição evolutiva, justificada em termos falibilistas, dá origem à uma visão de liberalismo centrada em normas institucionais: se a razão é incapaz de dar conta dos detalhes da realidade complexa presentes na sociedade, a coordenação dos planos se torna possível pela adesão a regras abstratas[149] e por isso o argumento favorável à liberdade seria, em última análise, "...um argumento a favor de princípios e contra conveniências no que diz respeito à ação coletiva". No restante do livro, a defesa da liberdade será de fato associada à existência de normas impessoais que limitam o poder arbitrário.

Depois de definir liberdade e expor seu fundamento falibilista, Hayek dedica o restante da primeira parte da *Constituição da Liberdade*, intitulada *O Valor da Liberdade*, à exposição de algumas características das sociedades livres que se seguem do fundamento proposto, antes de descrever, na parte seguinte, a evolução das instituições compatíveis com a liberdade. Nesta parte são tratados temas como responsabilidade individual, mérito, voto majoritário e os efeitos da expansão do emprego em grandes corporações.

---

148. p. 95.
149. p. 127.

A exposição, porém, não é sistemática. Sem um roteiro que estruture a argumentação, o texto oscila entre a exposição de características de um sistema livre no plano teórico, a avaliação de economias reais da época e a discussão de objeções comumente feitas por oponentes do liberalismo. A escolha de tópicos abordados, porém, lembra a estrutura utilizada por Mises (1987) no primeiro capítulo de seu *Liberalismo*, que trata de temas como desigualdade e democracia. Se o autor fizesse referência explícita à tipologia austríaca de sistemas econômicos comparados, que distingue os sistemas liberal, socialista e intervencionista, essa primeira parte poderia se resguardar de equívocos comuns, como aqueles derivados da identificação automática da realidade com um sistema livre, em vez de economias mistas. De todo modo, vejamos alguns dos temas tratados, que tratam do funcionamento de sociedades relativamente livres.

Um dos aspectos do liberalismo falibilista tratado pelo autor diz respeito à noção de progresso associado a uma concepção dinâmica da competição. O progresso, para o autor, seria fruto de um processo evolutivo, que requer experimentação e teste de novas formas de atender os objetivos individuais. Essas formas se originam do aprendizado, da exploração dinâmica de possibilidades, que resulta em inovações. Como o progresso envolve a exploração de possibilidades previamente desconhecidas, ele é indeterminado: não podemos conhecer seus frutos antes de passarmos pelo processo. Para Hayek, "o progresso por sua própria natureza não pode ser planejado"[150]. Havendo progresso rápido, as inovações e os novos estilos de vida dele derivados se espalham para a maioria da população

---

150. p. 95.

e também para outros países. Essas observações continuam a descrição do funcionamento dos mercados encontrada em Say e Bastiat e, mais tarde, em Mises e Schumpeter.

O progresso não pode ser descrito em termos materialistas, dependendo de ideias, de inovações e não primariamente do uso de capital físico. A inovação não pode ainda ser controlada: como o conhecimento é insondável, como mostra Bartley (1990), ou seja, como não é possível antecipar o potencial das ideias e das ações, tentativas de controlar a ciência ou a economia restringem a experimentação requerida pelo avanço das sociedades. Como a inovação é fruto de um processo que necessariamente gera desigualdade, a rejeição desta última e do método de espalhamento dos benefícios das inovações pela competição implica que sociedades igualitárias só experimentariam progresso enquanto puderem parasitar as inovações geradas em países dinâmicos.

Hayek associa a liberdade existente nesses últimos com a responsabilidade individual e, portanto, incentivos para a busca por novidades. A responsabilidade individual provê o estímulo para que ocorra atividade empresarial, no sentido amplo da palavra. Como vimos em nosso exame da teoria de processo de mercado, a atividade empresarial consiste em aplicar o conhecimento e as habilidades de cada um na descoberta de formas de alcançar os objetivos próprios e dos demais. Em mercados livres, serviços são valorizados conforme sua utilidade, independente das parcelas de habilidade e sorte envolvidas em sua produção. Como não é possível antecipar os usos da atividade empresarial em cada circunstância e como os indivíduos são diferentes e atuam em ambientes diversos, a liberdade de ação potencializa as chances de descoberta de bens e serviços valorizados pelos demais.

A aplicação de conhecimento a circunstâncias particulares para a descoberta de algo útil também resulta em emoções contrárias à liberdade, manifestas na reação aristocrática contra a atividade produtiva e comercial. A valorização de um serviço segundo sua utilidade muitas vezes entra em conflito com nossa apreciação do mérito da pessoa, dada por exemplo pela sua formação escolar, experiência profissional, inteligência, dedicação ou valores. Tendo em vista sua concepção dinâmica sobre o progresso, informada pelo problema do conhecimento, Hayek (2011, p. 157) nota que não é nem possível nem desejável fazer com que remunerações sejam estabelecidas segundo alguma concepção particular de justiça: "...é uma característica essencial de uma sociedade livre que a posição de um indivíduo não dependa necessariamente das opiniões que seus companheiros têm sobre o mérito que ele obteve", pois a "possibilidade de um verdadeiro juízo de mérito depende [...] da presença precisamente daquelas condições cuja ausência geral é o principal argumento em favor da liberdade"[151].

Tomando ainda o esforço empreendido como uma aproximação para mérito, uma alocação econômica de recursos implica na verdade a minimização, não a maximização do mérito[152].

Em geral, políticas moldadas por alguma concepção de mérito que requeira como resultado igualdade material, em contraste com igualdade perante a lei, exigiria tratar pessoas diferentes de forma diferente. Mas isso requer conhecimento que não dispomos, conhecimento esse que é efetivamente descoberto pelo tratamento de pessoas diferentes de forma

---

151. p. 159.
152. p. 160.

igual, ou seja, sob a igualdade perante a lei, quando ocorre a possibilidade de exploração de oportunidades existentes tendo em vista circunstâncias particulares.

Um dos efeitos do progresso econômico foi o surgimento de grandes corporações. Hayek deriva desse fenômeno uma interessante consequência não intencional. O progresso, ao aumentar a complexidade do sistema econômico, faz com que as pessoas deixem de entender o funcionamento desse sistema. Bastiat (1864), raciocinando na mesma direção, notou que o uso da moeda, embora tenha permitido um aumento sem precedente do número de transações possíveis, torna mais difícil o entendimento das forças em operação nos mercados, devido à separação entre meios e fins: cada um fornece meios para fins de pessoas que não conhece. Apenas mediante essa separação, por exemplo, podemos encontrar a crença de que alguma destruição de riqueza, como um furacão, consistiria em boa notícia, por estimular a demanda por trabalho na construção civil, que se espalha a outros setores. Quando meios e fins estão unidos no mesmo plano individual, todos entendem que o progresso técnico é desejado: a rede de pesca libera trabalho para que nosso náufrago se ocupe de atender novas necessidades. Quando usamos moedas e mercados e os fins são separados dos meios, pelo contrário, passamos a acreditar que o progresso técnico gera desemprego! Para Bastiat e mais tarde Hayek, o aumento da complexidade do sistema econômico faz então com que os agentes sejam sujeitos a uma forma particular de alienação, relativa à falta de compreensão sobre o modo de funcionamento de uma economia.

Hayek, nesse sentido, nota que em vez de "proletários", a evolução do sistema econômico resultou no surgimento de uma massa de empregados acostumados às relações hierárquicas que caracterizam a estrutura das grandes firmas modernas[153]. Isso os aliena a respeito do funcionamento do sistema de preços: não percebem que seu próprio bem-estar depende do exercício da liberdade por parte de outras pessoas. A familiaridade com hierarquias, pelo contrário, os leva a favorecer políticas que promovem soluções centralizadas para os problemas econômicos.

Depois de contrastar na primeira parte do livro a liberdade e a coerção e justificar em termos falibilistas o processo de descoberta de inovações proporcionado pela primeira, em oposição à estagnação derivada da monopolização de determinadas formas de suprir as necessidades, na segunda parte encontramos uma análise do tipo de norma compatível com a liberdade e de como tais normas evoluíram historicamente.

Nos estudos interdisciplinares sobre a auto-organização, ordens complexas com frequência emergem a partir do seguimento de regras simples. Nem toda regra, porém, gera tais ordens. A instrução de combater até a morte qualquer outro indivíduo resulta na sobrevivência de apenas um deles, ao passo que o comando para fugir assim que avistar alguém resulta em uma rede de indivíduos distribuídos de forma equidistante entre si, que não são ordens muito interessantes. Quais regras geram comportamentos complexos, envolvendo adaptação?

Também para Hayek, a vida social se torna possível a partir do comportamento seguidor de regras, inicialmente como hábitos inconscientes e mais tarde como normas articuladas explicitamente. Assim como na identificação de padrões presente em sua teoria sobre o funcionamento da mente, também em sua economia institucional as regras que guiam a ação possuem

---

153. 2011, cap. 8.

caráter abstrato, no sentido de que uma pessoa responde da mesma maneira a circunstâncias que apresentam em comum apenas algumas características[154].

As leis, caracterizadas como normas abstratas obedecidas em uma sociedade e aplicáveis a situações particulares não antecipadas, são contrastadas com comandos concretos, que ditam especificamente o que uma pessoa ou conjunto de pessoas deva fazer em determinada situação. Essa distinção não pretende ser um par de conceitos discretos, mas ideias situadas nos extremos de um contínuo, definido em termos de grau de abstração da regra. Uma lei pode ainda ser vista como um comando geral dado uma única vez e dirigido a pessoas e circunstâncias desconhecidas.

Diante da progressiva diversidade de situações com as quais os agentes se deparam em uma sociedade que experimenta desenvolvimento, a coordenação de seus planos requer regras do primeiro tipo, na concepção de Hayek[155]:

> A lógica de assegurar a cada indivíduo um âmbito conhecido dentro do qual ele possa decidir sobre as suas ações é capacitá-lo a fazer o uso mais completo do seu conhecimento, especialmente do seu conhecimento concreto e muitas vezes único das circunstâncias particulares de tempo e lugar.

Regras abstratas em geral são de caráter negativo, circunscrevendo um campo de ação permissível, mas sem especificar o conteúdo das ações apropriadas, que dependem da situação problema com a qual cada agente se depara em cada circunstância.

---

154. p. 217.
155. p. 224.

Qual seriam os atributos das leis compatíveis com sociedades livres? Hayek lista em primeiro lugar a limitação do poder governamental, que protege as pessoas contra ação arbitrária do governo, como ocorre com o princípio de que não existe crime sem lei prévia que o defina. Para que essa limitação seja efetiva, não basta naturalmente a existência de leis, sendo necessário que o legislador seja restrito, em uma democracia, por uma tradição moral que cultive a restrição ao poder. As leis devem ainda ser conhecidas e certas: "São os casos que nunca chegam aos tribunais, e não aqueles que chegam, que são a medida da certeza da lei". O próximo atributo é central no livro em questão: a impessoalidade. Leis deveriam ser aplicáveis a todos, sem fazer referência a grupos ou indivíduos específicos. Mas, além das regras voltadas a menores de idade ou relativas à gravidez, que evidentemente se aplicam a subgrupos, Hayek reconhece, embora ache improvável, que regras gerais e abstratas possam ser usadas para restringir a liberdade, como ocorre no caso de grupos de fanáticos religiosos impondo seus valores aos demais membros da sociedade. Deve também ocorrer a separação entre poderes, sobretudo no que diz respeito aos órgãos que tratam de criar e de aplicar as leis. Esse tema será central no próximo livro. Por fim, a lei deve impor limites à possibilidade de decisões administrativas discricionárias.

Essas características não são derivadas dedutivamente a partir de axiomas de alguma doutrina. Tendo em vista a perspectiva evolucionária adotada pelo autor, as leis compatíveis com sociedades livres foram descobertas ao longo do desenvolvimento da civilização. Hayek dedica um capítulo para cada aspecto da evolução do império das leis. Este se forma a partir das instituições de certos países e da filosofia política de seus pensadores. Quanto à origem do império da lei, o autor parte de comentários sobre características da democracia e grau de isonomia entre cidadãos da Atenas antiga, mas localiza o conceito na separação de poderes entre monarca e parlamento na Inglaterra, além de comentar a filosofia política de Locke, Hume e Burke. Em seguida, discorre sobre a contribuição americana, o constitucionalismo. Este originalmente protegia a população contra o poder arbitrário, subordinando interesses de curto prazo aos de longo: "Só um demagogo pode representar como 'antidemocráticas' as limitações que as decisões de longo prazo e os princípios gerais defendidos pelo povo impõem ao poder das maiorias temporárias". Por fim, da Alemanha adquirimos o exemplo do estabelecimento de normas e cortes administrativas independentes, que protegem a população contra a ação discricionária de autoridades. Em seu apanhado histórico, Hayek discute não apenas a construção do império das leis, mas também seu declínio, na doutrina e prática legal na Alemanha, Rússia, Inglaterra e Estados Unidos. No primeiro país, Hayek associa as ideias de Hans Kelsen ao ocaso da tradição de governo limitado e no segundo, comenta a supressão da ideia de proteção legal sob o regime comunista.

Listadas as características básicas das leis promotoras da liberdade, Hayek enuncia seu critério, utilizado no restante do livro, para avaliar se certas políticas econômicas seriam ou não compatíveis com uma sociedade livre. Como normas facilitadoras do funcionamento dos mercados são importantes, como as regras relativas à prevenção de violência, estabelecimento de direitos de propriedade, garantia de contratos e de liberdade de iniciativa, o critério proposto não diz respeito diretamente à quantidade de intervenção governamental, mas à natureza dessa intervenção. Hayek argumenta que o estado de direito é condição necessária, mas não suficiente, para uma ordem livre[156]. Uma medida ou regulação governamental qualquer deveria então ser examinada em termos das características das leis listadas acima. Se a medida envolver normas abstratas universalmente aplicáveis, deveria ainda ser examinada por outros critérios. Para o autor, o fornecimento estatal de um bem público pode não oferecer problemas se usar coerção apenas para financiar um serviço por meio de impostos, mas ainda assim rejeitado se provê-lo a um custo muito superior à alegada vantagem que a provisão pública traria ou ainda rejeitado na medida em que arroga para si direitos exclusivos de oferta desse bem, caso em que se torna incompatível com um ordenamento liberal.

Esse critério é aplicado na terceira parte da obra às políticas tipicamente defendidas na era do estado de bem-estar social. Antes de se debruçar sobre tais políticas, Hayek comenta a substituição do socialismo pelo *welfare state* como ideal político dominante. A justiça social almejada por ambos é atendida por meios diferentes: enquanto no primeiro temos a nacionalização dos "meios de produção", no segundo impera a redistribuição de renda.

Desses dois sistemas econômicos, o socialismo pode ainda ser criticado em termos dos meios que são propostos, a supressão de mercados de bens de capital, como foi feito no debate sobre o cálculo econômico socialista. Além da crítica teórica, historicamente o socialismo perde força no Ocidente através do exemplo russo, que gerou uma economia improdutiva e um regime político despótico. Já em um estado de bem-estar, pelo contrário, a discussão se desloca dos meios para os fins, não havendo um princípio básico que norteie as políticas

---

156. 2011, p. 331.

que o inspira. Isso, por sua vez, torna impossível uma análise teórica do sistema tal como pode ser feito com o socialismo. Cada sugestão de provisão centralizada de serviços será então analisada por meio dos critérios listados no parágrafo anterior.

A estrutura da argumentação, aplicada aos diversos campos de atuação do estado moderno, segue um padrão. Embora alguns dos objetivos do estado de bem-estar requeiram métodos incompatíveis com a liberdade, todos eles podem ser perseguidos de maneira iliberal. Embora um serviço estatal possa atender a condição necessária de compatibilidade com regras abstratas e impessoais, ocorre que o estado normalmente não se limita ao monopólio da violência, reivindicando para si o monopólio da oferta desses serviços, barrando o processo de experimentação ou aprendizado por tentativas e erros que caracterizam o processo de mercado em economias dinâmicas. Isso resume a terceira parte do livro.

Neste ponto encontramos as fontes das famosas caracterizações políticas de Hayek, de um socialista a um "ultraliberal". A culpa desse fenômeno, como já afirmamos, deve ser compartilhada pelos leitores e pelo próprio autor. Para o leitor, o livro funciona como uma espécie de teste de Rorschach, que convida as pessoas a interpretar o significado de manchas de tinta em uma folha de papel. O leitor-drone, que aterrissa em uma frase isolada sem citar o roteiro completo, a saber, a análise de compatibilidade de uma medida com regras impessoais seguida das críticas à tendência de formação de monopólios, encontra facilmente corroborações de sua rotulação da postura política de Hayek. O autor, por sua vez, não obtém sucesso em sua pretensão de utilizar a compatibilidade com regras impessoais como o elemento principal da análise. Como apontam os críticos da obra, não basta o caráter abstrato das regras para caracterizar normas compatíveis com a liberdade. Certas regras impessoais tornam inevitável o uso subsequente de comandos concretos, se levarmos em conta fatores psicológicos, econômicos e políticos. E esses últimos, de fato, ocupam boa parte do espaço na discussão de cada modalidade de intervenção estatal examinada.

O exemplo mais notório é a discussão da ideia de renda mínima. O tema é discutido brevemente[157] para ilustrar a diferença entre um seguro geral, que não implica em privilégios, e um seguro que busca garantir um padrão de vida para certos grupos, algo que envolve discriminação ou tratamento diferente entre indivíduos, tornando o esquema incompatível com a liberdade. Mas seria possível isolar os dois casos? Em que medida o primeiro tipo não coloca em marcha a atividade de *rent-seeking*, ou competição na esfera política pela busca de privilégios? Argumentar que isso viola o critério original é transformá-lo em uma tautologia. Explorar as tendências iliberais de políticas que partem de regras gerais, como é feito, enfraquece o ponto original, por mais que se alegue que se trate apenas de condição necessária e não suficiente para a liberdade. De todo modo, considerando o argumento possivelmente favorável baseado em regras e o argumento desfavorável baseado em filosofia, política e economia, qual seria efetivamente a opinião do autor a respeito da compatibilidade com um sistema liberal da proposta? O livro não se ocupa dessa questão, abrindo espaço para as interpretações díspares encontradas entre os leitores. Apenas em *Por que não sou um Conservador*, usado como apêndice à obra, somos informados que o autor não aprova e votaria contra as medidas discutidas ao longo do livro, como veremos no próximo capítulo.

---

157. p. 376.

A análise da compatibilidade entre liberdade e políticas associadas ao estado de bem-estar abrange diversos tópicos, que serão aqui apenas mencionados. Hayek discute o poder de coerção via piquetes conferidos aos sindicatos, a transformação da providência em política de redistribuição de renda, descreve como impostos de renda progressivos protegem as firmas estabelecidas da competição de inovadores que descobrem novas oportunidades, discute como o crescimento do estado favorece a expansão monetária que impede a formação de poupança, além dos impactos do crescimento populacional na moderna urbanização, os efeitos dos controles de aluguel, a uniformidade de pensamento provocada pela provisão estatal da educação e a regulação estatal da ciência.

Não é possível detalhar as interessantíssimas análises hayekianas sobre os tópicos listados acima, de modo que escolheremos como ilustração apenas uma delas, que se encontra no capítulo dezenove, sobre a tendência à uniformização dos pontos de vista daqueles considerados *experts* em um tema.

Em contraste com o aprendizado sob instituições descentralizadas, quando ocorre debate entre diferentes pontos de vista independentes, o que potencializa o surgimento de inovações, a expansão de órgãos estatais responsáveis por áreas como educação, saúde ou agricultura tende a gerar consensos sobre os assuntos tratados. Sob instituições centralizadas, teríamos um novo tipo de *expert*, cujo conhecimento se relaciona com a estrutura institucional desses órgãos. Hayek descreve como as organizações criadas para tratar dessas questões se tornaram tão complexas que o seu entendimento requer dedicação plena de uma pessoa. Aqui opera então um viés de seleção: apenas aqueles que são completamente favoráveis a tais instituições incorrem no enorme custo desse aprendizado e são considerados *experts*, excluindo assim peritos no assunto propriamente ditos. Quando um político sugere a expansão das políticas correntes afirmando que "todos os *experts* são a favor", o viés conservador leva à expansão de políticas que sistematicamente fracassaram no passado.

Lei, legislação e liberdade

O próximo livro na sequência de obras voltadas à economia institucional intitula-se *Lei, Legislação e Liberdade*, publicado em três volumes ao longo da década de setenta[158]. Nele, Hayek desenvolve suas ideias sobre o comportamento baseado em regras exposto no livro anterior. Com o exame da formação de ordens espontâneas a partir do seguimento de regras, Hayek reforça a tradição smithiana e mengeriana de investigação da auto-organização nos fenômenos sociais, consolidando sua posição como pioneiro da moderna abordagem de complexidade em ciência.

Se na obra anterior é apresentada uma caracterização do império das leis, acompanhada de uma descrição histórica da evolução das instituições associadas e esse conceito, agora o autor fornece uma explanação teórica, de caráter evolucionário, a respeito do modo como as normas sociais se modificam. Sistemas auto-organizáveis aumentam seu grau de complexidade a partir do uso de regras de caráter abstrato, que favorecem o uso de conhecimento disperso. Para o autor, o sucesso das sociedades guiadas por essas regras faria com que as mesmas sejam imitadas, seu uso expandido e novas variantes experimentadas.

---

158. Utilizaremos uma edição (Hayek, 1982) que reúne em um único tomo os três volumes. Nessa edição, a numeração das páginas é reiniciada em cada uma das três partes.

Esse livro, além de dar prosseguimento à economia institucional hayekiana, utiliza ainda as contribuições do autor feitas nos diferentes campos de investigação ao longo de sua longa carreira. Como obra de um pensador maduro, as diferentes teses sobre o funcionamento das economias, da mente, da ciência e da política são reexpostas de forma clara, articuladas com o propósito de examinar a evolução das instituições e seus efeitos. Arriscamos afirmar que essa obra deva ser indicada para as pessoas que procuram se familiarizar com o pensamento de Hayek ,pois, embora extenso, contém versões resumidas de suas contribuições em diversas áreas, como suas teses metodológicas sobre complexidade e o retrato da competição como um processo de descoberta.

O roteiro básico da argumentação já encontramos na introdução de nosso livro: o progresso humano requer aumento da complexidade da ordem social. Isso ocorre através do contorno das limitações do conhecimento mediante o uso de normas abstratas, potencializadoras do uso desse conhecimento em circunstâncias não antecipadas, ao passo que a substituição dessas normas por comandos concretos restringe esse uso. O livro trata, por assim dizer, da ecologia desses dois tipos de regras.

A fundamentação básica desse argumento é de natureza filosófica, exposto logo no primeiro capítulo. Trata-se de uma concepção evolutiva sobre a racionalidade, que justifica a classificação do autor como filiado à tradição da epistemologia evolucionária. Encontramos de fato nesse capítulo a rejeição do justificacionismo em favor do falibilismo, o modelo evolutivo de aprendizado por tentativas e erros, o surgimento de conse-quências não intencionais das ideias e o uso desse modelo em diferentes contextos, como ciência, mercados e instituições.

Hayek distingue duas formas de racionalismo: uma construtivista e outra evolucionária, sugerindo ainda como alternativa os rótulos empregados por Popper: racionalismo ingênuo e crítico. O primeiro é exemplificado pelo pensamento de Descartes. A rejeição como irracional de qualquer ideia que não possa ser justificada pela dedução a partir de premissas corretas implica, nas ciências sociais, em aceitação apenas da ação premeditada e na crença de que instituições úteis foram conscientemente planejadas. Mesmo que não sejam utilizadas necessariamente como descrição histórica do surgimento dos fenômenos sociais, a ideia de contrato social presente em Hobbes e Rousseau associa o racional a algo conscientemente planejado. Mas isso, para Hayek, implicaria em retorno a uma forma antropomórfica ou pré-evolucionária de pensamento, se entendermos a origem espontânea de fenômenos associados a moral, religião, lei, língua, escrita, moeda e mercado, que serão relacionados a outra forma de crescimento do conhecimento, posta em marcha por mecanismos descentralizados de correção de erros.

Antes de entendermos a relação entre as duas concepções de racionalidade – construtivista e evolutiva – e as duas formas de aprendizado – centralizado ou descentralizado – é necessário dizer algo sobre a natureza dos fenômenos sociais. Para Hayek a distinção entre natural e artificial, herdada do pensamento grego, consiste em uma falsa dicotomia, por excluir os fenômenos que são "resultado da ação, mas não da intenção humana", se utilizarmos a expressão do iluminista escocês Adam Ferguson, bastante citada por Hayek. Cada um dos fenômenos de origem espontânea que listamos acima pertenceria a uma terceira categoria, que reúne fenômenos sociais emergentes, fruto de processos evolutivos.

O estudo desses fenômenos sociais de fato parte da noção de ação humana, mas esta não se restringe ao pensamento proposital. A análise econômica de Hayek extrapola assim o âmbito da praxiologia misesiana, que confina a disciplina à ação racional, que para Mises se contrapõe à ação reflexa, involuntária. Hayek, por sua vez, complementa a teoria econômica, que usualmente supõe agentes maximizadores, na direção da incorporação da ação baseada em regras. Para Hayek, "o homem é um animal seguidor de regras tanto quanto seguidor de propósitos"[159].

Como então instituições emergentes, formadas a partir do uso de regras, se relacionam com o conceito de racionalidade? Assim como na análise hayekiana sobre o funcionamento dos mercados, também em sua análise institucional devemos lidar com a ignorância dos agentes a respeito da maioria dos fatores particulares relevantes para o problema da coordenação de suas ações e também com a complexidade desse problema. Como já afirmamos, a economia deve tratar do problema da divisão do conhecimento, em analogia com o conceito de divisão do trabalho.

O problema do uso do conhecimento na sociedade não trata de quanto um determinado indivíduo pode vir a conhecer, mas sim da expansão dos benefícios obtidos a partir do conhecimento fragmentado entre todos os membros da sociedade. Hayek afirma que, em termos relativos, o homem civilizado é necessariamente muito mais ignorante do que um membro de uma tribo, tendo em vista a fração do conhecimento que cada um poderia dominar[160]. A maioria das pessoas dirige

---

159. 1982, v. 1, p. 11.
160. p. 14.

automóveis sem conhecer quase nada sobre o funcionamento de motores a exploração, ao passo que o homem antigo sabe se guiar pelas estrelas, reconhecer a utilidade ou perigo dos vegetais e está familiarizado com a maioria das atividades produtivas em sua sociedade.

Sendo assim, o problema do uso do conhecimento em sociedade indaga em que medida podemos nos beneficiar de conhecimento que ninguém detém em sua totalidade. É à luz desse problema que devemos comparar ações baseadas em normas abstratas com aquelas baseadas em instruções conscientes.

O melhor uso da razão, para o autor, requer a consciência de seus limites. Essa consciência se manifesta, para Hayek, por meio do reconhecimento do caráter abstrato dos processos mentais. Esse caráter abstrato, por sua vez, requer uma descrição do processo de aprendizado, não do conteúdo específico aprendido. A noção de abstração, originária da teoria da mente elaborada pelo autor e que também se faz presente em suas ideias filosóficas, é aqui caracterizada da seguinte maneira: "Se um *tipo* de situação evocar em um indivíduo uma *disposição* em direção a certo *padrão* de resposta, então a relação básica aqui descrita como 'abstrata' se faz presente"[161].

O ser humano se adapta a um mundo complexo cujos elementos desconhece por meio do uso dessas regras de caráter abstrato. Imagine regras simples que descrevem os ângulos possíveis de ligação entre átomos de uma molécula, mas que nada dizem sobre a posição inicial ou a ordem segundo a qual esses átomos se aproximam quando ocorrem as ligações entre os mesmos. Temos como resultado uma infinidade de belas configurações geométricas de cristais, explicadas em termos

---

161. p. 30.

de seu princípio formador, sem que tenhamos uma mente criadora desenhando configurações específicas e "montando" as moléculas uma a uma. Em vez de determinar a posição relativa de cada átomo, podemos apenas criar as condições ambientais favoráveis à formação desse tipo de padrão. Algo análogo ocorre com as instituições.

Em sociedade, seguimos regras de modo tácito, antes que possamos verbalizá-las ou entender seu funcionamento. Mas se, em sociedade, regras diferentes geram padrões diferentes, como emergiriam instituições que proporcionam maior uso do conhecimento disperso entre os agentes? Para Hayek, as regras de condutas e instituições delas emergentes que cumprem esse papel são adaptações evolutivas diante da impossibilidade de contemplar conscientemente os fatos particulares que deveríamos conhecer para replicar conscientemente os padrões de coordenação social. A explanação é portanto de natureza evolucionária. As regras que sobrevivem, porém, não são adotadas porque os agentes reconhecem sua utilidade, mas devido à permanência do grupo que as adota. Deixemos para o fim da exposição a discussão dessa hipótese, tendo em vista a teoria da evolução.

Aqui, devemos apenas contrastar o racionalismo evolucionário com a alternativa construtivista. Por tratar apenas da natureza do processo de correção de erros, sem pretender fornecer critérios para a determinação da validade de alguma tese concreta, para Hayek[162] a " revolta racionalista contra a razão, se podemos chamá-la assim, é usualmente dirigida contra o caráter abstrato do pensamento". Assim como seu estudo metodológico dos anos 1950 mostrou como a postura positivista tende a degenerar em dogmatismo, no estudo das normas

---

162. p. 32.

sociais temos que a arrogância (*hubris*) da razão controladora despreza a natureza limitada do conhecimento manifesta no uso de regras apenas abstratas.

O estudo da auto-organização e em particular da emergência de instituições na sociedade que não são nem naturais nem artificiais requer o uso de um novo conceito, a noção de ordem espontânea, em contraposição à ordem construída. Para Hayek, a crença generalizada de que fenômenos sociais fazem parte da esfera das coisas criadas conscientemente é ilustrada pelo ridículo que o conceito de mão invisível de Adam Smith ainda desperta.

É necessário considerar o que é uma ordem antes de classificá-la conforme tenha sido criada conscientemente ou formada espontaneamente. A ideia de um fenômeno social não identificado com uma "coisa", no sentido de um objeto observável, requer a adoção do conceito de ordem. Este último é usado por Hayek para invocar a existência de um padrão reconhecível de relações entre elementos do fenômeno estudado. Hayek define o conceito de forma análoga ao conceito de padrão em seu trabalho metodológico: o conhecimento de parte das relações existentes no fenômeno gera expectativas razoáveis sobre o comportamento do todo, de forma que podemos identificar o padrão.

Os padrões de ordenamento são divididos então conforme sua origem conscientemente planejada ou espontânea. Surge aqui uma distinção que introduzimos no início de nosso livro. Hayek utiliza os termos gregos *taxis* e *cosmos* para identificar os dois tipos. *Taxis* se refere a ordens relativamente simples (passível de controle hierárquico), em geral concretas (passíveis de identificação por observação) e, como frutos de criação consciente, servem a determinados propósitos. *Cosmos*, em oposição, se refere a ordens cuja complexidade não é restrita àquilo que uma mente consciente possa controlar, são em geral descritas em termos de relações abstratas e não possuem um propósito determinado.

Ordens espontâneas ocorrem tanto na natureza, como o padrão de voo de aves migratórias em formação de V, quanto na sociedade, como na descrição do funcionamento do sistema de preços. Ordens espontâneas não são necessariamente complexas, como o padrão de distribuição geográfica de pessoas que seguem apenas a ordem de correr em direção oposta quando encontrar alguém. Entretanto, ao contrário das ordens deliberadas, pode atingir graus elevados de complexidade, pois não são restritas ao que uma mente ou conjunto de mentes pode compreender conscientemente, como no caso das formigas que estabelecem rotas curtas de transporte de alimentos sem que nenhuma delas controle ou entenda o processo. Como ocorre nas explanações evolucionárias na natureza, ordens espontâneas podem gerar estruturas que simulam funcionalidade, mas discutir o seu "propósito" (como minimizar distância, no exemplo das formigas) serve apenas como atalho para a descrição dos processos evolutivos adaptativos: boa parte do livro que estamos discutindo tratará de fato da confusão gerada por uma leitura animista de ordens espontâneas na sociedade.

Em todo agrupamento humano temos o convívio dos dois tipos de ordens. Pessoas interagem por meio de diferentes formas de organizações, como firmas e repartições estatais, além de se comunicar por regras gramaticais, costumes e relações de mercado. Os dois tipos de ordem também se manifestam nos mesmos ambientes: embora firmas em geral envolvam ação orientada por comando, temos também a presença de normas gerais associadas ao uso de conhecimento disperso dos funcionários, que possuem algum grau de autonomia embora sua ação seja orientada pelo planejamento da firma. No estado, por outro lado, encontramos tanto a articulação de *leis*, que tratam de normas abstratas de conduta geral quanto o estabelecimento de *legislação*, que se refere a comandos específicos, associados à provisão de serviços estatais.

O livro trata, de fato, da conciliação dos dois tipos de ordem. Estes não podem ser combinados na proporção que se queira, na medida que o alto grau de complexidade existente nas sociedade modernas requer o uso extensivo de ordens espontâneas, que possibilita o uso do conhecimento disperso dos agentes. Como esse uso depende da existência de normas abstratas, a qualidade do sistema institucional é afetada quando, por razões de diferentes naturezas, busca-se substituir normas gerais abstratas por comandos concretos. Hayek descreve e critica esse processo, elaborando ainda uma proposta de reforma institucional na qual as decisões relacionadas aos dois tipos de regras são separadas em um novo modelo de divisão de poderes, com a diferenciação entre os órgãos responsáveis pela articulação de leis de conduta justa e pela criação de legislação necessária para a condução da administração pública.

As leis ou normas de justa conduta, se tomarmos como modelo o processo de articulação de regras nas disputas mediadas por juízes, são normas aplicáveis a condições futuras desconhecidas, possuem caráter negativo, ou seja, consistem em proibições que definem a esfera de ação livre das pessoas e se modificam ao longo do tempo, ajustando-se umas às outras e a novas circunstâncias. A legislação, por outro lado, trata de regras a respeito do funcionamento do próprio estado, desde o estabelecimento de regras constitucionais, finanças públicas (regulações de gastos públicos e impostos), direito administrativo e normas relativas a políticas públicas específicas.

Como vimos no livro anterior, ao longo do desenvolvimento do estado de bem-estar, as leis do primeiro tipo tendem a se transformar nas do segundo, a partir da legislação de caráter descrito como social. Programas como seguros que garantam em uma sociedade rica uma renda mínima podem em princípio ser estabelecidos por regras impessoais, mas programas que pretendem elevar salários de certos grupos de trabalhadores, estabelecer condições de competição de pequenos agricultores ou condições de moradia para habitantes de cidade seriam incompatíveis com normas impessoais.

As relações entre os tipos de normas que sustentam ordens espontâneas e organizações, devido ao caráter abstrato das primeiras, podem ser expressas em termos do dilema entre princípios e conveniência. Como não podemos listar no presente os benefícios concretos que serão no futuro derivados da liberdade restrita apenas por regras universais, Hayek (p. 55) caracteriza seu valor em termos do oferecimento de um ambiente no qual ocorre a maior probabilidade de que os fins dos agentes sejam alcançados. Os benefícios de comandos específicos, pelo contrário, são concretos, a saber, os próprios fins almejados pelo plano que dá origem a esses comandos.

Essa diferença é crucial para a compreensão da evolução institucional. Se o valor da liberdade repousa na descoberta de inovações que não podemos antecipar, o dilema entre princípios e conveniência gera um viés favorável à segunda e isso implica na corrosão da liberdade ao longo do tempo. Aqui Hayek é influenciado por Bastiat (1863b) em seu ensaio seminal *O que é Visto e o que não é Visto*: uma intervenção estatal nos mercados tem benefícios imediatos e concretos, ao passo que seus custos, incluindo a ausência do que seria descoberto sob liberdade, são remotos e indiretos. Sendo assim, é difícil imaginar uma intervenção que não possa ser justificada em termos de utilidade tangível e imediata.

Diante do viés pelo concreto, presente tanto no cientismo quanto na ideologia moderna, que valoriza o pragmatismo e desdenha considerações pelo longo prazo, a defesa da liberdade requer a adesão a princípios ou a "primazia do abstrato", se utilizarmos o título de um artigo filosófico do autor. Podemos ilustrar inovações que surgiram no passado em ambientes relativamente livres, mas nunca especificar o que seria gerado no futuro caso tenhamos o mesmo cenário.

Como os custos da conveniência, ainda que indiretos, se manifestam ao longo do tempo, a comparação com um sistema baseado em princípios requer então que recordemos mais uma vez o vício metodológico de identificação automática da realidade e de seus problemas com o sistema que se rejeita. Como a análise de comparação institucional aqui contrasta princípio com conveniência, devemos investigar em que medida certa situação histórica reflete a atuação dos dois tipos de normas e discutir quais foram seus efeitos. Nesse sentido, teoria e história podem favorecer empiricamente uma explicação ou outra. Mas descrever a realidade como se fosse um sistema de regras (ou de conveniência) exclui logicamente a possibilidade de que os males observados sejam na verdade consequências negativas do uso prévio de conveniência (ou de regras). Uma curiosa consequência desse vício analítico consiste na crença de que quanto pior for o desempenho de um dos tipos, maior seria a demanda pela sua ampliação!

No segundo volume da obra, Hayek critica o conceito de justiça social, elemento central das crenças políticas associadas ao estado de bem-estar. Tendo em vista o que foi discutido no parágrafo anterior, devemos ainda lembrar que a tradição de análise de sistemas comparados utilizada pelo autor difere da tradição marxista dominante, baseada no conceito de modos de produção. Em seu lugar, temos as ordens de mercado, intervencionista e socialista. Hayek de fato caracteriza o sistema econômico presente como "economias mistas altamente intervencionistas" e continua utilizando o termo capitalismo entre aspas, indicando sua rejeição, bem como de outros conceitos como *laissez-faire*, também devido à prática de representação da realidade como se fosse exemplo de ordem livre[163].

Essas considerações preliminares são importantes para o estudo da crítica hayekiana ao conceito de justiça social. Esse conceito se tornou tão representativo das crenças políticas contemporâneas a ponto de muitos não reconhecerem sua dependência de visões particulares sobre filosofia política ou tampouco conseguirem conceber como alguém poderia se opor a ele. Tal unanimidade é indicadora de que o discurso político mais uma vez perde de vista a compreensão de que divergências políticas significativas se referem a meios, não a fins. O uso do conceito sugere de fato que as injustiças identificadas no mundo seriam tributáveis à liberdade e sua correção demande intervenção. Adicionalmente, se o mundo real for representado como livre, liberdade representaria inação, *laissez-faire*. Essas crenças serão rejeitadas pelo autor.

O contexto da comparação institucional entre sistemas nos quais ocorre dominância de regras abstratas ou de comandos concretos, não podemos perder de vista, é dado pelo problema do uso do conhecimento disperso em um ambiente em constante transformação, que requer aprendizado e adaptação dos agentes. Nesse contexto Hayek afirma que o "horizonte

---

163. 1982, v.2, p. 81.

de nossa visão consiste principalmente de meios, não de fins últimos particulares"[164]. Desenvolvemos potencialidades, que podem ser direcionadas no futuro a diferentes fins, conforme o desenrolar dos eventos. Sendo assim, regras são vistas como uma forma de capital, uma ferramenta multipropósito tal como um martelo, cujos usos futuros não são conhecidos.

A avaliação institucional não poderia assim ser feita em termos da filosofia utilitarista, centrada na importância de fins particulares. No referencial evolutivo, podemos investigar funções exercidas por diferentes tipos de ordem, não seu propósito. Assim, a análise migra de considerações sobre utilidade para questões de justiça. No estudo da articulação das leis gerais ou abstratas, justiça é identificada com o princípio de igual tratamento perante a lei[165]. A existência de regras de caráter negativo, que criam uma esfera protegida de ação livre em circunstâncias imprevisíveis, tem por sua vez como consequência não intencional o aumento das chances de as pessoas atingirem seus objetivos, coordenando seus planos.

Se entendermos as leis dessa maneira, apenas as condutas dos indivíduos podem ser consideradas justas ou injustas. Ações no âmbito de organizações, como firmas ou governos, podem portanto ser consideradas em termos de justiça. Um estado de coisas, por outro lado, pode ser bom e desejável ou não, mas não justo. Um raio caindo na cabeça de alguém envolve injustiça apenas se atribuirmos o fato a Thor ou outra divindade.

Injustiça implica assim a existência de indivíduos responsáveis pela mesma. Resultados de processos sociais que envolvem ordens espontâneas, como a remuneração de certas atividades

---

164. p. 23.
165. p. 39.

nos mercados, não são sujeitos a critério de justiça, a menos que interpretemos ordens espontâneas animisticamente ou a substituamos por uma ordem baseada em comando.

O conceito de justiça social ou distributiva, desse modo, é para Hayek um conceito vazio de significado, pois não é capaz de identificar indivíduos perpetradores de ações injustas. Se a culpa for atribuída a entidades coletivas, retornaríamos à crítica ao totalitarismo.

Além de ser analiticamente vazia de significado, a noção de justiça social, ao procurar moldar remunerações segundo algum critério de mérito ou necessidade, coloca em marcha um mecanismo de expansão do estado. Conforme as pessoas passam a ter sua renda determinada por ações governamentais, mais demandarão políticas da mesma natureza e quanto mais os governos tentam alcançar certos padrões de distribuição, mais os indivíduos se tornam sujeitos a seu controle. Isso, por sua vez, engendra os processos de destruição da liberdade descritos em *O Caminho da Servidão*. Se complementarmos com a análise dos efeitos econômicos de intervenções nos mercados, teríamos uma análise da dinâmica de sistemas intervencionistas feita na tradição de Mises[166].

A substituição de remunerações emergentes espontaneamente em mercados por valores ditados centralmente por considerações de justiça faz com que os agentes atuem segundo instruções de comando em vez de agir conforme seu conhecimento particular a respeito de suas circunstâncias sempre cambiantes, o que reduz o grau de complexidade e de produtividade alcançável por meio de mercados.

Além do sistema intervencionista, também a ordem espontânea dos mercados é revista sob o ponto de vista do

---

166. 2010b.

papel coordenador proporcionado por regras abstratas. Sob essa perspectiva centrada em regras, adaptação e ordem, em contraste com a alternativa baseada em otimização, equilíbrio e eficiência, Hayek sugere a substituição do termo economia por cataláxia para representar ordens de mercado[167]. Economia é um termo ambíguo, pois originalmente se refere à administração do patrimônio de uma família, algo que pode ser interpretado como um problema consciente de otimização, ao passo que cataláxia pode ser usado para se referir aos frutos não intencionais da atividade de trocas sob regras gerais, tema da ciência catalática. O que o autor chama de "jogo da cataláxia" é novamente representado como um processo de descoberta, envolvendo especulação baseada no conhecimento de cada um e no desapontamento das expectativas geradas a partir desse conhecimento. Hayek nota que "uma das tarefas centrais da competição é mostrar que planos são falsos"[168].

É interessante notar que, embora ainda o argumento central gire em torno de questões de conhecimento, nessa obra Hayek utiliza com mais frequência considerações sobre auto-interesse aplicadas à política. A frustração com as remunerações emergentes no jogo da cataláxia dá origem à busca por instituições centralizadas, que submetem as massas ao controle discricionário das elites que conseguem se organizar politicamente.

A discussão das instituições políticas é o tema do terceiro e último volume da obra. A substituição da coordenação baseada em regras abstratas pelos comandos concretos requeridos pela ação governamental direta acarreta para o autor um processo de deterioração institucional. Historicamente o poder legislativo é

---

167. p. 108.
168. p. 117.

responsável tanto pela articulação das leis, entendidas como regras de conduta justa, quanto pela elaboração da legislação necessária para administração do estado. Como as duas atividades diferentes resultam em normas consideradas como leis, as necessidades crescentes dos governos sob o estado de bem-estar diluem a percepção de que, além dos cidadãos, também os governos devem ser fundamentalmente restritos por normas gerais.

A crença de que democracias poderiam dispersar esse tipo de restrição ao poder, pois as decisões governamentais refletiriam em última análise a própria vontade do povo, seria uma trágica ilusão. Diante dos efeitos gerados pelo relaxamento das restrições ao poder, a população tende a se desiludir com a própria democracia e não com a ausência das restrições constitucionais. Hayek, assim como Popper, segue a tradição liberal de valorizar a democracia não como uma ferramenta para trazer os melhores ao poder, mas como instituição que nos permite dispensar de forma pacífica os políticos no poder, como uma proteção contra maus governantes.

A moderna desilusão com a política seria derivada do fato de que os mesmos órgãos assumem as tarefas de estabelecer leis gerais e confeccionar regras referentes à condução das ações governamentais. Ao tratar dos efeitos do enfraquecimento das restrições ao poder, Hayek se aproxima da Escola da Escolha Pública, um ramo da teoria econômica que aplica o conceito de auto-interesse não apenas a consumidores e firmas, mas também aos eleitores, políticos e funcionários públicos. Com isso podemos examinar a "lógica da ação coletiva"[169] ou economia da política.

---

169. Esse é o título do livro de Olson (1971) que elabora uma teoria sobre a ação em grupos, citado por Hayek (1982, v. 3., p. 13) em seu livro.

Os economistas da tradição de economia da política argumentam que, ao fazermos comparações entre instituições, devemos usar pressupostos comportamentais uniformes: supor consumidor egoísta e o regulador preocupado apenas com o bem-estar geral gera uma análise evidentemente enviesada em favor de instituições centralizadas. Sendo assim, autores filiados à Escola da Escolha Pública utilizam a hipótese que funcionários públicos também maximizam renda, políticos maximizam chances de alcançar e manter o poder e os eleitores se mantém "racionalmente ignorantes" sobre os políticos, pois custos de se informar superam bastante o valor esperado de um voto particular. Eleitores ignoram, entre outras coisas, os custos das medidas políticas arcados pelos demais. Como resultado, além das falhas de mercado estudadas pelos economistas, que são definidas como equilíbrios que se desviam de alocações ótimas de Pareto, devemos também considerar falhas de governo, que geram o mesmo tipo de má alocação de recursos.

Podemos dividir as falhas de governo em duas categorias, conforme elas sejam derivadas de questões sobre conhecimento ou de auto-interesse. Hayek, na tradição da Escola Austríaca, trata dos problemas do primeiro tipo: reguladores não são tão espertos quanto a teoria convencional supõe. James Buchanan, o autor mais conhecido da Escola de Escolha Púbica, trata dos problemas do segundo: reguladores não são tão bonzinhos quanto se supõe. Os dois modos de análise se confundem ao longo da história da teoria econômica: Turgot, antes de Smith, assim como os seguidores deste último na França no século XIX tratam das duas questões.

Voltando ao argumento de Hayek, "a quebra do princípio de tratamento igualitário sob a lei mesmo para fins de caridade inevitavelmente abriu as comportas para o arbítrio"[170]. O enfraquecimento de amarras legais estimula a oferta de privilégios legais por parte de políticos e reguladores. Esses serviços, por sua vez, são demandados por grupos de interesse que conseguem se organizar para explorar os demais através de regulações que os favoreçam. Esses grupos garantem lucros de monopólio derivados da criação de barreiras à entrada de competidores. Hayek identifica vários aspectos enfatizados na análise econômica da política, como a aprovação de projetos sem interesse geral mediante a troca de apoio a projetos de outros parlamentares (*logrolling*), o desvio de recursos produtivos que são usados para favorecer políticos que possam gerar privilégios (*rent-seeking*), incluindo a expansão de organizações paraestatais dedicadas à obtenção de verbas públicas. Examina também as consequências do fato de que grupos, dependendo de fatores como seu tamanho, possuem diferentes capacidades de organizar seus interesses junto à competição na arena política. Produtores de brinquedo de um país, por exemplo, têm muito mais incentivos para defender legislação que restringe a competição externa do que os pais das crianças que demandam esses brinquedos. Devido à pequena fração que esse gasto possui no orçamento familiar, nenhum pai aceitaria participar de uma reunião do clube dos consumidores de brinquedos...

A aceitação política do tratamento desigual de grupos tem como consequência não intencional o arbítrio e a consequente percepção de que a política é tomada por corrupção. Esta é falsamente vista como fruto da imoralidade do povo, não como consequência da competição por privilégios legais.

---

170. v. 3, p 103.

Abandonado o conceito liberal de lei, como disse Bastiat[171], o estado se transforma na "...grande ficção através da qual todos se esforçam para viver às custas de todo o mundo".

Tendo em vista a ação de grupos de interesse, Hayek discute as funções do estado e sua relação com mercados. A questão que se destaca nesse último volume é a proposta de um modelo de constituição que reestabeleça a primazia das leis impessoais. Em seu esboço, Hayek propõe duas câmeras: uma assembleia legislativa e uma assembleia governamental. O princípio geral é a separação entre as atividades de produção do que o autor denomina respectivamente leis e legislação. A assembleia legislativa, que se reúne com pouca frequência, se ocupa da primeira atividade. Ela deveria ser composta por pessoas de idade madura, que não poderiam ser reeleitas e que obteriam uma renda futura garantida, de modo que pudessem se distanciar de atividades partidárias. A assembleia governamental, por sua vez, se ocuparia da condução dos afazeres do estado. Ela seria subordinada às leis estabelecidas pela primeira câmara. As formas de coleta de tributos, por exemplo, seriam determinadas pela primeira, por normas impessoais, ao passo que o montante arrecadado e a alocação dos recursos a projetos recairia sobre a segunda. Por fim, poderíamos ter uma corte constitucional que faria ajustes entre os conflitos entre as duas câmaras.

Assim como a proposta de desnacionalização do dinheiro, o esboço de reforma constitucional almeja a "contenção do poder e o destronamento da política". Esse seria o principal problema a ser enfrentado pela ordem social. Mas, imaginando que tais reformas sejam implementadas, é inevitável imaginar que elas seriam prontamente revertidas ou modificadas em

---

171. 1863a, p. 332.

seus elementos essenciais assim que fosse percebido que elas implicam em limitação do poder, a menos que essa limitação faça parte da ideologia dominante da época. O papel das ideias como fator determinante das mudanças institucionais é um tema importante do último livro escrito por Hayek e será abordado mais de perto no nosso próximo capítulo.

Mas, antes de deixarmos a presente obra, precisamos discutir o mecanismo seletivo utilizado na representação da evolução institucional. Para o autor, trata-se de um processo de evolução cultural, não biológico: são as regras e não indivíduos que são selecionadas.

Por dezenas de vezes, Hayek afirma que a evolução de regras de conduta ocorre por seleção dos grupos nas quais elas emergem. Regras melhores, que proporcionam mais adaptação, aumentam a chance de sucesso dos indivíduos, resultando na sobrevivência e expansão do grupo, que sobrepuja ou é imitado pelos demais.

A unidade de seleção é o grupo, mas as regras emergentes em cada sociedade são originárias do comportamento individual, ou seja, da propensão de seguir tais regras[172]. Contrariando regras existentes, indivíduos inovadores desafiam a proibição de comércio com estranhos, reconhecem propriedade privada, obrigações contratuais, competição com outros artesãos, o pagamento de juros e aceitam o fato de que os preços podem variar[173]. Nesses exemplos de transição de sociedades menores para economias mais complexas, Hayek explicitamente afirma que as novas regras tentadas são vantajosas para os indivíduos que as praticam para então favorecer o grupo ao qual pertencem. Ao mesmo tempo,

---

172. v. 1, p. 44.
173. v. 3, p. 161.

em especial no próximo livro, Hayek se preocupa com as regras promotoras de prosperidade que, além de não serem entendidas, são rejeitadas pelas pessoas. Como essas forças contrárias seriam compatibilizadas em um modelo evolucionário?

Embora repita muitas vezes a ideia de seleção de grupos, Hayek não elabora mais a fundo como regras evoluem e se fixam no interior do grupo e tampouco modela explicitamente processos evolutivos em termos de variáveis como formas de recombinação, taxa de mutação, pressão seletiva ou estabilidade do ambiente, que dariam conta de diferentes pressões evolutivas em diferentes situações. Por exemplo, a explanação hayekiana dá conta de pequenos grupos com atitudes diferentes em relação à instituição da propriedade privada. Mas não se aplica ao caso de sociedades que passam décadas e até séculos repetindo políticas equivocadas, pois não faria muito sentido nesse contexto a ideia de seleção de grupo: um país não necessariamente desaparece. A teoria só se aplicaria então aos estágios iniciais de desenvolvimento das sociedades? Isso, na verdade, implica que não é possível gerar conclusões gerais verdadeiras sobre o tema a partir do grau elevado de abstração pretendido pelo autor, isto é, sem elaborar com mais detalhes os elementos de uma explanação evolucionária.

As ambiguidades geradas por essa imprecisão são ainda potencializadas pelas referências do autor à literatura da época a respeito de seleção de grupos, algo que gerou entre comentaristas a tese equivocada segundo a qual Hayek teria abandonado o princípio do individualismo metodológico. Em biologia, a hipótese de seleção de grupo trata de indivíduos altruístas se sacrificando em prol da comunidade, como um pinguim que se atiraria ao mar para testar a presença de orcas. Entre os biólogos, embora seja uma possibilidade lógica, esse tipo de explanação não é bem aceita. Preferem-se explanações que apelam para a seleção de parentesco (*kin selection*), compatível com o individualismo metodológico, na qual a unidade de seleção é o gene e não o indivíduo. Isso pode explicar o sacrifício de um indivíduo por parentes, desde que tais parentes preservem mais copias do gene do que aquela perdida pelo indivíduo que se sacrifica.

Seja como for, o apelo a essa discussão em ciências sociais é totalmente equivocado. A teoria econômica não trata de situações descritas como jogos de soma zero, nas quais o ganho de um implica em perda do outro. Ao contrário do que ocorre na "sociobiologia", o estudo de relações sociais baseadas em fatores biológicos, desde os primórdios da ciência econômica a dicotomia egoísmo-altruísmo é dissociada do par individualismo-coletivismo. Partindo tanto de *motivações* egoístas quanto altruístas, o uso de *meios* coletivistas ou individualistas podem gerar tanto benefícios quanto consequências não intencionais indesejáveis para os diferentes agentes envolvidos. No próprio livro que estamos tratando, podemos selecionar um exemplo de discussão da separação entre as duas dicotomias. Hayek ilustra o ceticismo típico do economista sobre o falso moralismo, quando afirma que "o altruísmo, para ser uma virtude, certamente não pressupõe que se deva seguir a vontade de outra pessoa[174]. Mas é verdade que muito do pretenso altruísmo se manifesta num desejo de fazer com que os outros sirvam aos fins que o 'altruísta' considera importantes".

Não encontramos, de todo modo, qualquer indicação na obra que sugira uma rejeição do princípio do individualismo metodológico. A incompletude do modelo evolutivo empregado

---

174. 1982, v.1, p. 56.

pelo autor, porém, nos convida a desenvolver a teoria em termos da especificação de modelos evolutivos mais detalhados, que possam dar conta das lacunas deixadas pelo programa de pesquisa sugerido por Hayek.

A arrogância fatal

Na obras anteriores, Hayek estabelece a distinção entre, por um lado, regras abstratas, cujo uso por agentes com conhecimento disperso em ambiente em contínua mudança resulta na ordem espontânea dos mercados e, por outro, comandos concretos, necessários para gerenciar os órgãos do estado, por meio da transmissão de conhecimento articulado através de estruturas hierárquicas. Em seguida, examina as consequências da tentativa de substituir as regras do primeiro tipo pelas do segundo, algo requerido, em diferentes graus, tanto pelo planejamento central quanto pelo *welfare state*. Mas o aumento da complexidade do problema da coordenação requer o uso de mecanismos descentralizados de aprendizado por tentativas e erros, ao passo que sua supressão implica em descoordenação. Diante das consequências não intencionais e indesejáveis da centralização, por fim, o autor propõe reformas significativas das instituições monetárias e da própria constituição, com o propósito de conter a expansão do estado pelo fortalecimento do império das leis. Resta examinar agora a dimensão ideológica que sustentaria tais reformas liberais ou, pelo contrário, impulsionaria a ampliação de instituições centralizadoras. Se a mudança institucional depende das crenças mantidas pelas pessoas, devemos tratar de incorporar, na medida do possível, essas crenças na análise. Como veremos em nosso capítulo final, Hayek acredita que, no longo prazo, as ideias direcionam as mudanças institucionais.

O último livro escrito por Hayek, que fecha a progressão de obras dedicados à economia institucional, intitula-se *A Arrogância Fatal: os Erros do Socialismo*. Nesse escrito, a argumentação é toda feita a partir de uma perspectiva evolucionária, aplicada não apenas ao processo de evolução das normas, mas também à formação dos valores políticos associados à diferentes visões de mundo a respeito do funcionamento da sociedade.

Provavelmente como fruto da interação com o editor de suas obras reunidas, William Bartley III, a base falibilista presente nas obras de Hayek é integrada na perspectiva da epistemologia evolucionária que, como apontamos anteriormente, trata do aprendizado descentralizado por tentativas e erros em diferentes contextos, como ciência, mercados e natureza.

O livro tem como tema, mais uma vez, a crítica ao socialismo. Sem voltar explicitamente aos argumentos técnicos desenvolvido ao longo do debate sobre o cálculo econômico no socialismo, Hayek afirma que os defensores desse sistema estariam equivocados a respeito da forma como, em qualquer sociedade, o conhecimento sobre recursos escassos é gerado e utilizado.

Evan Durbin, o economista que propôs na década de 1930 um modelo de socialismo de mercado no qual cartéis estatais fixariam preços de modo a minimizar o custo médio de produção dos bens, foi um dos intelectuais ingleses que se opôs às críticas hayekianas ao planejamento central. Em um exemplo típico do que Hayek denomina racionalismo construtivista, Durbin associa planejamento central ao uso da razão, afirmando que Hayek deveria aceitar tal relação a menos que "... ele [Hayek] nos exorte a rejeitar com desespero as oportunidades e responsabilidades da humanidade plena.

Ele só pode expulsar a ciência da vida econômica preferindo o instinto à razão e a ignorância ao conhecimento"[175].

Quatro décadas depois[176], Hayek utiliza essa provocação no primeiro capítulo de seu último livro[177]:

> O título do presente capítulo, "Entre o Instinto e a Razão", deve ser entendido literalmente. Quero chamar a atenção para o que realmente existe entre o instinto e a razão e que, por esse motivo, é muitas vezes esquecido apenas porque se presume que não há nada entre os dois. Isto é, estou principalmente preocupado com a evolução cultural e moral, a evolução da ordem ampliada, que está, por um lado, além do instinto e muitas vezes oposta a ele, e que é, por outro lado, incapaz de ser criado ou projetado pela razão.

O autor naturalmente se refere a seus trabalhos sobre auto-organização. A presença de uma tradição ou cultura de regras ensinadas e imitadas resulta na emergência das leis e na expansão da ordem espontânea dos mercados que possibilita a civilização moderna e o próprio desenvolvimento da ciência.

O aprendizado descentralizado de natureza evolutiva, contudo, não está confinado ao início do processo civilizatório. Novamente, é justamente o aumento da complexidade do problema que exige o uso de mecanismos descentralizados de aprendizado. O autor zomba da tese contrária, comum até mesmo entre biólogos evolucionários contemporâneos. Para Hayek, a crença de que "...em algum momento o *design*

---

175. 1949, p. 103.

176. Não sabemos se a referência foi proposital, um eco de memórias passadas ou ainda se trata de uma coincidência. De todo modo, talvez porque o livro não contenha notas de rodapé, a provocação de Durbin não é mencionada no texto.

177. 1989, p. 21.

consciente interveio e deslocou a evolução substitui a explicação científica por um postulado virtualmente sobrenatural"[178]. Como a ordem espontânea dos mercados é de natureza abstrata, até mesmo os cientistas acostumados com o argumento de que formações complexas dependem de processos evolutivos são incapazes de enxergar a complexidade do problema de coordenação de planos.

A epistemologia evolucionária nos levaria a aplicar essa ideia à evolução da própria ciência, em direção a uma concepção institucional a respeito do crescimento do conhecimento, embora o autor não desenvolva essa linha de raciocínio. Não deveríamos, por exemplo, considerar se uma hipótese foi corroborada ou refutada sob o ponto de vista de um cientista hipotético, que faz o papel de uma espécie de mente coletiva da comunidade dos cientistas. Em seu lugar, deveríamos levar em conta a existência de uma ecologia de cientistas que podem utilizar regras diferentes de seleção, o que faz com que certas hipóteses criticadas sobrevivam em nichos reduzidos em vez de desaparecer. Mas desenvolver essa ideia nos desviaria do argumento do livro.

Além de desenvolver mais suas ideias sobre a natureza do processo de evolução cultural, o livro trata das origens das crenças que resultam no desprezo pelos frutos dessa evolução. Em outras palavras, o livro especula sobre as fontes dos impulsos coletivistas que motivam o socialismo. No caso, o próprio instinto e a razão destacados na citação acima.

O primeiro fator que contribui para o apelo suscitado pelo socialismo é a moral tribal. Esta consiste em uma cultura formada durante a maior parte da história humana, quando a sociedade envolvia bandos formados por um número pequeno

---

178. 1989, p. 22.

de indivíduos que se conhecem pessoalmente. Essa moral é fruto de adaptações a condições passadas, mas disfuncional nas sociedades modernas, cuja complexidade requer o uso de regras abstratas. Sob a influência de instintos coletivistas, o homem moderno se ressente das normas abstratas do presente. "Restrições relativas às práticas dos grupos pequenos, deve-se enfatizar, são *odiadas*"[179]. Ideologias coletivistas são então vistas pelo autor como reflexo da busca pelo ideal do nobre selvagem. O conflito, porém, não seria entre emoção e razão, mas entre instintos inatos e regras aprendidas.

Instintos tribais, no entanto, não desapareceriam mediante a continuação do processo de evolução cultural. O convívio entre os tipos de regras próprias a grupos pequenos e aquelas necessárias para a civilização moderna, para Hayek, gera a tensão básica que caracteriza boa parte das ideologias[180]:

> Se aplicássemos as regras não modificadas e inalteradas do microcosmo (isto é, do pequeno bando ou tropa, ou, digamos, de nossas famílias) ao macrocosmo (nossa civilização mais ampla), como nossos instintos e anseios sentimentais muitas vezes nos leva a querer fazer, nós o destruiríamos. No entanto, se aplicássemos sempre as regras da ordem estendida aos nossos grupos mais íntimos, iríamos esmagá-los. Portanto, devemos aprender a viver em dois tipos de mundo ao mesmo tempo.

Não seria possível, por exemplo, em uma grande cidade tratar todas as pessoas com a quais interagimos como se estivéssemos na praça de uma cidadezinha. Basta imaginar alguém, em uma conexão entre estações de metrô, tirando o chapéu

---

179. p. 13.
180. 1989, p. 18.

e tentando dizer "boa tarde" para cada uma das centenas de pessoas com as quais cruza a cada minuto.

O segundo fator a alimentar o impulso coletivista é o racionalismo construtivista ou ingênuo, que não leva a sério a importância de caráter falível do conhecimento, identificando razão com controle consciente. Esse fator já foi bastante discutido anteriormente, de modo que podemos prosseguir com o argumento.

No restante da obra, Hayek efetua um passeio pela história para ilustrar suas teses sobre a evolução das civilizações, além de uma visita ao pensamento de diferentes intelectuais, para ilustrar como racionalismo construtivista e instintos tribais se combinam na rejeição das instituições compatíveis com a evolução da ordem estendida.

Apresentado o argumento principal do livro, vamos explorar alguns de seus detalhes. Iniciemos com o uso de explanações evolucionárias. Estas, que surgiram pela primeira vez nas ciências sociais, não se reduzem aos elementos da teoria da evolução em Biologia. Teríamos elementos comuns, como variação, seleção e adaptação a circunstâncias particulares. A evolução das normas sociais, porém, envolve algo como a herança de características adquiridas, a transmissão de hábitos e informações através de indivíduos que não são os pais e a seleção de grupos. Hayek está ciente de que tal hipótese é não é comumente aceita pelos biólogos, mas afirma que isso não afetaria seu argumento no que diz respeito à evolução cultural. Da epistemologia evolucionária, encontramos elementos já presentes ao longo da obra de Hayek, agora expostos em termos da linguagem dessa tradição, como a impossibilidade de justificar conhecimento e a impossibilidade de antecipar as consequências de ideias e ações.

Como ideias e atos apresentam desdobramentos não intencionais, a abordagem evolucionária (e a vertente hayekiana em particular) é incompatível com a formulação de leis deterministas de desenvolvimento histórico, como aquelas formuladas por Marx e Comte. Além de rejeitar desenvolvimentos inevitáveis, o autor se dissocia explicitamente da crença de que a evolução implique em progresso. Hayek brinca que baratas, sobreviventes no processo evolutivo, não teriam valor moral[181]. Afinal, já vimos em sua obra explanações de processos seletivos que fazem com que os piores cheguem ao poder ou de como o fracasso de certas políticas levam à demanda por sua expansão, que negam a superstição melhorista.

O esquema de evolução cultural proposto é utilizado em uma interpretação da história das civilizações. Também essa interpretação é baseada no programa de pesquisa do autor, centrado no problema de coordenação das ações de agentes com conhecimento falível em ambiente progressivamente mais complexo.

Essa tentativa de interpretação da história é restrita por algumas considerações metodológicas semelhantes àquelas encontradas pelos biólogos evolucionários. Assim como o registro fóssil contém buracos e é composto em larga medida por estruturas ósseas, os registros históricos são viesados pelas construções e documentos preservados por governantes. Isso faz com que historiadores vejam as realizações dos governantes como ponto culminante da evolução cultural, quando na verdade podem marcar seu fim. Os grandes monumentos construídos por déspotas foram financiados a partir da riqueza gerada por uma fase comercial prévia. Nessa última, as atividades são

---

181. p. 27.

voltadas ao atendimento das necessidades dos governados, que não são preservados na forma de monumentos ou preservados pelos historiadores e poetas.

A despeito desse tipo de viés, Hayek cita fontes históricas e arqueológicas que sugerem que o florescer de diferentes civilizações se relaciona com as trocas, atividade que teria antecedido a agricultura e a produção regular de bens. Seria o reconhecimento gradual da propriedade que teria dado origem à expansão do comércio, que viabiliza a especialização e o consequente aumento da produtividade, que por sua vez resulta em aumento populacional e mais especialização, segundo a reação em cadeia descrita por Adam Smith.

Desde as cidades gregas e o império romano até o início da idade moderna, passando pelo império chines e as civilizações pré-colombianas na América, Hayek detecta o padrão histórico segundo o qual a emergência da propriedade dá origem ao comércio, que leva à expansão da civilização. Governos que inicialmente contribuíram para esse desenvolvimento por meio da articulação das leis passam invariavelmente a substituir a atividade livre pela centralização administrativa (a fase comumente registrada pelos historiadores), levando ao declínio da civilização.

Paralelamente a essa descrição do padrão histórico de evolução das sociedades, Hayek registra a manifestação das ideias originárias do racionalismo construtivista e do instinto tribal que se opõem às instituições que possibilitaram o aprofundamento do desenvolvimento das civilizações. Construindo uma amostra de ideias a partir de textos de intelectuais conhecidos, como Monod, Einstein, Keynes, Russell e Born, Hayek depura uma lista de erros associados ao racionalismo construtivista, classificados em quatro pontos. Segundo as crenças desses autores, não seria racional: **a**) seguir o que não possa ser justificado cientificamente ou provado empiricamente, **b**) seguir o que não entendemos, se submetendo a tradições; **c**) seguir o que não tenha um propósito especificado antecipadamente e **d**) seguir algo cujas consequências não sejam conhecidas de antemão, observáveis e tidas como benéficas.

Esses pontos, o leitor pode reconhecer, se relacionam ao racionalismo justificacionista. Tendo em vista tudo o que aprendemos sobre Hayek, porém, é fácil mostrar como tal lista de pré-requisitos não é atendida nas situações nas quais estamos diante de conhecimento falível e complexidade do problema de coordenação, casos nos quais dependemos dos mecanismos descentralizados de aprendizado por tentativas e erros estudados por Hayek. Como vimos, **a**) hipóteses empresariais são conjecturais e ninguém possui as informações necessárias para sua refutação ou corroboração, **b**) o uso de regras permite adaptação em casos nos quais não entendemos os detalhes, **c**) regras funcionam como um bem de capital não específico, útil em condições que não podemos antecipar e **d**) o mercado funciona como um processo de descoberta de coisas cujo valor não somos capazes de antecipar. No espírito do racionalismo crítico, Hayek nota que "a curiosa tarefa da economia é demonstrar aos homens quão pouco eles realmente sabem sobre o que imaginam que podem projetar"[182].

Além da razão construtivista, ao longo da história temos também a oposição advinda de instintos tribais, que reagem com estranhamento às trocas. Hayek documenta o desdém pela atividade comercial e pelo dinheiro presente em Platão e Aristóteles, justamente na época em que o florescimento do

---

182. 1989, p. 76.

comércio permitiu a expansão de Atenas. Hayek inicia o livro com a frase da *Ética* de Aristóteles sobre a cidade estar limitada até onde chega a voz do arauto, como se o único modo possível de interação social fosse através de comandos hierárquicos.

Desde a Antiguidade até as grandes ideologias totalitárias do século XX, o comércio, o dinheiro e as transações envolvendo pagamento de juros foram vistos com desprezo. Hayek mostra como o aumento da riqueza "a partir do nada", pela realocação de recursos ou troca, é visto como trapaça ou feitiçaria para aqueles que se restringem a uma visão materialista da economia.

O uso do dinheiro, em especial, multiplica exponencialmente o potencial de trocas mutualmente vantajosas e, portanto, das perspectivas para a expansão da civilização, não apenas como meio de trocas, mas pela formação de preços e de como estes permitem o surgimento de um novo modo de adaptação às circunstâncias locais apresentadas pelo cálculo econômico. Não é imediata, no entanto, a compreensão sobre como o dinheiro, os preços e o juro em particular estão relacionados à coordenação intertemporal de planos e ao aumento da prosperidade. Hayek percebe como o caráter abstrato do uso da moeda envolve um preço expresso pela rejeição de instituições estranhas à moral tribal[183]: "No momento em que o escambo é substituído pela troca indireta mediada pelo dinheiro, a inteligibilidade imediata cessa e começam processos interpessoais abstratos que transcendem em muito até mesmo a percepção individual mais esclarecida".

O mesmo estranhamento pode ser percebido na ciência, a partir da Revolução Marginalista, quando a economia passa a tratar de pessoas e suas escolhas, não de objetos físicos. O

---

183. p. 101.

avanço subjetivista implica em um salto no caráter abstrato da disciplina, que no espírito da epistemologia evolucionária a transforma em um ramo da filosofia da ciência. Para Hayek[184]:

> Assim, poder-se-ia descrever a economia (o que agora prefiro chamar de catalática...) como uma metateoria, uma teoria sobre as teorias que as pessoas desenvolveram para explicar a forma mais eficaz de descobrir e utilizar diferentes meios para diversos fins.

O último livro de Hayek tratou das tensões existentes entre a moral própria de pequenos grupos, ambiente no qual a humanidade evoluiu, e a moral requerida para o funcionamento de sociedades maiores e mais complexas, moral essa resultante de um processo de evolução cultural. Como o tema é abordado sob a perspectiva de um racionalismo evolutivo, não construtivista, o breve último capítulo da obra trata naturalmente do papel das religiões ao longo da evolução cultural. Isso é natural porque o autor quer explicar como regras das quais dependem a civilização não são nem racionalmente compreendidas e nem valorizadas pelas pessoas. As religiões, como parte do processo de evolução cultural, são importantes para a transmissão dessas regras.

A associação entre crenças políticas e religiões, no texto, não tem nenhuma conotação retórica, positiva ou negativa. Tanto valores liberais quanto socialistas são representados como algo que pode ser transmitido por religiões. Poderíamos utilizar o termo sugerido por Richard Dawkins, memética, para se referir ao processo de evolução cultural estudado, a despeito das diferenças entre essa última abordagem e o referencial hayekiano.

Como a função (e não propósito) das regras abstratas que sustentam ordens estendidas não é em geral compreendida, as

---

184. 1989, p. 98.

religiões são importantes para que tais regras sejam transmitidas, como por exemplo as regras preocupadas com os efeitos benéficos de longo prazo de uma escolha, que competem desfavoravelmente com as opções nas quais tais efeitos são concretos e de curto prazo. Hayek não afirma que religiões necessariamente favoreçam tais normas, como mostra a moderna aproximação destas com ideologias coletivistas. Mas estas últimas, como candidatas a religião rival, apresentam desvantagens no longo prazo no processo de evolução cultural precisamente por rejeitar as regras das quais a manutenção da civilização depende.

Diversas questões interessantes são suscitadas pela leitura de *A Arrogância Fatal*. O ponto mais evidente é a necessidade de complementar a descrição genérica de seleção de grupos pela adoção de modelos mais explícitos sobre como as regras surgem, se modificam e se espalham entre indivíduos e grupos e como agem diferentes pressões seletivas conforme o tamanho e outras características desses grupos. Por diferentes fatores, podemos especular que esse caminho não foi tomado: além da própria complexidade da tarefa, podemos listar a tendência do autor a se expressar no campo teórico da forma mais abstrata possível ou ainda o temor de cair em alguma armadilha retórica que o acusaria de ser "darwinista social", algo que ele rejeita em diversas ocasiões.

No que diz respeito a interação entre características herdadas e aprendidas (o debate *nature versus nurture*), embora seja verdade que as tentativas disponíveis na época de aplicar o modelo evolucionário ao funcionamento das sociedades pecassem por ignorar completamente os resultados das ciências sociais e em particular da economia, o desenvolvimento mais recente da Psicologia Evolucionária se revela relevante para o problema estudado por Hayek. Se pudermos explicar evolutivamente propensões políticas, sejam liberais ou coletivistas, o problema da reforma institucional adquire novo aspecto. Assim como teoria econômica dos séculos XVIII e XIX rejeitou o utopismo, investigando quais instituições seriam robustas à presença de agentes possivelmente corruptos e egoístas, a análise de reformas descentralizadoras deve indagar como instituições se tornariam resistentes tendo em vista propensões coletivistas que anulariam a intenção de conter o poder.

Por fim, a análise da evolução cultural de crenças políticas pode ser atualizada pelos eventos históricos recentes. Vivendo no final de sua vida em um período de crise do estatismo, Hayek considerava que o comunismo, como religião, teria declinado rapidamente[185]. Mas, embora os regimes inspirados pelo coletivismo em geral tenham declinado, como ideologia nunca deixou de ser influente. O retorno das ideologias coletivistas no início do século XXI, menos de um século depois do fenômeno totalitário por elas gerados, dão testemunho de quão tênues podem ser as forças seletivas descritas na teoria da evolução cultural de Hayek. O socialismo tem uma desvantagem inerente em comparação com outras religiões porque se refere a eventos terrenos e não sobre o que existiria após a morte, de modo que suas previsões podem ser avaliadas empiricamente. Como então, em termos meméticos, ele poderia competir com as religiões tradicionais? Um elemento crucial da resposta consiste na interpretação do mundo real como se fosse manifestação de um mundo livre e de suas instituições possíveis, o que bloqueia o exame das consequências das políticas concretas que tal ideologia defende. Isso proporciona uma total proteção contra

---

185. p. 137.

crítica, resultando em um esvaziamento de conteúdo necessário para que sobreviva na competição religiosa. Nesse sentido, os trabalhos sobre economia institucional de Hayek são importantes por tratar de economistas mistas, situadas entre a liberdade e a coerção, investigando as consequências não intencionais de cada tipo de norma e política.

Depois de tratar das ideias no contexto da teoria da evolução cultural, resta para o próximo capítulo a tarefa de investigar a importância delas no pensamento de Hayek, além da nossa própria conclusão sobre a importância das teses desse autor.

CAPÍTULO 6
Epílogo: evolução das ideias

"O físico que é apenas físico ainda pode ser um físico de primeira classe e um membro muito valioso da sociedade. Mas ninguém pode ser um grande economista se for apenas economista – e sinto-me mesmo tentado a acrescentar que o economista que é apenas economista irá provavelmente tornar-se um incômodo, se não mesmo um perigo positivo".

O Dilema da Especialização

Estamos próximos de completar nossa jornada de exploração das ideias de Hayek. No final do capítulo anterior a teoria econômica foi representada como uma metateoria, uma hipótese sobre como os agentes interpretam o mundo com o intuito de descobrir formas de atender seus propósitos. Essa caracterização, na verdade, descreve o próprio programa de pesquisa do autor: a emergência de uma ordem na qual seus elementos são coordenados a partir de mecanismos de aprendizado por tentativas e erros em condições cambiantes.

Como a base desse programa é de natureza filosófica, uma teoria sobre o crescimento do conhecimento, foi possível organizar nossa exposição de maneira lógica, partindo dos fundamentos para as aplicações, em uma ordem na qual cada novo assunto é composto a partir dos elementos discutidos nos capítulos prévios. Isso, porém, desconsidera a evolução do pensamento do autor ao longo de sua carreira. Em nossa exposição, a ordem cronológica foi utilizada como outro critério, subordinado ao primeiro. *Grosso modo*, considerando a sucessão temporal de assuntos tratados, Hayek publica inicialmente sobre ciclos, moeda e capital, na sequência escreve sobre o funcionamento dos mercados, depois sobre filosofia e o funcionamento da mente e finalmente sobre política e instituições. Os dois critério de exposição apontados acima, porém, dificultam a apresentação unificada do que apontamos no início como o tema comum dos trabalhos do autor. Por isso, podemos agora recapitular o que aprendemos, mas com a liberdade de utilizar conceitos e termos usados em diferentes pontos da trajetória intelectual do economista austríaco.

Depois de uma apresentação inicial do quadro geral do pensamento de Hayek, contrastamos a sua filosofia falibilista, adequada ao estudo dos fenômenos complexos que dão origem às ordens espontâneas, com a crítica ao cientismo, derivado do racionalismo construtivista. A primeira perspectiva é abstrata, explica padrões e discute ambientes propícios ao aprendizado, ao passo que a segunda é concreta, ambicionando previsão exata, controle e justificação do conhecimento.

Em seguida, o funcionamento dos mercados foi exposto em termos do problema do conhecimento: hipóteses empresariais falíveis, relativas a condições prevalecentes em diferentes locais e momentos, podem se aproximar ou não do mundo real e essa aproximação é objeto de investigação da economia. O processo de mercado, que envolve rivalidade entre hipóteses empresariais testadas com o auxílio do sistema de preços, resulta na frustração de expectativas, na descoberta de novos meios e dos próprios fins concretos que serão perseguidos. Embora a cataláxia ou ordem dos mercados não tenha propósito, seu valor repousa na exploração do potencial de descoberta e uso do conhecimento. O erro mais frequente dos economistas consiste na transferência da simplicidade do modelo para a realidade a partir da confusão entre conhecimento abstrato do analista e prático do agente, gerando a ilusão de que a coordenação de planos poderia ser feita por instituições centralizadas.

A contínua adaptação resultante do aprendizado nos mercados inclui a coordenação intertemporal de planos: bens de capital heterogêneos são combinados em diferentes padrões de investimento, que devem maturar em momentos compatíveis com as decisões das pessoas sobre poupança e consumo. Taxas de juros que refletem a urgência de gastos no presente e produtividade de projetos com diferentes durações possibilitam a coordenação de planos em uma economia em crescimento, ao passo que distorções monetárias, como a expansão do crédito, afetam preços e produção, gerando ciclos econômicos. Estes são compostos pela expansão dos investimentos nos setores inicialmente estimulados, mas cujos projetos se tornam inviáveis durante a recessão, quando se revela a escassez de bens de capital complementares aos projetos iniciados. Ciclos representam descoordenação intertemporal de planos. Esta se manifesta como distorções na estrutura do capital, não capturadas pelo exame do volume agregado de investimento e outras grandezas não fundamentadas na escolha dos agentes.

A (des)coordenação das ações de agentes com conhecimento limitado não se restringe à contínua realocação de recursos escassos via mercados e ação coletiva, ou ainda manifesta nos fenômenos de crescimento e ciclo econômico, mas também no que diz respeito às instituições. Ordens espontâneas na sociedade emergem tanto da ação racional voltada a objetivos particulares quanto do seguimento de regras. Normas indutoras de certos padrões de comportamento e interação que resultam em sociedades prósperas fazem com que estas se expandam e suas regras sejam imitadas. Tal expansão aumenta a complexidade do problema de coordenação, o que reforça a necessidade de uso de regras abstratas, que possibilitam o uso de conhecimento disperso em situações que não podemos antecipar. Nesse sentido, leis são como bens de capital de uso múltiplo. Por outro lado, a demanda por planejamento central inspirada pelo racionalismo construtivista e por instintos herdados do passado tribal da evolução humana privilegia o uso de comandos concretos em hierarquias, que bloqueiam o uso do conhecimento disperso e geram incentivos para a busca por novas normas geradoras de privilégios para grupos de interesse. No limite, a demanda por planejamento central das economias, além de gerar descoordenação devido ao problema do cálculo econômico, mina a liberdade política e de pensamento, por tratar as pessoas como meios de planos concretos com os quais não necessariamente concordam, ao passo que a descentralização possibilita a troca voluntária de meios entre pessoas com propósitos e opiniões diferentes.

Quão representativo das ideias de Hayek seria esse esboço? Em primeiro lugar, devemos lembrar que nos ocupamos das contribuições *teóricas* do autor, deixando de lado a maioria das suas análises de conjuntura econômica, legislação, cenários políticos e esboços históricos, que abordam inúmeros assuntos, desde políticas cambiais no pós guerra até a formação das favelas em cidades como São Paulo, passando pela situação dos pobres na revolução industrial e a correspondência entre John Stuart Mill e sua esposa.

Além de omitir essas considerações, algumas delas de interesse permanente e outras de interesse restrito a certos períodos e locais, dedicamos pouco espaço a questões teóricas sobre assuntos que o autor deste livro conhece muito pouco e portanto não teria condições de avaliar, como o funcionamento do cérebro ou doutrinas jurídicas. Afinal, também aqui estamos diante do problema do uso do conhecimento disperso, a menos que alguém replique o mesmo conjunto de leituras de um leitor voraz como Hayek!

Optamos ainda por omitir a gigantesca literatura secundária dedicada ao autor, ou seja, os incontáveis livros e artigos escritos por economistas, historiadores do pensamento econômico e estudiosos de outras áreas que já escreveram sobre o tema. Embora tais obras não sejam citadas, nossa exposição reflete indiretamente essa literatura, mediante o destaque de aspectos que corroborem ou refutem algumas das interpretações mais comuns que o leitor terá ocasião de identificar, caso decida se aprofundar em seus estudos de Hayek.

Apesar das escolhas que tivemos que fazer, o presente livro captura os elementos chaves do pensamento hayekiano. Complexidade do problema alocativo, conhecimento limitado, coordenação de planos e ordens espontâneas são aspectos que dificilmente ficariam de fora de qualquer retrato sério. Além disso, como afirmamos, o próprio autor reconhece a centralidade desses elementos de sua pesquisa. Por fim, procuramos nesta obra deixar o autor falar por si mesmo, através do uso de citações e sinopses dos livros estudados. Com essa estratégia, esperamos não incorrer no erro comum de transformar a tarefa de expor suas ideias em pretexto para a exposição de nossas próprias opiniões.

Dito isso, um assunto que ainda devemos explorar, ainda que brevemente, diz respeito à importância das ideias. Hayek figura entre aqueles que acreditam que no longo prazo as ideias explicam mais do que o interesse. Por isso, vamos tratar agora das suas teses sobre o que poderíamos denominar a estrutura do capital intelectual, a forma como o conhecimento se origina e se espalha na sociedade. Em particular, veremos como Hayek classifica as ideologias políticas e como ele próprio se posiciona ideologicamente. Em seguida, de volta ao desenvolvimento das ideias científicas e filosóficas, diremos algo sobre as contribuições à história das ideias, aproveitando para examinar seu próprio legado no desenvolvimento da Escola Austríaca. Concluiremos o capítulo com uma avaliação geral sobre a importância desse conjunto de contribuições.

Ideologias políticas

Os economistas e intelectuais em geral discordam a respeito da importância das ideias. Em um extremo, temos autores que privilegiam o interesse. Economistas associados à Escola da Escolha Pública, por exemplo, utilizam o "siga o dinheiro" como bordão em suas análises políticas. No limite dessa postura temos Karl Marx e seu desdém pelas "ideologias". Estas, assim como os demais produtos da mente, seriam redutíveis a interesses materiais e portanto não podem influenciar significativamente o curso da história. Isso permite que Marx proponha previsões deterministas sobre os rumos da sociedade. Popper (1980), por outro lado, em sua crítica ao historicismo mostra que caso ideias influenciem as ações, o futuro da humanidade estaria aberto ou indeterminado, pois não é logicamente possível antecipar hoje ideias que serão descobertas no futuro.

No espírito da perspectiva baseada nos interesses, talvez aqueles que atribuam importância grande às ideias estejam na verdade exagerando o significado de sua própria atividade. De todo modo, qualquer postura reducionista, que não reconheça a interação de causas múltiplas, não seria adequada quando tratamos de um assunto complexo como esse. Ainda assim, faz sentido discutir se algum fator tem papel preponderante ou qual seria a importância das ideias.

Entre os defensores de que ideias importam encontramos autores filiados a diferentes tradições teóricas. Entre eles, Paul Samuelson, autor do livro-texto de economia mais utilizado em décadas passadas, afirmou que "não me importa quem escreve as leis de uma nação, se posso escrever os seus livros de economia". A citação mais conhecida que reflete esse tipo de opinião foi escrita por Keynes[186], que encerra sua *Teoria Geral* afirmando que a importância do interesse, no longo prazo, seria exagerada e que os homens práticos, orgulhosos de sua independência de influências intelectuais, seriam na verdade "escravos de economistas defuntos". Mises[187], por sua vez, afirma que "apenas ideias sobrepujam ideias". Em diversas de suas obras, encontramos a tese de que disputas ideológicas seriam resolvidas em última análise pela razão.

O leitor que acabou de se deparar com as teses sobre evolução cultural de Hayek, sobretudo considerando os fatores evolutivos que motivam impulsos coletivistas, talvez seja levado a crer que esse autor se filie à primeira tradição. Mas Hayek de fato é partidário da segunda. Como defensor da primazia de princípios abstratos, Hayek[188] rejeita a conotação negativa que o termo "ideologia" adquiriu sob a influência de "aspirantes a ditadores como Napoleão e Marx". O orgulho não se sujeitaria à princípios.

---

186. 1982, p. 291.

187. 1981, p. 460.

188. 1982, v.1. p. 57.

Em *A Constituição da Liberdade* Hayek cita J. S. Mill[189] a respeito da influência decisiva que certos intelectuais tinham nas ideias de seu tempo, concordando ainda com Keynes sobre o poder dos economistas defuntos. Recordemos que em *Lei, Legislação e Liberdade*, Hayek afirma que "o que é desdenhosamente apelidado de ideologia tem poder dominante sobre aqueles que acreditam estar livres dela ainda mais do que sobre aqueles que a abraçam conscientemente"[190], invocando ainda a opinião de Hume segundo a qual até mesmo o interesse seria na verdade governado pela opinião.

Essas declarações atestam sua adesão ao segundo grupo. Como ideias mudam o mundo no longo prazo, o autor esboça um esquema da transmissão de ideias da esfera intelectual para a arena política, em um padrão que lembra a teoria austríaca do capital.

Para Hayek, seria uma contradição esperar que um político seja um líder no campo das ideias: para ganhar votos, o político tem que ecoar as teses mais aceitas em seu tempo, sendo ele assim necessariamente conservador, seja qual for sua ideologia[191].

As novas ideias surgiriam então a partir dos sistemas intelectuais elaborados pelos filósofos políticos e demais pensadores. Estes, trabalhando com teorias abstratas, não se limitam ao politicamente possível ou ao que já existe. Pelo contrário, como cientistas eles têm a obrigação de imaginar mundos diferentes.

A influência direta dessas pessoas, porém, seria desprezível. Hayek relata como Mill considerava que Bentham e Coleridge foram os "professores dos professores" na Inglaterra. A partir

---

189. 2011, p. 178.
190. 1982, v.1, p. 69.
191. 2011, p. 179.

dos trabalhos dos poucos inovadores, os profissionais no campo das ideias, as doutrinas se espalham para o público geral a partir da intermediação daqueles que Hayek algo desdenhosamente denomina "revendedores de segunda mão de ideias"[192]. Estes seriam os historiadores, professores, intelectuais, jornalistas e artistas que interpretam as circunstâncias à luz dessas teorias, como por exemplo H. G. Wells e George Orwell. A difusão de ideias seria assim um lento processo evolutivo, que envolve experimentação e seleção de teses de autores de fato já mortos. Mais adiante nesse processo, as doutrinas originais não são aceitas explicitamente, mas são tomadas como verdades auto-evidentes, como pressupostos tácitos. Portanto, ideias importam, delimitando o que se pode cogitar em termos pragmáticos.

Se o pensamento no longo prazo alarga o horizonte do que mais tarde seria considerado politicamente possível, devemos considerar a forma como Hayek mapeia as ideologias políticas. Isso é feito em *Porque não sou um Conservador*[193]. Esse texto é centrado nas diferenças entre liberalismo e conservadorismo. Esse contraste se faz necessário porque o autor poderia ser considerado conservador, tendo em vista o argumento de que instituições presentes passaram por um processo evolutivo de teste. Antes de examinar seu conteúdo propriamente dito, devemos dizer algo sobre certas características gerais da análise hayekiana.

Nesse texto, encontramos um exemplo de negação da crença de que posturas políticas se distribuem ao longo de algum espectro unidimensional. Isso, na verdade, é um corolário da tese de que ideias importam. Se o mundo político fosse explicável unicamente em termos de conflitos entre raças, classes ou

---

192. 1982, v.3, p. 32; 1989, p. 55.

193. Esse texto foi publicado como apêndice de *A Constituição da Liberdade* (Hayek, 2011).

ainda se a história tomasse uma direção determinada, faria sentido representar posições ao longo de uma única dimensão. Mas se ideias importam e as teorias podem postular diferentes dimensões analíticas, o panorama político composto por todos esses aspectos se distribui em um espaço n-dimensional.

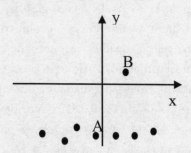

Disso podemos derivar algumas consequências. Uma delas é o esvaziamento da alegada sabedoria do meio termo. Dispostas como vértices de um poliedro político, toda postura seria igualmente radical. No espaço político n-dimensional, por sua vez, a postura do eleitor A pode ser centrista se considerarmos sua posição mediana ao longo de uma dimensão específica x na qual as posições se distribuem uniformemente, mas ao mesmo tempo radical em comparação com o eleitor B se todas as posições anteriores ocupam um valor extremo quando passarmos a notar a dimensão y. Nesse esquema, não é mais possível A rotular B como x-ista radical por nutrir opiniões impopulares. B poderia retrucar que A seria um y-ista raivoso...

Outra consequência é que o subconjunto do espaço político ocupado por movimentos e partidos concretos pode ser bastante restrito, em geral pela tendência de interpretar o mundo em termos de conflitos entre dois polos inimigos, derivado do instinto tribal explorado por Hayek em seu último livro. Sendo assim, como acabamos de ver, a tarefa do filósofo político poderia ser interpretada como um alargamento de horizontes, uma espécie de atividade empresarial que explora dimensões não experimentadas no discurso político tacitamente considerado como possível. No exemplo, instintos tribais reforçam a importância exclusiva de x e empresários intelectuais começam a apontar a importância de y. O resultado de que um político tem maior chance de ser eleito se defender a postura de um eleitor mediano faz sentido apenas quando a representação do espectro político for a mesma para o analista, o político e o eleitor. Estamos diante, mais uma vez, da distinção entre o conhecimento do analista e do agente que caracteriza a filosofia hayekiana.

No texto sob exame, Hayek identifica três posturas políticas básicas, sujeitas a variações: socialismo, conservadorismo e liberalismo[194]. Protestando contra o costume de representá-las ao longo de uma única dimensão, com liberais ocupando posição intermediária (na política da Inglaterra), ele sugere a construção de um triângulo, com cada uma dessas posições ocupando um vértice. Em cada lado do triangulo poderíamos listar diferenças e pontos comuns entre quaisquer duas das três posturas listadas nos vértices.

Como o clima político no século XX era favorável à expansão do papel do estado, Hayek considera que restaria ao liberal se aliar aos conservadores, que se opunham a essa tendência no que diz respeito a algumas dimensões. Porém, o liberalismo deveria ser cuidadosamente separado do conservadorismo, pois este não teria um programa próprio além da resistência a mudanças radicais na sociedade, por razões de prudência.

---

194. 2011, p. 320.

Assim, segundo Hayek, "o cabo de guerra entre conservadores e progressistas só pode afetar a velocidade, e não a direção, dos desenvolvimentos contemporâneos"[195].

A crítica ao conservadorismo nos ajuda a delimitar o tipo de liberalismo favorecido. Segundo Hayek, ambas ideologias possuem características comuns, como a admiração por certos frutos da evolução cultural. Mas essa admiração, no caso do conservadorismo, se restringiria ao passado. Liberais não temeriam a mudança em si, desejando alterações nas instituições presentes compatíveis com normas gerais que protejam a esfera de ação livre.

O conservadorismo, além de temer a mudança, desconheceria a teoria econômica, ou seja, não compreenderia o funcionamento de forças espontâneas na sociedade, favorecendo autoridades que controlem essas forças. Assim como o socialismo defende regulação que privilegia indústrias estabelecidas, o conservadorismo muito antes defendeu privilégios para a agricultura. Admirador da autoridade, o conservador, como o socialista, não se opõe à coerção como princípio, mas deseja que o poder seja exercido pelas pessoas certas. O liberalismo, em contraste, não se preocupa com quem deve governar, mas em limitar o poder, seja lá quem o exerça.

A política, para ideologias iliberais, trata do contraste entre os valores das pessoas esclarecidas ou moralmente superiores e seus oponentes, o que inviabiliza o respeito e convívio com o diferente. O liberalismo, em contraste, é baseado na tolerância em relação àquilo que não gostamos. Nesse sentido, Hayek explica as "concessões" políticas que teria feito à ideologia dominante

---

195. 2011, p. 520.

do período, que teria chocado seus amigos conservadores[196]. Ele afirma que não gosta de certas políticas discutidas em *A Constituição da Liberdade* e votaria contra as mesmas, mas sua argumentação conscientemente desviou de diferenças entre valores, indicando em seu lugar que as políticas discutidas seriam incompatíveis com um conjunto de normas gerais que seriam princípios possivelmente aceitos pelos oponentes, possibilitando o diálogo político. Assim, o ponto central que distingue um liberal é a defesa do não uso de coerção em relação à moral e religião, em temas que não afetam diretamente a esfera de ação protegida de liberdade dos demais.

Prosseguindo na distinção, Hayek rejeita a crítica conservadora à democracia. Como vimos, os problemas políticos do presente são atribuídas à ausência de restrições ao poder. Os melhores deveriam competir com os demais sob condições de igualdade perante a lei, sem precisar de privilégios. Por fim, Hayek rejeita o obscurantismo conservador em relação a desenvolvimentos científicos, notadamente em relação à teoria da evolução, além da tendência nacionalista que com frequência aproxima o conservador do coletivismo.

Se o racionalismo construtivista e tribalismo dos socialistas e o misticismo dos conservadores desagradam Hayek, o mesmo ocorre com o racionalismo presente na versão continental do próprio liberalismo, em especial na tradição francesa, além do liberalismo utilitarista de Bentham e seus seguidores na Inglaterra.

O tipo de liberalismo com que o autor se identifica, por fim, é aquele associado a autores britânicos que cultivaram a liberdade a partir da compreensão da limitação do nosso conhecimento. Essa limitação nos leva diretamente à defesa de regras negativas, que especificam o que as pessoas e governantes

---

196. p. 524.

não podem fazer, deixando espaço para que indivíduos tomem suas próprias decisões. Esse liberalismo inglês é associado à ideia do constitucionalismo limitador do poder.

A palavra "liberalismo" foi sequestrada nos Estados Unidos por defensores de um estado mais interventor. Além disso, nenhum partido na Europa que use o termo defende os valores descritos acima. Como o então novo termo "libertarianismo" não agradava ao autor, ele sugere como alternativa o rótulo pouco vendável *old whig*, "com ênfase no velho", para representar as ideias liberais que defende.

Vamos agora passar das crenças políticas para a importância das ideias em geral.

A história das ideias

Quando consideramos a história das ideias, duas perspectivas são encontradas. Existem aqueles que acreditam que inovações no mercado das ideias surgem como atos criativos de gênios independentes. Nessa perspectiva, a tarefa do historiador intelectual seria encontrar quem foi o primeiro a conceber algo, seu legítimo criador. Por outro lado, temos aqueles que adotam uma perspectiva evolutiva. Para eles, ideias seriam fruto de um processo de experimentação composto por contribuições incrementais feitas por inúmeros inovadores. Estes competem entre si pela solução de um problema a partir da imitação das soluções parciais dos concorrentes, soluções essas que colocam novos desafios, enfrentados nas novas variações experimentadas. Nessa perspectiva, a tarefa do historiador das ideias é tentar rastrear as etapas do processo de aprendizado por tentativas e erros, identificando os predecessores que influenciaram cada autor e acompanhando como as ideias adquirem novos significados e usos.

Sob um segundo ponto de vista, a historiografia gerada pelo primeiro pode ser vista como mais um exemplo de viés induzido pela existência de buracos no registro fóssil: escutar apenas um grande compositor de um período nos faz atribuir a ele inovações que foram na verdade criadas por dezenas de outros músicos. Mas basta estudar a fundo qualquer problema para identificarmos múltiplos inovadores com descobertas simultâneas, cada um "pirateando" soluções rivais e trabalhos prévios em longos processos de aprendizado. Se o crescimento do conhecimento for de fato incremental, perguntar quem inventou o avião, por exemplo, seria algo bastante tolo, assim como as distorções nos incentivos gerados pela concessão de poder de monopólio ao responsável por uma parcela minúscula do processo de inovação, opinião que coincide com a opinião de Hayek sobre a lei das patentes[197].

Na retórica dos cientistas também encontramos o contraste, por assim dizer, entre criacionismo e evolucionismo intelectual. Se a originalidade for de fato a arte de esconder suas fontes, não é adequada, em termos da história das ideias, a estratégica retórica que apresenta as próprias ideias como novidades absolutas. O intelectual que entende como ocorre o crescimento do conhecimento, pelo contrário, com frequência apresenta o histórico de um problema antes de apresentar sua própria proposta de solução. Muitas vezes, continua escrevendo sobre os outros autores que trabalharam com hipóteses semelhantes, sempre se resguardando da tentação de incorrer em *whig history*, que no mundo das ideias significa retratar raciocínios alheios como se fossem apenas antecipações imperfeitas dos próprios.

---

197. 1989, p. 37.

A preocupação com a história econômica, porém, não se limita a questões retóricas. A criatividade e o escopo de questões discutidas por um intelectual se relacionam intimamente com reflexões provocadas pela leitura. A capacidade de Hayek construir um programa de pesquisa interdisciplinar, composto por elementos provenientes de diferentes disciplinas, como em música, depende mais da transpiração do que da inspiração. É natural portanto que intelectuais inovadores sejam então historiadores das ideias, pois na história da ciência repousa o material básico que origina os problemas e nossas reflexões. Popper[198], em uma contribuição a uma coletânea de textos dedicados a Hayek, afirma que "...quase todos os cientistas criativos sabem muito sobre a história dos problemas e, portanto, sobre a história. Têm de o fazer: não se pode realmente compreender uma teoria científica sem compreender a sua história".

A última contribuição intelectual de Hayek que mencionaremos se refere assim às suas pesquisas como historiador das ideias. Como o objeto desse tipo de estudo é o pensamento de outros autores, não cabe aqui esmiuçarmos o conteúdo desses trabalhos, mas apenas indicar os temas investigados.

Os autores estudados, naturalmente, refletem os interesses intelectuais ditados pelo programa de pesquisa hayekiano. A importância de seus esforços nessa atividade é derivada do princípio da utilidade marginal decrescente: por sustentar opiniões sistematicamente minoritárias sobre temas filosóficos, políticos e econômicos, Hayek estimulou o trabalho historiográfico sobre autores pouco estudados, pelo menos pelos economistas. A história do econômico, por exemplo, foi por muito tempo dominado pelo estudo dos autores da tradição plutológica

---

198. 1969, p.184-5.

britânica, relevantes para a tradição marxista no que diz respeito ao modelo macro utilizado e à teoria do valor trabalho.

Hayek, em contraste, trata de autores importantes para a tradição catalática, como Gossen, para a teoria monetária, como Cantillon ou Thorton, para o estudo de consequências não intencionais da ação, como Bastiat, para a abordagem evolucionária, como Mandeville, para a própria tradição austríaca, como Menger, tratando ainda de aspectos das obras dos autores ingleses do século XIX relevantes para a perspectiva austríaca, mas ignorados no século seguinte, como a importância do tempo e da atividade empresarial.

Seguindo a tradição evolutiva sobre o crescimento do conhecimento, podemos dizer que a "originalidade" de Hayek repousa justamente na recuperação e articulação do capital intelectual dos economistas do passado depreciado no século XX. Este último foi marcado tanto pela rejeição do liberalismo quanto pela adoção de uma abordagem formal e empirista, que resultou na substituição do estudo dos autores originais por livros-textos. Esses manuais, ao descreverem apenas modelos fora do contexto de sua criação, tratam de respostas, muitas vezes ignorando os problemas que o originaram, ignorando assim a tese popperiana de que a ciência parte de problemas. A articulação dos problemas relevantes, por sua vez, depende do arcabouço interdisciplinar que informa as obras dos principais responsáveis pelo desenvolvimento da teoria econômica moderna. Hayek, como um erudito de épocas passadas, baseia suas pesquisas em uma carga significativa de leitura e parte desse esforço naturalmente assume a forma de história das ideias.

Sendo assim, podemos dizer que Hayek recupera parte do capital intelectual esquecido no século XX, mas que fazia parte do modo de pensar do economista em períodos anteriores.

Pegue como exemplo as instituições. Elas eram o elemento central da obra de Adam Smith, a grande variável responsável pela sua explanação sobre a causa da riqueza das nações. Mises e Hayek figuram entre os poucos economistas do século XX a não perder de vista a centralidade das instituições, em contraste com o desprezo que isso suscitava em seu próprio tempo. No debate do cálculo econômico no socialismo, a discussão do funcionamento dos mercados era algo totalmente dissociado do entorno institucional. Discutir o papel da propriedade privada e incentivos era desdenhosamente relegado à outras disciplinas menos "científicas", como a Sociologia. Aqui nos deparamos mais uma vez com o padrão identificado no início de nosso trabalho: as posturas minoritárias de Hayek em debates são rejeitadas como ultrapassadas, mas décadas depois as pessoas são forçadas a reconhecer que ele tinha razão afinal das contas. Assim, mais tarde no mesmo século, o institucionalismo volta à tona e podemos encontrar a influência de Hayek nos trabalhos neoinstitucionais de Douglas North. No início do século seguinte, a profissão "redescobre" a importância das instituições, sem mencionar que, por quase um século, ridicularizou em termos metodológicos quem usasse os argumentos conhecidos por qualquer um que tenha lido algo sobre economia nos séculos XVIII e XIX.

O mesmo se aplica a diferentes áreas estudadas pelo autor, como a metodologia da economia. Os trabalhos de Hayek sobre fenômenos complexos refletem argumentos que podemos encontrar em Say, Senior, Mill, John Neville Keynes e Mises. A competição como rivalidade empresarial, por sua vez, é comum em autores continentais desde Cantillon, passando por Say e Bastiat, Courcelle-Seneuil e Leroy-Beaulieu, antes de Chegar a Mises e Schumpeter. A dimensão temporal da produção é enfatizada por Cantillon e está presente na obra de Ricardo e Mill. Os efeitos da expansão do crédito nos preços relativos e em diferentes setores encontra precursores em Cantillon e Thorton, além de diversos autores ingleses menos conhecidos que trataram de temas monetários. O conceito de auto-organização e forças evolucionárias são encontrados em Mandeville, Adam Ferguson, David Hume e Adam Smith. As relações entre filosofia, política e economia estudadas por Hayek refletem ideias de inúmeros autores, como Hume, Burke, Montesquieu, Tocqueville, Kant, entre outros.

Hayek escreveu ensaios sobre boa parte dos autores citados acima[199] e os trabalhos destes e de tantos outros povoam ainda as fartas notas de rodapé de suas obras. Como participante da civilização vienense, Hayek escreve notas históricas sobre Mach, seu primo Wittgenstein, além de seus predecessores da Escola Austríaca de Economia, como Menger, Wieser, Mises, Strigl, além de economistas modernos de outras tradições, como Schumpeter, J. B. Clark e Mitchell. Sobre a tradição britânica, escreveu sobre Mandeville, Ferguson, Hume e Smith. Temos ainda breves textos sobre Cantillon e Bastiat. Em filosofia, além de seu ensaio sobre Saint-Simon e Comte, Hayek criticou em um texto o cientismo encontrado em Bacon.

Depois de notar que a riqueza de ideias encontradas nas páginas escritas por Hayek refletem sua incomum erudição e de que em vez de se colocar como grande inovador, ele dá o devido crédito aos autores que fazem parte da rica herança intelectual que utiliza, devemos passar a considerar seus trabalhos não como beneficiários, mas fonte desse processo de

---

199. Boa parte desses ensaios estão reunidos Em *As Fortunas do Liberalismo* e *A Tendência do Pensamento Econômico*, respectivamente volumes três e quatro das obras conjuntas publicada pela editora da Universidade de Chicago.

evolução intelectual. Ou seja, qual foi a influência de Hayek nos autores das gerações seguintes?

Poderíamos dividir sua influência nas dimensões política e acadêmica. Nesta última, por sua vez, podemos separar a influência exercida sobre economistas e demais pesquisadores. Entre os economistas, por fim, entre aqueles que continuaram a tradição austríaca e aqueles pertencentes a outras tradições.

Na dimensão política, a influência mais evidente, naturalmente, foi aquela exercida por *O Caminho da Servidão*, obra que se tornou bastante popular. Entre os economistas de diferentes tradições cujas ideias foram influenciadas por Hayek, podemos novamente mencionar como exemplo alguns recebedores do Prêmio Nobel, como James Buchanan, associado à Escola da Escolha Pública, Douglas North, da Escola Neoinstitucional e Vernon Smith, da Escola Comportamental. O artigo *Os Usos do Conhecimento na Sociedade* é um dos artigos mais citados da disciplina e o discurso do Nobel, *A Pretensão do Conhecimento*, é um dos mais lembrados. Entre autores "austríacos", podemos listar contemporâneos como Fritz Machlup e Gottfried Harbeler e Oskar Morgenstern. Na London School of Economics, Lionel Robbins e Karl Popper foram amigos e colegas influenciados por suas ideias. Da geração mais jovem, George Shackle e Nicholas Kaldor inicialmente se aproximam de Hayek, passando mais tarde à esfera de influência keynesiana.

Em Londres, o legado hayekiano foi mantido por Ludwig Lachmann, que enfatizou a importância da heterogeneidade do capital no estudo dos ciclos econômicos. Sua obra principal dá prosseguimento aos trabalhos de Hayek na teoria do capital, investigando as modificações nos padrões de complementaridade e substitutibilidade entre bens de capital conforme a passagem do tempo traz consigo mudanças inesperadas.

Empresários criam hipóteses sobre o futuro, que são testadas nos mercados.

Em Nova York, Israel Kirzner parte do referencial criado por Mises para desenvolver uma teoria sobre a atividade empresarial, enfatizando o estado de alerta a respeito de oportunidades de ganhos de troca não percebidas até então. Essa atividade não se reduz à informação que pode ser tratada como um serviço, um fator produtivo cuja remuneração é dada pelo valor de sua produtividade na margem, como na teoria moderna da distribuição. Isso ocorre porque a estrutura de meios e fins não é algo dado: o empresário descobre algo que ninguém percebera anteriormente, de modo que não podemos *ex ante* antecipar o valor do que é descoberto. Regulações inspiradas pela teoria de equilíbrio que bloqueiam a atividade empresarial bloqueiam o procedimento de descoberta, que é exatamente a função principal exercida pelos mercados na opinião de Hayek. Kirzner, de fato, progressivamente incorpora em seus trabalhos considerações hayekianas sobre a natureza do aprendizado nos mercados.

Na década de 1970, a Escola Austríaca passa por um renascimento nos Estados Unidos, depois de sua dissolução na Áustria após as guerras mundiais e da conversão em massa ao keynesianismo desde os anos 1930. Nesse renascimento, Lachmann e Kirzner liderarão o desenvolvimento da teoria de processo de mercado tal como expressa nos escritos de Hayek sobre o tema. Da abordagem evolucionária original desse autor, Kirzner enfatizará a seleção de hipóteses empresariais através da descoberta de oportunidades e Lachmann enfatizará a diversidade de concepções rivais por meio do aspecto criativo presente na atividade empresarial. Os dois autores discordarão a respeito da preponderância de forças equilibradoras ou desequilibradoras nesse processo, isto é, em termos do caráter da ordem que emerge a partir da interação nos mercados. A partir dos trabalhos desses e de economistas da geração seguinte, forma-se uma comunidade, bastante dispersa ou descentralizada, de pesquisadores associados à tradição austríaca e aos trabalhos de Hayek em particular.

O valor das ideias hayekianas

Como avaliar a importância acadêmica de um autor cujas ideias quase nunca são mencionadas em cursos de economia e são sistematicamente rejeitadas pelos profissionais da área, mas que resistem ao teste do tempo e são continuamente sujeitas a tentativas de interpretação à luz de referenciais analíticos alheios? Em termos políticos, não deveria ainda o suposto papa de um imaginário "neoliberalismo" ser minimamente apreciado durante o reinado dessa ideologia, em vez de suas crenças causarem embaraço e serem vistas como radicais e fora de propósito? De qualquer maneira, não é nosso objetivo analisar cada aspecto do fascínio exercido por ideias antipáticas segundo o modo de pensar de uma época, mas que teimam em preservar sua relevância. Iremos apenas expor uma opinião sobre o valor do conjunto de ideias desenvolvidas por Hayek.

A apreciação desse valor deve considerar o *trade-off* (ou dilema) metodológico entre relevância e tratabilidade. Em Metodologia da Economia, é popular a piada sobre o bêbado que à noite perde as chaves do carro em um barranco escuro na beira da estrada e, a despeito disso, continua procurando mais adiante, perto do poste, pois lá é iluminado. A piada reflete a crítica a uma característica do positivismo: a submissão da investigação a critérios metodológicos inalcançáveis.

Empiricamente podemos constatar que o positivista em economia usa tais critérios para rejeitar explanações rivais, nunca para avaliar a própria. Isso ocorre, por exemplo, mediante a confusão entre os ramos teórico e aplicado postulados pela metodologia clássica: explanações rivais são rejeitadas porque seus arcabouços teóricos gerais não seriam refutáveis, ao passo que esse tipo de exigência se limita a modelos concretos no próprio referencial. Mas o próprio Popper[200], outro autor bastante citado, mas pouco estudado pelos economistas e que como Hayek rejeita o cientismo e o instrumentalismo, propõe como máxima: "Nunca se pretenda mais precisão do que a que é exigida pelo problema que se tem em mãos".

Popper não sacrifica o interesse por problemas interessantes em nome da exatidão: esta não seria um valor em si. Mas a ciência econômica, no século XX, passou por um processo de empobrecimento sob os efeitos do cientismo. No período, foram valorizados trabalhos empíricos cujos temas são guiados pela disponibilidade de dados estatísticos e modelos cuja complexidade é limitada pela tratabilidade analítica. Ao lado dos trabalhos de econometria aplicada temos ainda trabalhos de história econômica, também baseada em dados concretos, mas em geral carente de interpretação à luz dos resultados fundamentais da teoria pura.

Existem alternativas disponíveis que evitem o formalismo e o historicismo? Inúmeras abordagens evitam os vícios associados a essas duas posturas, fornecendo interessantes interpretações teóricas sobre os fenômenos econômicos. O estudo das questões econômicas mais gerais e relevantes envolve interdisciplinaridade, descrição de modificações em estruturas, efeitos derivados do caráter heterogêneos de certos fatores, o uso de variáveis não observáveis, como as de natureza mental, utilizadas por

---

200. 1997, p. 41.

exemplo em teorias sobre aprendizado, além do emprego de conceitos não expressos em termos quantitativos.

É fácil tentar fugir do dilema metodológico em questão apontando modelos que tratem em algum grau os elementos listados acima, como o uso de índices para ranquear características institucionais e modelos computacionais para representar estruturas ou testar a variabilidade de valores de uma variável ou ainda o uso de modelos de aprendizado existentes. Vários desses modelos ambicionam representar as ideias de Hayek.

A questão importante, porém, diz respeito justamente ao núcleo do pensamento metodológico desse autor, que ao tratar da relação entre complexidade dos problemas de coordenação e o caráter falível do conhecimento, cuidadosamente separa entre o conhecimento do analista e o do agente. Essa separação é necessária para que não ocorra a transferência da simplicidade do modelo para o mundo complexo estudado, o principal vício analítico incorrido pelo economista.

O grande mérito de Hayek foi assim o desenvolvimento de uma teoria econômica falibilista, que trata ao mesmo tempo da relação entre hipóteses empresariais e o mundo externo a elas. Em termos filosóficos, os trabalhos desse economista equivalem a trazer para a economia o aspecto central da filosofia popperiana. Na teoria econômica, especificar a natureza daquilo que se desconhece quase inevitavelmente transforma o aprendizado em uma empreitada indutiva, como se o crescimento do conhecimento dependesse de acesso a dados e não do conflito entre conjecturas rivais, que dizem respeito a diferentes maneiras de interpretar o mesmo conjunto de dados.

Embora existam interessantes problemas derivados da assimetria de informações, Hayek não trata desses problemas, mas de uma teoria sobre como hipóteses diferentes criadas pelos agentes se aproximam ou não do mundo externo mediante o uso de mecanismos descentralizados de aprendizado.

Em termos do funcionamento dos mercados, a importância de Hayek foi representar o fenômeno da competição como um caso particular de mecanismo de crescimento do conhecimento, referente às condições particulares de tempo e local dos fatores que possam afetar os problemas enfrentados pelos agentes, incluindo diferentes modos de atender as necessidades humanas. A competição no processo de mercado funciona como um mecanismo de descoberta de meios e fins, que depende crucialmente da liberdade de testar hipóteses empresariais rivais, isto é, de contestar as hipóteses mantidas por rivais, reguladores e planejadores centrais. A descoberta depende também da existência da crítica a essas hipóteses, proporcionada pela possibilidade de auferir lucros ou enfrentar prejuízos. Na concepção austríaca, competir é discordar dos preços praticados, baseado em novas hipóteses sobre como atender necessidades.

Embora seja crucial para o entendimento do sistema de preços imaginar como, na ausência de mudanças, o processo competitivo levaria a uma alocação eficiente, ou seja, ao esgotamento dos ganhos de troca, Hayek não trata disso, mas da comparação entre diferentes arranjos institucionais em termos do grau de adaptação que emerge em ambientes nos quais objetivos, recursos, tipos de bens e possibilidades técnicas se alteram continuamente, seja de modo exógeno ou como fruto do próprio processo competitivo, salientando que os agentes potencialmente discordam sobre a natureza dos problemas enfrentados.

Em termos do desempenho da economia como um todo, Hayek deveria ser reconhecido por defender desde cedo a necessidade de fundamentar uma teoria de ciclos em distúrbios do equilíbrio em relação às escolhas de agentes racionais, em vez de supor relações quase autônomas entre agregados. Embora não exista um roteiro de eventos comum a todo ciclo, cada vez mais as crises do passado, como as de 1929 e 2008, são interpretadas em termos dos distúrbios provocados pela expansão de crédito na estrutura do capital, provocando excesso de investimento em certos setores que mais tarde se tornam inviáveis devido à ausência de capital complementar.

Embora possamos imaginar descoordenação de planos no mercado de trabalho a partir de expectativas equivocadas sobre qual será o nível de preços ou por efeitos derivados de flutuações nos fundamentos, como o progresso técnico, Hayek não trata disso, mas de descoordenações derivadas da rigidez temporal na produção, isto é, do relaxamento da hipótese de que, ao longo do crescimento econômico sustentável ou até mesmo durante as crises, podemos tratar os processos produtivos como se fossem perfeitamente sincronizados.

Em termos do funcionamento das instituições, a obra de Hayek é importante por sugerir uma teoria evolucionária sobre a coordenação de planos a partir de diferentes tipos de regras, em termos da capacidade de uso do conhecimento limitado em condições não imaginadas. A distinção entre ordens espontâneas e construídas em termos de aumento de complexidade restrito pela limitação do conhecimento generaliza o referencial analítico falibilista do autor, contribuindo ainda para a gradual reintrodução das instituições na análise econômica.

Embora possamos explicar diferentes estruturas institucionais a partir do conceito de custo de transação, Hayek não trata disso. No referencial austríaco, custo é conjectura sobre utilidade da alternativa preterida na escolha, que é comparada com o valor do que é escolhido. Firmas podem ser vistas como ferramentas pelas quais empresários competem mediante alocação de recursos segundo a hipótese de cada um sobre o valor das transações (e de seu custo de oportunidade), em processos evolutivos nos quais hipóteses corroboradas no passado sobrevivem e comandam mais recursos.

Em termos do pensamento político, Hayek é importante por reforçar o fundamento adequado do liberalismo, a saber, o falibilismo. Apenas quando disputas forem vistas como relativas a meios podemos cultivar o respeito pelo oponente, ao qual se atribui apenas erro intelectual, não ignorância ou má intenção, como nas ideologias, mesmo liberais, que tratam da política como conflito entre fins. Ao distinguir entre o valor de um fim em abstrato, com o qual tendemos a concordar e o valor econômico, isto é, relativo à escolha do uso de um recurso escasso, a respeito do qual encontramos mais conflitos, Hayek mostra ainda como a centralização econômica implica em deterioração das liberdades política e de pensamento: o controle dos meios resulta em controle dos fins dos quais discordamos.

Voltando ao nosso *trade-off* metodológico, Hayek trata de problemas relevantes, mas devido a sua complexidade as soluções sugeridas não assumem a forma de modelos acabados. A leitura de Hayek é recomendada para quem quer ser estimulado por novos problemas interessantes, não para aqueles que desejam apenas confirmar suas convicções prévias. Não é difícil assim explicar por que Hayek talvez seja o economista mais distorcido, havendo uma recusa em considerar suas ideias no próprio referencial.

A dificuldade básica para o desenvolvimento do programa de pesquisa hayekiano ainda é encontrar um modo convincente de representar algo cuja natureza desconhecemos, sem que percamos de vista a complexidade do problema ou a importância da falibilidade, que em conjunto sustentam a defesa da liberdade na obra de Hayek. A teoria de processo de mercado ora enfatiza adaptação, ora criatividade. Um modelo evolutivo que dê conta dos dois aspectos é ainda um programa aberto, tentado por diversas abordagens. Na teoria do capital, por sua vez, ainda não encontramos uma forma de representar a estrutura da produção de modo que esta não se reduza ou a uma descrição de relações entre bens físicos ou a planos imaginados de ação, sem que ambos sejam integrados em um mesmo referencial. A teoria dos ciclos também depende dessa representação da estrutura do capital e tentativas de desenvolver a teoria que ignora esse seu elemento central apenas fogem do problema. Por fim, a teoria da seleção de grupo aplicado à evolução cultural requer a especificação explícita das variáveis usuais de um modelo evolucionário.

Em economia, ordens espontâneas que apresentam adaptação são de natureza puramente abstrata, embora não menos real do que aquelas que observamos na natureza. Se um menino chuta um formigueiro, podemos observar formigas realocando suas atividades para a "construção civil" e buscar hipóteses que explicam como isso ocorre sem um comando central, mas se uma cidade experimenta processos migratórios que envolvem milhares de ajustes contínuos na produção de diferentes bens e serviços, o mesmo tipo de explanação é visto como fantasiosa, mesmo que não ocorra desabastecimento ou exista algum comitê central controlando o processo. Nesse sentido, devido à natureza abstrata das teorias que explicam ordens espontâneas na sociedade, talvez as teses metodológicas que fundamentam a economia falibilista de Hayek sejam de fato sua contribuição mais importante, tornando visível a complexidade inerente ao problema de coordenação das ações.

Referências

Antiseri, Dario (2001) *La Viena de Popper*. Madri: Unión Editorial.

Acemoglu, Daron and Robinson, James A. (2012). *Why Nations Fail: The Origins of Power, Prosperity and Poverty*. New York: Crown Publishers.

Barbieri, Fabio (2001) *O Processo de Mercado na Escola Austríaca Moderna*. Dissertação de mestrado. Universidade de São Paulo.

Barbieri, Fabio (2013) *História do Debate do Cálculo Econômico Socialista*. São Paulo: Instituto Mises Brasil.

Barbieri, Fabio e Feijó, Ricardo (2013) *Metodologia do Pensamento Econômico*. São Paulo: Atlas-Gen.

Bartley, William Warren. (1964) Rationality versus the Theory of Rationality. In: Bunge, Mario (ed.) *The Critical Approach to Science and Philosophy*. Londres: Collier-Macmillan.

Bartley, Willian W. (1990) *Unfathomed Knowledge, Unmeasured Wealth: on universities and the wealth of nations*. La Salle: Open Court.

Bartley, William Warren e Radnitzky, Gerald. (eds.). 1987. *Evolutionary Epistemology, Rationality and the Sociology of Science*. La Salle: Open Court.

Bastiat, Frederic (1863a). "L'état". Em *Sophismes Économiques et petits pamplets I*. Oeuvres Completes, vol. 4, 2ª. ed. Paris: Guillaumin.

Bastiat, Frederic (1863b) "Ce qu'on voit et ce qu'on ne voit pas" Em *Sophismes Économiques et petits pamplets II*. Oeuvres Completes, vol. 5, 2ª. ed. Paris: Guillaumin.

Bastiat, Frederic (1864) *Harmonies Économiques*. Oeuvres Completes, vol. 6, 5ª. ed. Paris: Guillaumin.

Buchanan, James (1993) *Custo e Escolha*. São Paulo: Instituto Liberal – Ed. Inconfidentes.

Buchanan, James e Thirlby, G. F. (eds.) (1981) *L.S.E. Essays on Cost*. Nova York: New York University Press.

Caldwell, Bruce e Klausinger, Hansjoerg (2022) *Hayek: A Life, 1899-1950*. University of Chicago Press.

Constant-Rebecque, B (1874) [1819] "De la Liberté des Anciens Comparée à Celle des Modernes". In Constant, B. Oeuvres politiques de Benjamin Constant. Paris: Charpentier,

Dickinson, H.D. (1933) "Price Formation in a Socialist Economy", *The Economic Journal*. Vol.43, No. 170.

Durbin, Evan Frank Mottram (1949) *Problems of Economic Planning*. Londres: Routledge.

Ebeinstein, Alan (2001) *Friedrich Hayek: a biography*. Nova York: Palgrave.

Edgeworth, F. Y. (1881) *Mathematical Psychics: Na Essay on the Application of Mathematics to the Moral Sciences*. London: C Kegan Paul, 1881.

Friedman, Milton (1966) The Methodology of Positive Economics. In: *Essays in Positive Economics*. Chicago: Univ. of Chicago Press, 1966.

Garrison, Roger (2000) *Time and Money*. Londres: Routledge.

Hayek, Friedrich August (ed.) (1935) *Collectivist Economic Planning*. Londres: Routledge.

Hayek, Friedrich August. [1945]. "The Use of Knowledge in Society". *The American economic Review*, vol. 35, No. 4. 519-530. Reimpresso em Hayek, F A (1980) [1948] *Individualism and Economic Order*, Londres: Routledge and Kegan Paul.

Hayek, Friedrich August. [1948] "The Meaning of Competition" In: Hayek, F.A. (1980) *Individualism and Economic Order*, Chicago: Chicago University Press.

Hayek, Friedrich August (1967) "The Dilemma of Specialization". In Hayek, F.A. *Studies in Philosophy, Politics and Economics*. Chicago: University of Chicago Press.

Hayek, Friedrich August (1974) Banquet speech. NobelPrize.org. Disponível em <https://www.nobelprize.org/prizes/economic-sciences/1974/hayek/speech/>, Último acesso: 10/01/2024.

Hayek, Friedrich August (1975) [1939] *Profits, Interest and Investment*. Clifton: Augustus M. Kelley.

Hayek, Friedrich August (1976) [1952] *The Sensory Order*. Chicago: The University of Chicago Press.

Hayek, Friedrich August (1978) [1968] "Competition as a Discovery Procedure", in *New Studies in Philosophy, Politics and Economics*. Londres: Routledge. Reproduzido como capítulo 15 de Hayek (2014) *The Market and Other Orders*. The Collected Works of F.A. Hayek. Vol. 15. Chicago: The University of Chicago Press.

Hayek, Friedrich August (1978b) *New Studies in Philosophy, Politics and Economics*. Londres: Routledge & Kegan Paul.

Hayek, Friedrich August (1979) [1952] *The Counter-Revolution of Science*. Indianapolis: Liberty Press.

Hayek, Friedrich August (1980) [1948] *Individualism and Economic Order*, London, Routledge and Kegan Paul.

Hayek, Friedrich August (1982) *Law, Legislation and Liberty*. 3 volumes em 1. Londres: Routledge.

Hayek, Friedrich August (1985) [1979] *Desemprego e Política Monetária*. Rio de Janeiro: José Olympio e Instituto Liberal.

Hayek, Friedrich August (1986) [1976] *Desestatização do Dinheiro*. Rio de Janeiro: Instituto Liberal.

Hayek, Friedrich August (1989) [1988] *The Fatal Conceit: the errors of socialism*. The Collected Works of F.A. Hayek. Vol. 1. Chicago: The University of Chicago Press.

Hayek, Friedrich August (1994) *Hayek on Hayek: an autobiographical dialogue*. Chicago: The University of Chicago Press.

Hayek, Friedrich August (1997) [1938]. "Freedom and the Economic System". in Hayek, F.A. 1997. *Socialism and War*. Collected Works of F. A. Hayek, vol. 10. The University of Chicago Press.

Hayek, Friedrich August (1999a) [1928] "Intertemporal Price Equilibrium and Movements in the Value of Money". In Hayek, F.A. *Good Money Part I. The Collected Works of F.A. Hayek*, vol. 5. Chicago: The University of Chicago Press.

Hayek, Friedrich August (1999b) [1933] "Price Expectations, Monetary Disturbances, and Malinvestiments". In Hayek, F.A. *Good Money Part I. The Collected Works of F.A. Hayek*, vol. 5. Chicago: The University of Chicago Press.

Hayek, Friedrich August (1999c) [1978] "Choice in Currency". In *Good Money Part II*. The Collected Works of F.A. Hayek, vol. 6. Chicago: The University of Chicago Press.

Hayek, Friedrich August (2007) *The Road to Serfdom*. The Collected Works of F.A. Hayek, vol. 2. Chicago: The University of Chicago Press.

Hayek, Friedrich August (2011) *The Constitution of Liberty*. The Collected Works of F.A. Hayek, vol. 17. Chicago: The University of Chicago Press.

Hayek, Friedrich August (2012a) [1929] *Monetary Theory and the Trade Cycle*. In Hayek, F.A. *Business Cycles. Part I. The Collected Works of F.A. Hayek*, vol 7. Chicago: The University of Chicago Press.

Hayek, Friedrich August (2012b) [1931] *Prices and Production*. In Hayek, F.A. *Business Cycles. Part I. The Collected Works of F.A. Hayek*, vol 7. Chicago: The University of Chicago Press.

Hayek, Friedrich August (2012c) [1939] *Profits, Interest and Investment*. In Hayek, F.A. *Business Cycles. Part II. The Collected Works of F.A. Hayek*, vol 8. Chicago: The University of Chicago Press.

Hayek, Friedrich August (2014) *The Market and Other Orders*. The Collected Works of F.A. Hayek. Vol. 15. Chicago: The University of Chicago Press.

Hayek, Friedrich August (2019) *Economia e Conhecimento*. São Paulo: LVM. Publicado originalmente em Hayek, F.A. (1937) "Economics and Knowledge". *Economica* IV, pp. 33–54.

Hayek, Friedrich August (2022) "Two Pages of Fiction: The Impossibility of Socialist Calculation" In *Essays on Liberalism and the Economy*. The Collected Works of F.A. Hayek. Vol. 18. Chicago: The University of Chicago Press.

Johnson, S. (2003) *Emergência: a dinâmica de rede em formigas, cérebros, cidades e softwares*. Rio de Janeiro: Jorge Zahar Editor.

Johnston, Willian M. (2000) *The Austrian Mind: an intelectual and social history 1848-1938*. Berkeley: University of California Press.

Keynes, John Maynard. (1982) [1936] *A Teoria Geral do Emprego, do Juro e da Moeda*. São Paulo: Atlas.

Keynes, John Neville (1999) [1890] *The Scope and Method of Political Economy*. Kitchener: Batoche Books.

Koestler, Arthur [1940] s.d. *Darnkness at Noon*. Nova York: Scribner.

Machlup, Fritz (1969) "Liberalism and the Choice of Freedoms", in Streissler, Eric. (org.) *Roads to Freedom: Essays in Honour of Friedrich A von Hayek*. Londres: Routledge & Kegan Paul Ltd.

Machovec, Frank (1995) *Perfect Competition and the Transformation of Economics*. Londres: Routledge.

Mill. John Stuart (2000) [1844]On the Definition of Political Economy; and on the Method of Investigation Proper to It. In: MILL, J.S.. *Essays on Some Unsettled Questions of Political Economy*. Kitchener: Batoche Books.

Mill, J. S. (2009) [1882] *A System of Logic*. New York: Harper & Brothers. Ebook: Gutteberg Project.

Mises, Ludwig (1981) [1922] *Socialism: an economic and sociological analysis*. Indianapolis: Liberty Press.

Mises, Ludwig (1987) *Liberalismo segundo a tradição clássica*. Rio de Janeiro: José Olympio e Instituto Liberal.

Mises, Ludwig (2010a) [1949] *Ação Humana*. São Paulo: LVM.

Mises, Ludwig (2010b) Uma Critica Ao Intervencionismo. São Paulo: LVM.

Mitchell, Melanie (1998) *An Introduction to Genetic Algorithms*. Cambridge: The MIT Press, 1998.

Mitchell, Melanie (2009) *Complexity: a guided tour*. Nova York: Oxford University Press.

North, Douglas C. (1990) *Insitutions, Institutional Change and Economic Performance*. Cambridge: Cambridge University Press.

O'Driscoll, Gerald (1977) *Economics as a Coordination Problem: The Contributions of Friedrich A. Hayek,* Kansas City: Sheed Andrews and McMeel.

Orwell, George. 2000 [1945]. *Animal Farm*. Nova York: Penguin Books.

Orwell, George. 2009 [1949]. *1984*. São Paulo: Cia. das Letras.

Popper, Karl Raimund. (s.d.) *A Lógica da Pesquisa Científica*. São Paulo: Cultrix.

Popper, Karl Raimund (1969) "A Pluralist Approach to The Philosophy of History", in Streissler, E. (org.) *Roads to Freedom: Essays in Honour of Friedrich A von Hayek*. Londres: Routledge & Kegan Paul Ltd.

Popper, Karl Raimund (1975) *Conhecimento Objetivo: uma abordagem evolucionária*. Belo Horizonte-São Paulo: Itatiaia-Edusp.

Popper, Karl Raimund (1980) *A Miséria do Historicismo*. São Paulo: Cultrix.

Popper, Karl Raimund (1987) *A Sociedade Aberta e Seus Inimigos*. Belo Horizonte-São Paulo: Itatiaia-Edusp.

Popper, Karl Raimund (1994). *Conjecturas e Refutações*. Brasília: editora UnB.

Popper, Karl Raimund (1997) *O Realismo e o Objectivo da Ciência: pós-escrito à Lógica da Descoberta Científica*, vol. 1. Lisboa: Don Quixote.

Read, Leonard. (2013) *Eu, o Lápis*. Disponível em https://mises.org.br/artigos/672/eu-o-lapis. Acesso: 25/02/2024.

Robbins, Lionel (1932) *An Essay on the Nature and Sginificance of Economic Science*. Londres: MacMillian.

Schelling, T. (1978). *Micromotives and Macrobehavior*. Nova York: Norton.

Schmitz, François (2019) *O Círculo de Viena*. Rio de Janeiro: Contraponto.

Schorske, Carl E. (1981) *Fin-de-Siècle Vienna: politics and culture*. Nova York: Vintage Books.

Smith, Adam (1984) *The Theory of Moral Sentiments*. Indianapolis: Liberty Fund.

Sowell, Thomas (2021) *Os Ungidos: a fantasia das políticas sociais progressistas*. São Paulo: LVM.

Thomsen, Esteban F. 1992. *Prices and Knowledge*. Londres: Routledge.

Wilensky, U. (1997) NetLogo Segregation model. Disponível em <http://ccl.northwestern.edu/netlogo/models/Segregation> Acesso: 10/01/2024. Center for Connected Learning and Computer-Based Modeling, Northwestern University, Evanston, IL.

Wolfram, S. (1994) *Cellular Automata and Complexity: collected papers*. Massachusetts: Addison-Wesley.

Acompanhe a LVM Editora

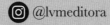 @lvmeditora

Acesse: www.clubeludovico.com.br

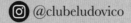 @clubeludovico

Esta edição foi preparada pela LVM Editora com tipografia
Baskerville, Tw Cen MT e Rangkings, em outubro de 2024.